EL BHAGAVAD-GUITA

Título de la obra original: "Bhagavad-Guita".

Traducido al castellano por el grupo de Estudiantes de Teosofía de la Logia Unida de Teósofos de Santo Domingo

EL BHAGAVAD GUITA

(EL LIBRO DE LA DEVOCIÓN)

DIÁLOGO ENTRE KRISHNA,

SEÑOR DE LA DEVOCION,

Y ARJUNA, PRINCIPE DE LA INDIA

TRADUCIDO DEL ORIGINAL EN SANSCRITO POR:
WILLIAM Q. JUDGE

PRIMERA EDICIÓN EN CASTELLANO

THE THEOSOPHY COMPANY
LOS ANGELES CALIFORNIA
2007

BERBERA EDITORES S.A DE C.V.

Delibes No. 96 Col. Guadalupe Victoria C.P. 07790
México, D.F. Tel: 5 356 4405, Fax: 5 356 6599
Página Web: www.berbera.com.mx
Correo electrónico: editores@berbera.com.mx

ISBN: 970-783-059-X

Impreso en México
Printed in Mexico.

CONTENIDO

PALABRAS PRECEDENTES

El *Bhagavad Guita* es un episodio del *Mahábhárata*, el cual se ha dicho que fue escrito por Vyasa. Quién habrá sido este Vyasa y cuándo vivió, no es algo realmente conocido.

J. Cockburn Thomson, en su traducción del *Bhagavad-Guita*, dice lo siguiente: "El *Mahábhárata*, como bien saben todos los estudiantes de sánscrito, es la gran epopeya de la India, la cual por su popularidad y su extensión parece corresponderse con la *Ilíada* de los griegos. El tema del trabajo entero es una cierta guerra que tuvo efecto entre dos ramas de una tribu, los descendientes de Kuru, por la soberanía del reino de Hástinapura, que comúnmente se supone es la misma Delhi moderna. A la rama más vieja de la familia se le llama aquí por el nombre general de la tribu entera, los Kurus; la rama más joven sigue el nombre patronímico de Pandu, que fue el padre de los cinco líderes principales.

"Esta guerra entre los Kurus y los Pandavas ocupa unas veinte mil eslokas, o sea, una cuarta parte de la obra completa como ahora la poseemos [...] Para poder comprender las alusiones aquí hechas (en el *Bhagavad-Guita*) se requiere un conocimiento de la historia previa de la tribu, que se dará a continuación de la manera siguiente:

"Del nombre Kuru sabemos muy poco, pero lo que sabemos es suficiente como para probar que es uno de gran importancia. No tenemos los medios de derivarlo de ninguna raíz sánscrita, ni tampoco tiene, como muchos nombres indostanos, la apariencia de ser explicativo de las peculiaridades de la persona o personas a quienes designa. Es por lo tanto, y con toda probabilidad, un nombre de considerable antigüedad, traído por la raza aria de su primer asiento en el Asia Central. Su utilización en sánscrito es cuádruple. Es el nombre del cuadrante norte o Dvipa del mundo, y se le describe como que se extiende entre las más nórdicas cordilleras o montañas nevadas y el mar polar. Es, además, el nombre de la más norteña de las nueve varshas del mundo conocido. A lo largo de amplias genealogías de la misma tribu, se le conoce con el nombre de un antiguo rey a quien se le atribuye la fundación de la tribu. Por último, designa una tribu aria de suficiente importancia como para perturbar todo el norte de la India con sus divisiones, y hacer de sus batallas el tema de la más larga epopeya de los tiempos antiguos.

"Viendo todos estos hechos juntos, deberíamos estar inclinados a llegar a la conclusión de que el nombre fue originalmente el de una raza que habitó el Asia Central más allá del Himalaya, y que emigró con otras razas hacia el noroeste de la península, formando así el gran pueblo que se llamó a sí mismo de una manera unitaria: Ario o el Noble, para distinguirlo de los aborígenes a quienes ellos subyugaron y en cuyos territorios eventualmente se establecieron [...]

"En la época en que el complot del *Mahábhárata* fue establecido, esta tribu estaba situada en la llanura del Doab, y su región particular como extendiéndose entre el río Yamuna y el Sursuty, fue llamada Kurukshetra, o la planicie de los Kurus. La capital de este país fue Hástinapura y aquí reinó, en un período del cual no se puede dar una fecha exacta, un rey de nombre Vichitravirya. El fue el hijo de Santanú y Satyavati; mientras que Bhishma y Krishna Dwaipayana, el Vyasa, fueron sus medio-hermanos, siendo el primero por parte del padre y el último por parte de la madre. En tanto él se casó con dos hermanas: Amba y Ambalika, pero habiendo muerto muy pronto después de su matrimonio, no dejó progenie, por lo que su medio-hermano Vyasa, instigado por compasión divina, se casó con su viuda y concibió dos hijos, Dhritarâshtra y Pandu. El primero tuvo cien hijos, el mayor de los cuales fue Duryodhana. El último se casó con Pritha o Kunti, la hija de Shura, y en segundas nupcias con Madri. Los niños de estas esposas fueron los cinco príncipes Pandavas, pero como su padre mortal, en ocasión de estar de cacería había sido maldecido por lo que parecía un ciervo, de que moriría sin dejar descendencia, estos cinco niños fueron místicamente concebidos por diferentes divinidades. Por lo tanto, Yudhishthira, Bhîma y Arjuna, fueron los hijos de Pritha, engendrados por los dioses Dharma, Vayu e Indra, respectivamente. Nakula fue hijo de Madri engendrado por el dios Nasatya el mayor, y Sahadeva del dios Darsa, el menor de los gemelos Ashvinau, el médico de los dioses. Esta historia parecería ser una pura ficción inventada para darle un divino origen a los cinco héroes del poema; pero como quiera que haya sido, Duryodhana y sus hermanos son los líderes de los Kurus, o rama mayor de la tribu; mientras que los cinco príncipes Pandavas serían los de la rama Pandava, o rama menor.

"Dhritarâshtra era ciego, pero aunque esto lo incapacitaba para gobernar, él retenía el trono y se apegaba al mismo, en tanto que Duryodhana, su hijo, era quien realmente dirigía los asuntos de estado [...] Pues él logró convencer a su padre para que expulsara del país a sus primos, los príncipes Pandavas. Después de una larga vida errante y numerosas experiencias difíciles, estos príncipes reunieron a sus amigos alrededor de ellos y formaron con la ayuda de sus reyes vecinos un vasto ejército, y se prepararon a atacar a su injusto opresor, quien había de igual manera desplegado sus fuerzas.

"Los ejércitos hostiles se encontraron en la llanura de los Kurus. Bhîshma, el medio-hermano de Vichitravirya, siendo el más viejo guerrero entre todos ellos, tiene el mando de la facción Kuru; Bhîma, el segundo hijo de Pandu, conocido por su fuerza y sus hazañas, es el general del otro partido (el de Arjuna). La escena de nuestro poema se abre ahora y permanece a través del mismo como un campo de batalla. Como una forma de introducir al lector a conocer los nombres de los principales capitanes de cada ejército, vemos que Duryodhana se aproxima a Drona, su preceptor, y los menciona a todos uno por uno. El desafío es dado súbitamente por Bhîshma, el general Kuru, cuando hace sonar su concha de guerra y es secundado por sus seguidores. Ese llamado es respondido por Arjuna, que monta en el mismo carruaje que el dios Krishna, quien, por compasión a todas las persecuciones que aquél había sufrido, se convirtió en su íntimo amigo, y hacía ahora el papel de su auriga o conductor de su carruaje. Y a él le siguen todos los generales de los Pandavas. La lucha comienza con una andanada de flechas de ambas partes, pero cuando Arjuna lo percibe, es él quien le ruega a Krishna que maniobre su carruaje de guerra y lo sitúe en el espacio entre los dos ejércitos para que él pueda examinar las líneas del enemigo. El Dios así lo hace y le empieza a señalar a Arjuna entre aquellas filas enemigas, sus numerosos parientes. Arjuna queda sobrecogido de horror ante la idea de cometer fratricidio por matar a sus parientes cercanos, y arroja su arco y sus flechas mientras declara que él preferiría morir sin defenderse que luchar contra ellos. Krishna le responde entonces con esos argumentos que constituyen la didáctica y la doctrina filosófica de la obra, y se esfuerza en persuadirlo de que él yerra al tomar semejante resolución. Y Arjuna es eventualmente vencido por los argumentos. La lucha continúa, y los Pandavas derrotan a sus oponentes."

La anterior cita, hecha de la edición de Thomson, le dará al estudiante un breve bosquejo de lo que es más o menos mitológico, pero si la historia del *Mahábhárata* se tomara como la historia del Hombre en su desarrollo evolucionario, como yo creo que debería hacerse, esta historia podría alzarse desde el plano de la fábula, y el estudiante tendrá entonces ante sí un recuento, de cierta amplitud, de aquella evolución.

Por lo tanto, mirándolo desde el punto de vista teosófico, el rey Dhritarâshtra resulta ser el cuerpo humano que es adquirido por la Mónada inmortal, de manera que pueda pasar a través de toda la jornada evolucionaria; la vestidura mortal es traída a la existencia por medio de Tanha, o la sed por la existencia. Dhritarâshtra es ciego, porque el cuerpo sin las facultades interiores es meramente materia sin sentido y por tanto "incapacitado para gobernar", y es otra persona la que se representa en el *Mahábhárata*; siendo ese rey nominal, el cuerpo, Dhritarâshtra. En razón de que el esquema teosófico sostiene que hay una doble línea de evolución dentro de nosotros, nos encontramos con que los Kurus, de los que se habla en el poema, representan el lado más material de las dos líneas, y los príncipes Pandavas, de los cuales Arjuna es uno de ellos, representan el lado espiritual de la corriente, esto es, Arjuna representa la Chispa Inmortal.

El ilustrado brahmán y teósofo, Subba Row, dice en sus *Notes on the Bhagavad-Guita* (Ver *The Theosophist*, Vol. VIII, p. 299): "A Krishna se le hacía representar como el Logos [...] y Arjuna, a quien se le llamó Nara, se le representaba como la Mónada humana." Nara significa Hombre. El alegado orígen celeste de las dos ramas de la familia: la de los Kurus y la de los Pandavas, está en perfecta consonancia con esto, porque el cuerpo, o Dhritarâshtra, siendo solamente material, y el plano inferior en el cual tiene lugar todo el desarrollo, los Kurus y los Pandavas son nuestra herencia de los seres celestes a los que a menudo se refiere la *Doctrina Secreta* de Madame Blavatsky, una rama tendiente al materialismo, y la otra hacia lo espiritual. Los Kurus, que fueron la porción inferior de nuestra naturaleza y que fue desarrollada más temprano, obtienen el poder por el momento en este plano y uno de ellos, Duryodhana, "prevalece", de manera que los Pandavas, o las partes de nuestra naturaleza que son más espirituales, son exiliadas temporalmente del país, o sea, de gobernar al Hombre. "Las largas travesías y variadas dificultades" de los Pandavas no son más que extravíos errantes causados por las necesidades de la evolución, antes de que estas mejores partes sean capaces de tomar una postura con el propósito de ganar el control durante la lucha evolucionaria del hombre. Eso también se refiere a los cíclicos ascensos y caídas de las naciones y de la raza.

Los ejércitos enemigos, que se encuentran ahora en la llanura de los Kurus, son, por lo tanto, estos dos conjuntos de las facultades y poderes del hombre, aquellos que, por un lado tienden a arrastrarlo hacia abajo y los que, por el otro, aspiran a la iluminación espiritual. La batalla se refiere, por tanto, no sólo al gran conflicto que la humanidad lleva a cabo como un todo, sino también a la lucha que es inevitable tan pronto como una unidad, dentro de la familia humana, resuelve ser gobernada, durante esta vida, por su naturaleza superior. Por lo tanto, teniendo en mente la sugerencia hecha por Subba Row, vemos como Arjuna, llamado Nara, representa no sólo al Hombre como una raza, sino también a cualquier individuo que tome la resolución de desarrollar su mejor naturaleza. Lo que ahí se describe como sucediéndole a él en el poema, habrá de llegarle a cada uno de los susodichos individuos. La oposición que habrá de parte de amigos y de todos los hábitos que él ha adquirido, y también esa oposición que proviene naturalmente de las tendencias hereditarias, habrán de confrontarlo. Entonces, todo dependerá de como él escuche a Krishna, quien es el Logos que brilla dentro y que habla en el interior, no importa que él triunfe o fracase.

Con estas sugerencias, el estudiante encontrará que la mitología y alegoría, de que se habla en la obra de Thomson, y también de otros, son útiles y no son simples ornamentos, o, como algunos piensan, cosas superfluas y desorientadoras.

La única edición económica del *Bhagavad-Guita* que hasta ahora ha llegado al alcance de los estudiantes teosóficos de limitados recursos, ha sido una publicada en Bombay por el Hermano Tookeram Tatya, F. T. S., cuyos esfuerzos en esa dirección merecen el más alto elogio. Pero esa edición no fue más que una simple reimpresión de la primera traducción al inglés hecha hace cien años por Wilkins. La gran atención que se le ha dado últimamente al poema por casi todos los miembros de la Sociedad Teosófica en América, ha creado una demanda imperativa de una edición que sea, al final, libre de algunos de los errores tipográficos y traducciones literales que son tan frecuentes en la reimpresión de Wilkins. Para suplir esta demanda se ha hecho esta edición. Este es el resultado de una cuidadosa comparación de todas las ediciones en inglés, así como de una completa retraducción del original dondequiera que se hicieron evidentes puntos oscuros u omisiones en las versiones consultadas.

No se ha ensayado con hacer comentarios o apuntes de la obra, porque se ha creído que el *Bhagavad-Guita* debería sostenerse por sus propios méritos sin comentario alguno, y cada estudiante es dejado para que por sí mismo vea más y más profundo en el poema mientras avanza. El publicador de esta edición sostiene que el poema puede ser leído de muchas maneras, y cada una dependiendo del punto de vista que se tome, por ejemplo, ya sea que se le considere en su aplicación al individuo, a la cosmogénesis, a la evolución del mundo Astral, a las Jerarquías de la Naturaleza, o a la naturaleza moral y demás cosas.

Adjuntarle un comentario, a excepción de aquel que sólo un sabio como Sankaracharya podría escribir, sería algo audaz, y por lo tanto, el poema se da a continuación sin deformación alguna.

El *Bhagavad Guita* tiende a imprimir sobre el individuo dos cosas: primero, la abnegación, y segundo, la acción. El estudio y la vivencia despertarán la creencia de que hay sólo un Espíritu y no muchos; de que no podemos vivir tan sólo para nosotros mismos, pero de que sí podemos llegar a darnos cuenta de que no hay tal cosa como la separatividad, y que no hay posibilidad alguna de escapar del Karma colectivo de la raza a la que uno pertenece, y en consecuencia, que hemos de pensar y de actuar en concordancia con esa creencia.

Al poema se le ha tenido en la más alta estima por todas las sectas del Indostán, excepto por la mahometana y la cristiana. El mismo ha sido traducido a numerosos idiomas, tanto asiáticos como europeos; también es leído hoy por cientos de sinceros teósofos en todas partes del mundo. A aquéllos y a todos los demás que realmente amen a sus congéneres, y que aspiran a aprender y a enseñar la ciencia de la devoción, se dedica esta edición del *Bhagavad-Guita*.

William Q. Judge
Nueva York, Octubre 1890

"Yo he establecido todo este Universo con una sola porción de mí mismo, y sin embargo, permanezco separado." –Capítulo Décimo.

El Bhagavad - Guita

El Libro de la Devoción

CAPITULO I

EL DESALIENTO DE ARJUNA

¡OM!

DHRITARÂSHTRA:

Dime tú, Oh Sanjaya, lo que está haciendo la gente de mi propio partido y la gente de Pandu, desplegados como están en el campo de Kurukshetra y resueltos a la guerra.[1]

SANJAYA:

El rey Duryodhana, habiendo contemplado el ejército de los Pandus desplegados y dispuestos a la batalla, fue entonces a su preceptor, al que habló con estas palabras:

"¡Contempla, Oh Maestro!, el poderoso ejército de los hijos de Pandu desplegado por tu pupilo, el inteligente hijo de Drupada. En

---

[1] La clave a la lectura del Bhagavad-Guita ha de ser aplicada a este primer verso. Si vemos al poema en su sola aplicación a un hombre que aspira a la devoción, entonces el campo de batalla es el cuerpo adquirido por el Karma y por Tanha, la sed por la vida; mientras que el que aquí ha hablado, y su partido, representan el yo inferior. En tanto que los Pandus representan el Yo Superior. Pero si este y los capítulos subsiguientes son considerados desde el punto de vista cósmico, entonces el que así ha hablado, y también la llanura de Kuru, los generales descritos en el primer capítulo, junto con todos sus instrumentos y armas, son en realidad seres, fuerzas, planos y planetas del universo, de los cuales estaría fuera de lugar el tratar aquí en detalle. En cuanto a la aplicación de esto a nosotros, el poema es de un mayor interés e importancia: se inicia con la inevitable batalla entre la naturaleza superior e inferior del hombre, y entonces, desde este punto de vista, Krishna -quien es el Yo Superior- con el propósito de alentar a Arjuna, se convierte en su instructor en filosofía y en la ética verdadera, de manera que él pueda ser digno de luchar y conquistar.

el hay guerreros con grandes arcos, que son iguales a Bhîma y Arjuna en batalla, tales como Yuyudhana, y Virata, y Drupada en su gran carruaje; Dhrishtaketu, Chekitána y el valiente rey de Kashi, Purujit, y Kuntibhoja, con Shaivya, que es cabecilla de hombres; Yudamanyu el fuerte, y Uttamaujas el valiente, el hijo de Subhadrâ así como también todos los hijos de Draupadî en sus inmensos carruajes de guerra. Pero date cuenta también de los más distinguidos nombres de nuestro propio partido. Y a manera de ejemplo, mencionaré algunos pocos de los que se cuentan entre mis generales. Están, tú mismo, mi preceptor, y Bhîshma, Karna y Kripa, ese conquistador de las batallas, y Asvattama, y Vikarna, y el hijo de Soma-datta con otros en gran número, quienes a mi servicio arriesgan sus vidas. Ellos son todos expertos en los medios de defensa, y están armados con diversas armas, y experimentados en todos los modos de la lucha. Este ejército nuestro está comandado por Bhîshma, pero no se basta en suficiencia, mientras que las fuerzas de aquéllos, dirigidos por Bhîma, se bastan y son suficientes. Pero dejemos que los generales, de acuerdo a sus divisiones respectivas, se mantengan en sus puestos, y de una vez por todas resuelvan apoyar a Bhîshma."

Y entonces el anciano jefe, hermano del abuelo y ancestro de los Kurus, para levantar el espíritu del jefe Kuru, sonó su concha de guerra que resonó como el rugido de un león; e instantáneamente innumerables conchas y otros instrumentos de guerra retumbaron por todos lados, de manera que el clamor llegó hasta un extremo. Y ahora, Krishna y Arjuna, ambos de pie sobre su espléndido carruaje tirado por caballos blancos, resonaron también sus caracolas, que tenían formas celestes: el nombre de la que sonó Krishna fue Pânchajanya, y aquella de Arjuna fue llamada Deva-datta o "el don de los dioses." Bhîma, el de terrible poder, sonó su amplia y espaciosa concha, Paundra; y Yudhishthira, el regio hijo de Kunti, sonó a Ananta-Vijaya; Nakula y Sahadeva sonaron también sus conchas, la una llamada Sugosha, la otra Manipushpaka. El príncipe de Kashi, el de poderoso arco; Shikandi, Dhristadyumna, Virata, Satyaki, de brazo invencible; Drupada y los hijos de su hija real; Krishna con el hijo de Subhadrá, y todos los otros capitanes y nobles, sonaron sus respectivas conchas de guerra, de manera que sus voces estridentes penetraron los corazones de los Kurus y resonaron con un sonido espantoso por todo el cielo y la tierra.

Cuando Arjuna, en cuyo emblema aparecía Hanuman, percibiendo que los hijos de Dhritarashtra estaban listos para iniciar la lucha y que ya el vuelo de salvas de flechas había comenzado, y habiendo ya alzado su arco, se dirigió a Krishna con estas palabras.

ARJUNA:

"Yo te pido, Krishna, que hagas que mi carro sea colocado entre los dos ejércitos, de manera que yo pueda ver quienes son aquellos hombres que permanecen listos y ansiosos de comenzar la batalla y con los cuales he de luchar en este mismo campo; y ver quienes son ellos que se han reunido aquí en apoyo durante esta batalla del malvado hijo de Dhritarâshtra."

SANJAYA:

Y Krishna, habiendo sido instruído por Arjuna, dirigió el carro de guerra, y haciendo que se detuviera en el espacio entre los dos ejércitos, le propuso a Arjuna que dirigiera sus ojos a la fila de los Kurus y que mirara hacia el lugar donde se alistaban los envejecidos Bhîshma y Drôna, con todos los nobles jefes de su partido. Y allí, Arjuna de pie pasó revista a ambos ejércitos y contempló, en ambos lados, abuelos y ancestros, tios, primos, tutores y maestros, hijos y hermanos, parientes cercanos o amigos íntimos; y cuando los hubo contemplado por un rato, identificando toda su parentela dispuesta en son de batalla, él fue movido por la compasión más extrema, y lleno de desaliento habló tristemente en esta forma:

ARJUNA:

"Ahora, Oh Krishna, que he contemplado mi parentela ahí de pie y ansiosa por la lucha, me fallan mis miembros, se marchita mi rostro, se me eriza el pelo por todo el cuerpo, ¡y todo el marco de mi cuerpo tiembla de horror! Aún mi arco, Gandiva, se me desliza de entre las manos y mi piel se reseca y se me emparcha. Y no me puedo sostener en pie; porque mi mente es como si me diera vueltas, y por todos lados no contemplo sino los presagios más adversos. Pues cuando yo haya destruído a mi parentela, ¿seguiré buscando la felicidad? Yo no quiero la victoria, Krishna; yo no quiero el placer, porque ¿qué cosa son el dominio y los goces de la vida, y aún la vida misma, cuando aquellos para quienes hemos buscado el dominio, el placer y los goces, han abandonado vida y fortuna y están aquí en el campo prestos a la batalla? ¡Tutores, hijos y padres, abuelos y nietos, tios y sobrinos, primos, parientes y amigos! ¡Aun cuando todos ellos quisieran matarme, yo no quiero luchar contra ellos. No, ni siquiera por el dominio de las tres regiones del universo, mucho menos por esta pequeña tierra! Porque, habiendo matado a los hijos de Dhritarashtra, ¿qué placer, oh tú, a quien los mortales adoran, podemos gozar entonces? Si nosotros los destruyéramos, tiranos como ellos son, el pecado tomaría refugio con nosotros. Por lo tanto, no nos aprovecha para nada el matar a parentela tan próxima como ésta. Porque, oh Krishna, ¿podríamos nosotros encontrar la felicidad cuando hayamos sido los matadores de nuestra raza? ¿Qué hay si ellos, cuyas mentes están depravadas por la lujuria del poder, no ven pecado alguno en la extirpación de su raza, ni ven crimen en el asesinato de sus amigos? ¿Será esa suficiente razón para que resolvamos apartarnos de semejante crimen aborreciendo como lo hacemos el pecado de extirpar nuestra propia parentela? En relación a la destrucción de una tribu, la virtud de esa tribu y de esa familia se pierden. Con la pérdida de la virtud, el vicio y la impiedad abruman la totalidad de la raza. Por influencia de la impiedad se depravan las mujeres de una familia; y de las mujeres que han sido depravadas, nacen las castas ilegítimas llamadas Varna Sankar. La corrupción de la casta es un portal hacia el infierno para ambos, tanto para los destructores de una tribu, como para aquellos que sobreviven. También es igual para sus ancestros quienes, privados de las ceremonias de los pasteles y del agua, que son ofrecidos a sus manes, se hunden en las regiones infernales. Por los crímenes de los destructores de una tribu y por aquellos que son los causantes de la confusión de casta, la virtud familiar y la virtud de toda la tribu se pierden para siempre. Como hemos visto en las escrituras sagradas, oh Krishna, ese hundimiento en los infiernos espera a aquellos mortales cuya progenie ha perdido su virtud. ¡Será mi ruina! ¡Ay, qué inmenso crimen nos estamos preparando a cometer! ¡Porque por el deseo de soberanía y de placer, aquí estamos listos a matar a nuestra familia! Yo, más bien, sufriría pacientemente el que los hijos de Dhritarâshtra, con su armas en las manos vinieran sobre mí, y sin yo oponérmeles, me mataran sin resistencia en el campo."

SANJAYA:

Y cuando Arjuna había terminado de hablar, él se sentó en su carruaje, situado entre los dos ejércitos, y habiendo puesto de lado su arco y sus flechas, su corazón quedó abrumado por la desesperación.

Y así, en el *Upanishad*, llamado el sagrado *Bhagavad Guita*, en la ciencia del Supremo Espíritu, en el libro de la devoción, en el coloquio entre el santo Krishna y Arjuna, está el Primer Capítulo, de nombre -

EL DESALIENTO DE ARJUNA.

CAPITULO II

DEVOCION A TRAVES DE LA APLICACION DE LAS DOCTRINAS ESPECULATIVAS

SANJAYA:

Krishna, contemplándolo así tan afectado y compungido, con sus ojos arrasados por un mar de lágrimas, y con su corazón oprimido por la más profunda aflicción, se dirigió a él en estos términos:

KRISHNA:

"¿De dónde, oh Arjuna, te viene este desaliento en el momento de dificultad, que es indigno del honorable, y que no conduce ni al cielo ni a la gloria? Es algo vergonzoso, contrario al deber; y es el fundamento mismo del deshonor. No empuñes tu falta de hombría, porque eso no es propio de alguien como tú. Abandona, oh atormentador de tus enemigos, esta despreciable debilidad de tu corazón y levántate."

ARJUNA:

"¿Pero cómo, oh matador de Madhu, podría yo con mis flechas contender en batallas contra hombres como Bhîshma y Drôna, que entre todos los hombres merecen mi mayor respeto? Porque sería mejor para mí mendigar mi pan por el mundo que ser el asesino de mis preceptores, a quienes tanta reverencia es debida. Porque si destruyera yo amigos como estos, tendría que participar de posesiones, riquezas y de placeres contaminados todos con su sangre. Y no podemos saber si sería mejor que nosotros los derrotáramos a ellos, o que ellos nos derrotaran a nosotros. Porque esos que están ahí alineados, enfrentándonos furiosamente, y después de cuyas muertes yo no desearía vivir, en caso de que perecieran por mi mano, esos son los hijos y el pueblo de Dhritarâshtra. Y como soy de una disposición fácilmente afectable por la compasión y por el miedo a errar, yo a ti te pregunto ¿cuál de las dos cosas es mejor hacer? ¡Y dímelo claramente! Pues soy tu discípulo; ¡instrúyeme entonces en mi deber, a mí que estoy bajo tu tutela! Porque mi comprensión está totalmente confundida por los dictados de mi deber, y no veo a mi alrededor nada que pudiera aliviar toda esta tristeza que ciega mis facultades, ni aún fuera yo a obtener un reino sin rival sobre la tierra, o el dominio sobre las huestes del cielo."

SANJAYA:

Y Arjuna, habiendo así hablado a Krishna, se quedó en silencio después de decir: "No pelearé, oh Govinda." Entonces Krishna, sonriendo tiernamente, dirigió estas palabras al príncipe que permanecía allí abatido entre los dos ejércitos:

KRISHNA:

"Te lamentas por quienes no debías lamentarte, al tanto que tus sentimientos son aquellos de los exponentes de la letra misma de la ley. Quienes son sabios en cosas espirituales no se afligen ni por los muertos ni por los vivos. Yo mismo, jamás no he sido ni he dejado de ser, ni tampoco tú, ni ninguno de los príncipes de la tierra; ni tampoco jamás dejaremos de ser de aquí en adelante. Porque, como el señor de este cuerpo mortal experimenta aquí su infancia, su juventud y su vejez, así también en futuras encarnaciones encontrará él lo mismo. Y uno que está afianzado en esta creencia no es perturbado por ninguna cosa que pueda llegar a suceder. Son los sentidos, moviéndose hacia sus respectivos objetos, los que producen el calor y el frío y el placer y el dolor; los cuales van y vienen y son breves y cambiantes; y son estos los que tú has de soportar, ¡oh hijo de Bharata! Porque sabio es, aquél a quien estas cosas no lo perturban y para quien el placer y el dolor son la misma cosa. Ese es digno de la inmortalidad. Porque no hay existencia para aquello que no existe, ni tampoco hay inexistencia para lo que sí existe. Pues, para aquéllos que ven la verdad y miran dentro de los principios de las cosas, la característica última de esas dos, está claramente a la vista. Aprende, pues, que aquél por quien todas las cosas fueron formadas, es incorruptible y que nadie es capaz de efectuar la destrucción de ESO que es inextinguible. Y se ha dicho que estos cuerpos finitos que envuelven las almas que los habitan, pertenecen a El, al eterno, al indestructible, al indemostrable Espíritu, que es quien está en el cuerpo: por lo tanto, oh Arjuna, resuélvete a la lucha. Porque tanto el hombre que cree que el Espíritu es el que mata, como aquél que cree que éste puede ser destruído, están ambos engañados; porque el mismo ni mata ni puede ser matado. Y el Espíritu no es cosa de la que un hombre podría decir, él ha sido, o va a ser, o habrá de ser en el futuro;

porque es algo sin nacimiento y que tampoco encuentra la muerte; es antiguo, constante y eterno, y no es muerto cuando este cuerpo mortal es destruído. ¿Y cómo puede el hombre que cree que eso es incorruptible, eterno, inextinguible y sin nacimiento, llegar a creer que ello puede matar o causar su muerte? Porque así como un hombre desecha los viejos ropajes y se pone otros nuevos, así mismo hace el habitante del cuerpo, quien habiéndose quitado sus viejas formas mortales, entra en otras que son nuevas. Y a ese habitante el arma no lo hiere, el fuego no lo quema, el agua no lo pudre, ni el viento lo seca; porque es indivisible, inconsumible, incorruptible, y no puede ser secado: pues es eterno, universal, permanente, inamovible; y es invisible, inconcebible, e inalterable; entonces, sabiendo que eso es así, tú no deberías lamentarte. Y ya fuera que tú creyeses que eso es de eterno nacimiento y duración o que muriese con el cuerpo, aún así no tienes razón de lamentarte. Porque la muerte es cierta a todas las cosas que nacen, y el renacimiento a todos los mortales; por lo tanto, no te corresponde ni te aprovecha el lamentarte de lo que es inevitable. Porque el estado prenatal de los seres es desconocido; el estado intermedio es ahora evidente; y el estado de ellos después de la muerte no es algo a ser descubierto. Y siendo así, ¿qué es lo que hay que lamentar? Algunos consideran que el espíritu que habita en el interior es un prodigio, mientras que algunos hablan y otros oyen de ello con asombro; sin embargo, no hay uno que lo entienda, aun cuando lo haya oído describir. Este espíritu jamás puede ser destruído en el cuerpo mortal en el que habita y, en consecuencia, es indigno de ti el así atribularte por todos estos mortales. Más bien dirige tus ojos hacia los deberes de tu tribu particular, y te sería muy poco apropiado el temblar. Porque un soldado de la tribu Kshatriya[2] no tiene deber que sea superior a la guerra justa; y ha sido a tu pedido que la puerta del cielo ha aparecido abierta de par en par ante ti, a través de esta gloriosa batalla -no buscada- que sólo los soldados más favorecidos por la fortuna logran alcanzar. Pero, si por el contrario, tú dejaras de cumplir con el deber que te toca y abandonaras el campo, abandonarías con ello tu deber natural y tu honor, y serías culpable de un crimen. La humanidad hablará de tu

---

[2] Kshatriya es la segunda casta de la India o aquella militar.

gran mala fama como algo infinito, y para uno que ha sido respetado en el mundo, la deshonra es peor que la muerte. Los generales de los ejércitos pensarán igualmente que tu retirada del campo fue causada por el miedo, y aún para aquellos que hicieron que tú fueras tomado como una gran alma, serás considerado despreciable. Tus enemigos hablarán de ti en palabras que son indignas de ser habladas, y despreciarán tu coraje y tus habilidades; ¡y qué puede ser más terrible que esto! Porque si mueres, alcanzarás el cielo; y si salieras victorioso, el mundo sería tu recompensa. Por lo tanto, hijo de Kunti, levántate con la determinación fija en la batalla. Haz del placer y del dolor, de la ganancia y de la pérdida, de la victoria y de la derrota, la misma cosa para ti. Prepárate así a la lucha, porque así y sólo así permanecerás libre de todo pecado mientras actúas.

"Y así, ante ti ha sido presentada la opinión de acuerdo a la doctrina Sankhya, la doctrina especulativa. Escucha ahora como es esto en la opinión de la doctrina práctica y devocional, por medio de la cual, si quedas plenamente imbuído de ella, tú romperás para siempre los lazos del Karma y te elevarás por encima de ello. En este sistema de Yoga ningún esfuerzo puede ser malgastado, ni tampoco habrá consecuencias malignas, y aún una pequeña práctica de ello libera de un inmenso peligro, porque en este sendero hay un sólo objetivo y este es de una naturaleza estable y constante; pero por el contrario, de muchas ramificaciones es la fe, e infinitos son los objetivos de aquéllos que no siguen este sistema.

"Los no sabios, deleitándose en las controversias que hay en los Vedas, mancillados con las lujurias mundanas, y prefiriendo un gozo transitorio del cielo a la absorción eterna, al tanto que declaran que no hay otra recompensa, pronuncian para el logro de las riquezas y los logros mundanos, floridas sentencias y comprometedoras recompensas en futuros nacimientos, como resultado de las acciones presentes, ordenando también que se hagan ceremonias especiales, el fruto de las cuales es mérito que conduce al poder y a los objetos del gozo. Pero aquéllos que así desean las riquezas y los gozos, no tienen certeza en sus almas y el menor sostén en la meditación. El tema de los Vedas es el arreglo y colocación de las tres cualidades o gunas. ¡Libérate de estas cualidades, oh Arjuna!, sé libre de todos los 'pares de opuestos' y sé constante en la cualidad de *Sattva*, libre de la mundana ansiedad y del deseo de conservar las posesiones presentes, sé autocentrado y no controlado por los objetos de la mente y de los sentidos. Los mismos beneficios que pueden encontrarse en un depósito que se extiende libre y sin fin por todos lados, los habrá en todos los ritos védicos para el brahmán que es buscador y realizador de la verdad.

"Deja, pues, que el motivo para la acción esté en la acción misma, y no en el evento. No seas incitado a las acciones por la esperanza de su recompensa, ni tampoco dejes que tu vida se gaste en la inacción. Persistiendo firmemente en el Yoga, ejecutando aquello que es tu deber, oh Dhananjaya,[3] y dejando a un lado todo beneficio proveniente de la acción para ti mismo, haz que el evento sea igual a ti, ya sea triunfo o fracaso. Porque la ecuanimidad es llamada Yoga.

"Y sin embargo, la ejecución de las obras es muy inferior a la devoción mental, oh despreciador de la riqueza. Encuentra, pues, un asilo en esta devoción mental que es el conocimiento; porque miserables e infelices son aquellos cuyos impulsos hacia la acción están fundamentados en su recompensa. Pero aquél que por medio del Yoga es mentalmente devoto, descarta igualmente los resultados del triunfo y del fracaso, porque él está más allá de ellos. Yoga es la habilidad en la ejecución de las acciones; por lo tanto, aspira tú a esta devoción. Porque aquéllos que están así unidos al conocimiento y que son devotos, que han renunciado a toda recompensa por sus acciones, ellos no vuelven a encontrar el renacimiento en esta vida y van así a la eterna mansión bienaventurada que está libre de toda enfermedad, e inalcanzada por las dificultades.

Cuando tu corazón se haya abierto paso a través de las trampas y asechanzas de la ilusión, entonces lograrás una gran indiferencia a todas estas doctrinas que han sido enseñadas hasta hoy o que serán enseñadas en el porvenir. Y cuando tu mente, una vez liberada de los Vedas, se haya fijado ya inamovible en la contemplación, entonces habrás alcanzado la devoción."

---

[3] Dhananjaya, despreciador de la riqueza.

ARJUNA:

"¿Y cuál, oh Keshava,[4] es la descripción del hombre devoto y sabio que está así fijo en la contemplación y confirmado en el conocimiento espiritual? ¿Qué podría decir semejante sabio? ¿Dónde estaría su morada? ¿Se mueve y actúa, él, como los demás hombres?

KRISHNA:

"Se dice que un hombre está afianzado y confirmado en el conocimiento espiritual cuando abandona cada deseo que entra en su corazón, y es feliz por sí mismo y está contento en el Yo a través del Yo. Su mente no se turba en la adversidad; está contento y feliz en la prosperidad y es ajeno a toda ansiedad, miedo y enojo. A tal hombre se le llama Muni.[5] Cuando, en toda situación, él recibe cada evento, ya sea favorable o desfavorable, con una mente ecuánime a la que no le gusta ni le disgusta nada, entonces su sabiduría ya está establecida, habiendo experimentado lo bueno y lo malo, sin regocijarse ante lo uno, ni deprimirse ante lo otro. El está afirmado y confirmado en el conocimiento espiritual, cuando, como la tortuga, él puede retraer a su interior todos sus sentidos y restringirlos de sus queridos propósitos. El hambriento pierde de vista todo otro objeto que no sea la gratificación de sus apetitos, y cuando él llega a encontrarse con lo Supremo, pierde así el gusto por los objetos de toda clase. Porque los tumultuosos órganos y sentidos del cuerpo fuerzan su camino aún hasta el corazón del sabio que lucha por la perfección. Dejad que un hombre, restringiendo todo eso, permanezca en devoción y descanse en mí, que soy su verdadero yo; porque aquél que tiene sus sentidos y órganos bajo su control, ya posee el conocimiento espiritual.

"Porque aquél que le pone atención a las inclinaciones de los sentidos, en ellos tiene un interés; ¡de este interés, se crea la pasión, de esta pasión frustrada, la ira, de la ira surge la ilusión, de la ilusión, la pérdida de la memoria, y de la pérdida de la memoria la pérdida de la discriminación, y de la pérdida de la discriminación la pérdida de todo! Pero aquél, que libre de apego o de repulsión por

---

[4] Keshava, aquél cuyos rayos se manifiestan como omniciencia, uno de los nombres de Krishna.

[5] Muni, un sabio.

los objetos, los experimenta a través de los sentidos y los órganos con su corazón obediente a su voluntad, ese alcanza la tranquilidad de pensamiento. Y este estado de tranquilidad, una vez obtenido, pronto resultará en un apartarse de toda aflicción; y estando su mente en descanso y fija sobre un sólo objetivo, abraza así sabiduría por todas partes. Pero el hombre cuyo corazón y mente no están en descanso, permanece sin sabiduría o poder de contemplación, y permanece sin practicar la reflexión; ese no tiene calma. ¿Y cómo, entonces, puede un hombre sin calma obtener la felicidad? El corazón descontrolado, siguiendo los dictados de las pasiones que lo conmueven, se arranca el conocimiento espiritual como la tormenta arranca la barca del furioso océano. Por lo tanto, oh tú de poderosos brazos, son poseídos del conocimiento espiritual, aquéllos cuyos sentidos están apartados de los objetos de sensación. Porque lo que es noche para los no iluminados, es día ante la visión del iluminado; y lo que parece como día, él sabe que es noche: la noche de la ignorancia. ¡Tal es el Sabio que se autogobierna!

"Aquel hombre en el que los deseos penetran su corazón como las aguas entran al océano que no se rebosa nunca, y el cual, aunque siempre lleno, jamás rebosa su límite, ese hombre alcanza la felicidad; pero no aquél que se deleita en sus propias lujurias.

"El hombre que habiendo abandonado todos los deseos actúa sin codicia, desinteresadamente y sin orgullo, que no se contempla él mismo ni como actor ni como poseedor, logra el descanso. Y esto, oh hijo de Pritha, es depender del Espíritu Supremo; y aquel que esto posee no se pierde ya más, y habiéndolo obtenido, y si así está establecido en la hora de su muerte, entra al Nirvana en lo Supremo."

Y así, en el *Upanishad*, llamado el sagrado *Bhagavad Guita*, en la ciencia del Supremo Espíritu, en el libro de la devoción, en el coloquio entre el Santo Krishna y Arjuna, está el Segundo Capítulo, de nombre -

LA DEVOCION A TRAVES DE LA APLICACION DE LA DOCTRINA SANKHYA.

CAPITULO III

DEVOCION A TRAVES DE LA RECTA EJECUCION DE LA ACCION

ARJUNA:

"Si de acuerdo con tu opinión, oh dador de lo que los hombres piden, el conocimiento es superior a las prácticas de las obras, ¿por qué me impeles a que me envuelva en una empresa tan terrible como ésta? Con tu dudosa forma de hablar, confundes mi razón; por lo tanto, escoge un método dentro de todos, por el cual yo pueda lograr la felicidad, y explícamelo."

KRISHNA:

"Ha sido dicho antes por mí, oh tú sin pecado, que en este mundo hay dos formas de devoción: aquella de los que siguen la ciencia Sankhya o especulativa, la cual es el ejercicio de la razón en la contemplación; y la otra, la de los seguidores de la escuela del Yoga, que es la devoción en la ejecución de la acción.

"Un hombre no disfruta de la acción por el simple hecho de no comenzar aquello que él tiene que hacer; ni tampoco obtiene la felicidad del abandono total de la acción. Porque nadie descansa ni un sólo momento en la inactividad. Pues cada hombre está involuntariamente impelido a actuar por las cualidades o gunas que surgen de la naturaleza. Y aquél que permaneciendo inerte, y restringiendo sus sentidos y sus órganos, sigue entreteniéndose en su corazón con los objetos de sensación, ese es llamado un falso piadoso de mente aturdida y perpleja. Mientras que aquél que habiendo subyugado todas sus pasiones ejecuta con sus facultades activas todos los deberes de la vida, despreocupado de sus resultados, es digno de estima. Ejecuta, entonces, las acciones apropiadas: porque la acción es superior a la inacción. La jornada de este armazón mortal no puede ser lograda por la inacción. Todos los actos ejecutados que no sean como un sacrificio a Dios, hacen que el actor quede atado por la acción. Abandona, entonces, Oh hijo de Kunti, todas las intenciones egoístas, y ejecuta tu deber en la acción solamente por El. Cuando en los antiguos tiempos el señor de las criaturas formó la humanidad, y señaló al mismo tiempo la adoración, él habló y dijo: 'Con esta adoración, ruega por el crecimiento y deja tú que Kamaduk sea para ti la vaca de la abundancia de quien dependerás para la realización de todos tus deseos. Nutre con esto a los dioses, para que los dioses te nutran a ti; y así nutriéndose mutuamente alcanzarás la suprema felicidad. Los dioses así nutridos por la adoración y el sacrificio, te darán el goce de todos tus deseos. Porque aquél que disfruta de lo que se le ha dado y no ofrece una porción de ello, ¡es como un ladrón!' Pero aquéllos que no se alimentan sino de los remanentes que quedan de las ofrendas en el altar, serán purificados de todas sus transgresiones. Mientras que los que sólo aderezan sus carnes para sí mismos están comiendo el pan del pecado, siendo ellos mismos el pecado encarnado. Porque los seres son nutridos por el alimento, el alimento es producido por la lluvia, la lluvia viene del sacrificio, y el sacrificio está ejecutado por la acción. Y sabe que la acción viene del Espíritu Supremo que es Uno; por lo tanto, el Espíritu que todo lo penetra, está en todo momento presente dentro del sacrificio.

"Aquél que pecaminosamente se deleita en la gratificación de sus pasiones, hace que esta rueda que ha sido puesta en movimiento continúe rotando; ése vive en vano, oh hijo de Pritha.

"Mientras que el hombre que sólo se deleita en el Yo interior, y que está satisfecho con ello y contento solo con eso, no tiene interés egoísta en la acción. El no se interesa ni en lo que es hecho ni en lo que es dejado de hacer; y no hay entre todas las cosas que han sido creadas, ningún objeto sobre el cual él pueda poner su sostén. Por lo tanto, ejecuta tú aquello que has de hacer, permaneciendo en todo momento desinteresado del evento mismo; porque el hombre que hace aquello que el tiene que hacer, sin apego a sus resultados, alcanza lo Supremo. Fue por la acción misma que Yanaka y muchos otros lograron la perfección. Porque si el bien de la humanidad es tu sola consideración, la ejecución de tu deber estará muy clara; pues lo que sea que practiquen los hombres más excelentes, eso también es practicado por los otros. El mundo sigue cualquier ejemplo que ellos establezcan. Porque, oh hijo de Pritha, no hay nada en las tres regiones del universo que sea necesario que yo ejecute, ni hay nada que sea posible de obtener que no haya ya obtenido y, sin embargo, Yo estoy constantemente en acción. Si no fuera yo infatigable en la acción, todos los hombres habrían seguido mi ejemplo, oh hijo de Pritha. Y si yo no ejecutara acciones, todas estas criaturas perecerían; y Yo sería la causa de la confusión de las castas, y habría ya matado a todas estas criaturas. Porque, oh hijo de Bharata, así como el ignorante ejecuta la acción y los deberes de la vida con la esperanza de la recompensa, así los sabios lo hacen por el sólo deseo de traer el mundo hacia el deber y beneficiar a toda la humanidad, que debe ejecutar sus acciones sin intenciones interesadas. El sabio no ha de crear confusiones en los ignorantes que están inclinados a las labores externas, sino que más bien, por estar envuelto en la acción debe ser causa de que ellos así actúen. Todas las acciones son efectuadas por las cualidades o gunas de la naturaleza. El hombre ilusionado por la ignorancia piensa, "Yo soy el actor." Mientras que aquél, ¡oh tú de fuertes brazos!, que está familiarizado con la naturaleza de esas dos distinciones de la causa y del efecto, y que conoce que las cualidades sólo actúan sobre las cualidades pero que el Yo es distinto de ellas, ese no queda atado a la acción.

"En tanto que aquéllos que no tienen este conocimiento, están interesados en las acciones que han sido así causadas por las tres cualidades; y aquél que está perfectamente iluminado no debería perturbar a aquellos cuya discriminación es débil y su conocimiento incompleto, ni tampoco ser la causa de que ellos languidezcan en la ejecución de su deber.

"Y arrojando cada acto sobre mí, y con tu meditación fija en el Yo Superior, decídete a pelear sin expectativa, exento de egoísmo y libre de toda angustia.

"Porque esos hombres que constantemente siguen mi doctrina sin mancillarla, y con una fe firme, serán liberados por las acciones mismas; pero aquellos que la mancillan y que no la siguen, están perplejos en relación a todo conocimiento y perecen porque están desprovistos de discriminación.

"Ahora bien, el sabio también busca aquello que es homogéneo con su propia naturaleza. Todas las criaturas actúan de acuerdo con su propia naturaleza; entonces ¿qué podrá restringir el efecto? En todos los propósitos de los sentidos están fijos el afecto y el desagrado. Un sabio no debería caer bajo el poder de estas dos pasiones, porque ellas son las enemigas del hombre. Y es mejor cumplir el propio deber de uno, aun cuando el mismo esté desprovisto de mayor excelencia, que ejecutar bien el deber de otro. Sería mejor perecer en la ejecución del propio deber, porque el deber del otro está lleno de peligro."

ARJUNA:

"Pero entonces, Oh descendiente de Vrishni, ¿qué es eso que impulsa al hombre a cometer ofensas, aparentemente contra su voluntad y como si estuviera constreñido por alguna fuerza secreta?"

KRISHNA:

"Es la lujuria lo que lo instiga. Es la pasión, nacida de la cualidad de *rajas*,[6] que es insaciable y está llena de pecado. Y sabe que éste es el enemigo del hombre en la tierra. Porque así como la llama está envuelta por el humo, y el espejo por la herrumbre,[7] y así como la matriz envuelve el feto, así está el universo rodeado por esta pasión. Y por esto mismo, eso que es el constante enemigo del sabio, formado de deseo, que arde como el fuego, y que no puede ser nunca apaciguado, así está también rodeada la sabiduría o conocimiento discriminativo. Porque su imperio reina sobre los sentidos y sobre los órganos, sobre el principio pensante y también sobre la facultad discriminante; y por medio de estos, ello nubla la discriminación y engaña al Señor que está en el cuerpo. Por lo tanto, oh tú, el mejor de los descendientes de Bharata, que desde el principio restringes tus sentidos, habrás de conquistar este pecado que es el destructor del conocimiento y del discernimiento espiritual.

"A los sentidos y a los órganos se les estima como grandes, pero el principio pensante es más grande que ellos. El poder discriminante[8] es más grande aún que el principio pensante, y aquello que es más grande que el principio discriminante es El.[9] Y así, sabiendo lo que es más grande aún que el principio

---

[6] *Rajas* es una de las tres cualidades; el poder conductor de la naturaleza, que es activo y malsano.

[7] Se refiere a los espejos de metal bruñido.

[8] El principio discriminante es *Buddhi*.

[9] "El", el Espíritu Supremo, el verdadero Ego.

discriminante y fortaleciendo lo inferior por el Yo Superior, mata, oh tú de poderosos brazos, este enemigo que está hecho de deseo y que es difícil de apresar."

Y así, en el *Upanishad*, llamado el sagrado *Bhagavad-Guita*, en la ciencia del Supremo Espíritu, en el libro de la devoción, en el coloquio entre el Santo Krishna y Arjuna, está el Tercer Capítulo, de nombre -

LA DEVOCION A TRAVES DE LA RECTA EJECUCION DE LA ACCION.

CAPITULO IV

DEVOCION A TRAVES DEL CONOCIMIENTO ESPIRITUAL

KRISHNA:

"Esta doctrina inextinguible del Yoga la enseñé yo una vez a Vivaswat;[10] Vivaswat se la comunicó al Manú[11] y el Manú se la dió a conocer a Ikshwaku;[12] y siendo así transmitida de unos a otros, la misma fue estudiada por los Rajarshis,[13] hasta que, en el transcurso del tiempo, el poderoso arte fue perdido, ¡Oh castigador de tus enemigos! Y es esta misma doctrina, inextinguible, secreta y eterna, la que yo hoy te he comunicado a ti porque tú eres mi devoto y mi amigo."

ARJUNA:

"Viendo yo que tu nacimiento es posterior a la vida de Ikshwaku, ¿cómo puedo yo entender que tú eras en el comienzo el maestro de esta doctrina?"

KRISHNA:

"Ambos, Yo y tú, hemos pasado a través de muchos nacimientos, ¡Oh castigador de tus enemigos! pero mientras los míos me son conocidos, tú no conoces los tuyos.

"Porque aún siendo yo no nacido, de esencia incambiable y señor de toda la existencia, aún así, al presidir sobre la naturaleza -que es mía- yo nazco a través de mi propio *maya*,[14] el místico poder de auto-ideación, el eterno pensamiento dentro de la mente eterna.[15] Yo me produzco a mí mismo entre las criaturas, Oh hijo de

---

[10] *Vivaswat*, el sol, primera manifestación de la sabiduría divina en los comienzos de la evolución.

[11] *Manú*, titulo genérico dado al espíritu reinante del universo sensorial; siendo el actual, el Vaivashwata Manú.

[12] *Ikshwaku*, el fundador de la dinastia solar indostana.

[13] *Rajarshis*, Sabios Reales.

[14] *Maya*, Ilusión.

[15] Ver aquí el *Varaha Upanishad* de *Krishna-Yajur Veda*: "El universo todo es desarrollado sólo a través del Sankalpa (pensamiento o ideación); y es sólo a través del Sankalpa que el universo retiene su apariencia."

Bharata, cuando quiera que haya una declinación de la virtud y una insurrección del vicio y la injusticia en el mundo; y así encarno, de edad en edad, para la preservación de los justos, la destrucción de los malvados y el establecimiento de la justicia. Y quienquiera, oh Arjuna, que sepa que son divinos mis nacimientos y mis obras, ese, al salir del marco mortal, ya no entra en otro, porque él entra en mí. Y muchos que se libertaron de la sed insaciable, del miedo y del enojo, se llenaron con mi espíritu y se apoyaron en mí; habiendo sido así purificados por el fuego ascético del conocimiento, han entrado ya dentro de mi ser. Porque cualquiera que sea la forma en que los hombres se acerquen a mí, en esa misma medida yo los asisto; y cualquiera que sea la senda que tome la humanidad, esa senda es mía, Oh hijo de Pritha. Y aquéllos que desean el éxito para sus obras en esta vida, hacen sacrificios a los dioses; sólo que, en este mundo, el triunfo logrado por sus acciones pronto llega a su final.

"La humanidad fue creada por mí en cuatro castas que son distintas en sus principios y en sus deberes, de acuerdo a la natural distribución de las acciones y las cualidades.[16] Conóceme entonces, que aun siendo incambiable y no actuante, soy el autor de todo esto. Las obras no me afectan, ni tampoco tengo expectativa alguna de los frutos de las obras. Y a aquél que así me comprende, no lo atan los lazos de la acción hacia un nuevo nacimiento. Los antiguos que añoraron la salvación eterna, habiendo descubierto esto, siguieron haciendo obras. Por lo tanto, ejecuta tus labores tal como fueron ejecutadas por los antiguos en tiempos pasados.

"Aun los sabios mismos han sido engañados respecto a lo que es acción y lo que es inacción. Por lo tanto, te explicaré a ti lo que es realmente la acción, a la luz de cuyo conocimiento quedarás libre de todo mal. Uno ha de aprender: cuál es la acción que ha de ser ejecutada, cuál aquella que no ha de serlo, y cuál es inacción. El sendero de la acción es oscuro. Y aquel hombre que ve la inacción en la acción, y la acción en la inacción, es sabio entre los hombres, él es un verdadero devoto y un perfecto ejecutor de toda acción.

---

[16] Esto hace referencia a las cuatro grandes castas de la India: el Brahman, el soldado, el mercader, y el sirviente. Y esa división queda claramente visible en cada país, aun cuando no se le llame por esos nombres.

"Aquéllos que son poseedores de la verdadera discriminación espiritual, llaman sabio a aquél cuyas empresas están libres de todo deseo, porque sus acciones van quedando consumidas en las llamas del conocimiento. Pues él renuncia al deseo de llegar a ver la recompensa por sus obras; y queda así libre y satisfecho; y de nada depende y en nada se apoya; y aún cuando él está envuelto en acciones, él en realidad nada hace. El no busca resultados, y con su mente y con su cuerpo subyugados y estando por encima del disfrute que traen las cosas, y haciendo con el cuerpo sólo las acciones que son corporales, él no se somete a sí mismo a los renacimientos. El ya está satisfecho con cualquier cosa que reciba, casual y fortuitamente, y está libre de la influencia de 'los pares de opuestos' y también de la envidia; y es él mismo, en el triunfo y en el fracaso; y aún cuando actúa, no está atado por los lazos de la acción. Y todas las obras de tal hombre que está libre del auto-interés, que es devoto, cuyo corazón está fijo en el conocimiento espiritual, y cuyos actos son sacrificios dedicados a lo Supremo, esas acciones se disuelven y quedan sin efectos sobre él. El Espíritu Supremo es el acto mismo de la ofrenda, el Supremo Espíritu es también el aceite del sacrificio, el cual se ofrece en el fuego que es igualmente el mismo Espíritu Supremo; y hacia el Espíritu Supremo va aquél que hace de ese Espíritu Supremo el objetivo de su meditación en la ejecución de todos sus actos.

"Algunos devotos hacen sacrificios a los dioses, mientras que otros, encendiendo el fuego más sutil del Espíritu Supremo, se ofrecen ellos mismos; y aún otros hacen el sacrificio de sus sentidos, comenzando con el de la audición, que es dejado en el fuego de la auto-restricción, mientras otros renuncian a todos los sonidos deleitosos, y otros, iluminados por el conocimiento espiritual, sacrifican todas las funciones de sus sentidos y su vitalidad, en el fuego de la devoción a través de la auto-restricción. Y también hay aquéllos que hacen sacrificio en riquezas que son dadas como limosnas; también por la mortificación y la humillación, por devoción, y por el estudio silencioso. Algunos sacrifican el inhalar de su respiración en la exhalación, y la exhalación en la inhalación, por el bloqueo mismo de los canales de inspiración y de expiración; mientras que otros lo hacen deteniendo los movimientos de ambos alientos vitales; y otros absteniéndose del alimento, sacrifican la vida en su vida.

"Todas estas diferentes clases de adoradores son purificados de sus pecados por sus sacrificios; pero son aquéllos que participan de la perfección del conocimiento espiritual que se alza de tales sacrificios, los que pasan hacia el eterno Espíritu Supremo. Pero para aquel que no hace sacrificio alguno no hay parte ni espacio en este mundo; y entonces, ¿cómo podría él participar en el otro, Oh tú, mejor de los Kurus?

Todas estas formas de sacrificios de tantas clases son desplegados a la vista de Dios; y sabe que todos ellos surgen de la acción, y al comprender esto, tú obtendrás una liberación eterna. Oh tú castigador de tus enemigos, el sacrificio a través del conocimiento espiritual es superior al sacrificio que se hace con las cosas materiales; toda acción, sin excepción alguna, está comprendida en el conocimiento espiritual, oh hijo de Pritha. Busca esta sabiduría a través del servicio, por intensa búsqueda, por preguntas y cuestionamientos, y también por humildad; y el sabio que ve la verdad, te la comunicará, y sabiéndola, tú jamás caerás en el error, oh hijo de Bharata. Por este conocimiento, tú verás en ti mismo todas las cosas y todas las criaturas, cualesquiera que sean, y entonces las verás en mí. Y aún cuando fueras el más grande de todos los pecadores, serás capaz de cruzar sobre todos los pecados, en la barca del conocimiento espiritual. Porque al igual que el fuego natural, Oh Arjuna, reduce el combustible a cenizas, así también el fuego del conocimiento reduce todas las acciones a cenizas. Pues no hay purificador en este mundo que pueda comparársele al conocimiento espiritual; y aquél que se ha perfeccionado en la devoción, encuentra, con el transcurrir del tiempo, el conocimiento espiritual manando espontáneamente desde dentro de sí mismo. El hombre que restringe los sentidos y órganos y tiene fe, obtiene el conocimiento espiritual, y habiéndolo obtenido, él prontamente alcanza la suprema tranquilidad; pero los ignorantes, aquéllos que están llenos de dudas y sin fe, esos están perdidos. El hombre de mente dubitativa no encuentra felicidad ni en este mundo ni en el próximo, ni en ningún otro. Ninguna acción ata al hombre que a través de la discriminación espiritual ha renunciado así a la acción y cortado de un tajo toda duda por medio del conocimiento, Oh despreciador de la riqueza. Por lo tanto, Oh hijo de Bharata, habiendo cercenado tú de un tajo y con la espada de la sabiduría espiritual, esta duda que ata tu corazón, entrégate a la ejecución de la acción. ¡Levántate!"

Y así, en el *Upanishad*, llamado el sagrado *Bhagavad-Guita*, en la ciencia del Supremo Espíritu, en el libro de la devoción, en el coloquio entre el Santo Krishna y Arjuna, está el Cuarto Capítulo, de nombre -

LA DEVOCION A TRAVES DEL CONOCIMIENTO ESPIRITUAL

CAPITULO V

DEVOCION POR MEDIO DE LA RENUNCIA A LA ACCION

ARJUNA:

"Por un lado, oh Krishna, tú ensalzas la renuncia a la acción, y sin embargo, también alabas su recta ejecución. Dime, pues, con certeza, ¿cuál de las dos es mejor?"

KRISHNA:

"La renuncia a la acción, así como la devoción a través de la acción, son ambas medios hacia la emancipación final, pero de estas dos, la devoción es mejor que la renuncia. Es considerado como un asceta,[17] aquél que no busca nada, ni nada rechaza y que está libre de la influencia de los 'pares de opuestos'[18], oh tú de poderosos brazos; sin dificultad él es liberado de los lazos forjados por la acción. Son sólo los niños y no los sabios los que hablan de renunciar a la acción[19] y de la recta ejecución de la acción,[20] como si éstas fueran cosas diferentes. Aquél que practica en forma perfecta una de ellas recibe los frutos de ambas; y el sitial[21] que es ganado por el renunciador de la acción también es logrado por aquél que es devoto en la acción. Está viendo en forma clara, aquel hombre que ve que las doctrinas del Sankhya y del Yoga son idénticas. Sin embargo, el logro de la verdadera renuncia a la acción sin la devoción a través de la acción, es bien difícil, oh tú de poderosos brazos; mientras que el devoto que está comprometido con la recta ejecución de sus deberes, se acerca al Espíritu Supremo en corto tiempo. El hombre de corazón ya purificado, que tiene su cuerpo enteramente controlado, sus sentidos restringidos, y para quien el único yo es el Yo de todas las criaturas, ese no queda

---

[17] Esto es, uno que realmente ha renunciado.

[18] Esto es, lo frío y lo caliente, el placer y el dolor, la miseria y la felicidad, etc.

[19] La escuela Sankhya.

[20] La escuela del Yoga.

[21] El Nirvana o emancipación.

manchado ni aún en la ejecución de sus propias obras. El devoto que sabe la divina verdad, piensa: "yo nada hago", aun cuando él ve, oye, palpa, huele, come, se mueve, duerme, respira; y aun cuando habla, expele o ingiere, abre o cierra sus ojos; pues él dice: "los sentidos y órganos se mueven tan sólo por natural impulso hacia sus apropiados objetos." Quienquiera que al actuar dedica sus acciones al Espíritu Supremo y pone de lado todo interés egoísta en sus resultados, ése queda sin ser tocado por el pecado, de igual manera que a la hoja del loto no le afecta en nada el agua. Por la purificación del corazón, los verdaderos devotos ejecutan acciones con sus cuerpos, con sus mentes, con su comprensión y con sus sentidos, poniendo de lado todo auto-interés. El hombre que es devoto y no está apegado al fruto de sus acciones, logra la tranquilidad; en tanto que aquél, que a través del deseo tiene apego por el fruto de la acción, permanece atado por ello.[22] El sabio auto-restringido, habiendo renunciado en su corazón a toda acción, habita en el descanso, en la "ciudad de las nueve puertas, que es su morada"[23] y ni actúa ni causa acción.[24]

"El Señor del mundo, ni crea la facultad de actuar, ni las acciones, ni la conexión entre la acción y sus frutos; pero es la naturaleza la que prevalece en todo ello. El Señor no recibe las acciones del hombre, ya sean estas pecaminosas o llenas de méritos.[25] La verdad está oscurecida por aquello que no es verdad, es por esto que todas las criaturas son conducidas por sendas equivocadas. Pero en aquéllos para quienes el conocimiento del

---

[22] Esto se refiere no sólo al efecto en el hombre ahora, en vida, sino también a la "atadura al renacimiento" que tal acción causa.

[23] Esto es el cuerpo con sus nueve aperturas, a través de las cuales las impresiones son recibidas. Ej: los ojos, los oídos, la boca, la nariz, etc.

[24] El sabio que se ha unido él mismo a la verdadera conciencia, permanece en el cuerpo para beneficio de la humanidad.

[25] Para poder comprender claramente esto, es necesario recordar que en la filosofía Védica se sostiene que todas las acciones, ya sean éstas buenas o malas, son producidas por las tres cualidades o gunas: *sattva, rajas, tamas,* que son inherentes en todo, a través de la evolución. Esto queda establecido extensamente en el capítulo séptimo; y en el capítulo decimotercero está la manera por medio de la cual esas cualidades se muestran a sí mismas.

verdadero Yo ha dispersado a la ignorancia, entonces, lo Supremo, como si esos seres hubieran sido iluminados por un rayo del sol, queda revelado. Aquéllos cuyas almas están en el Espíritu; cuyo refugio está en ello, que están determinados a ello y purificados por el conocimiento de todo pecado, esos van a ese lugar del cual ya no hay retorno.

"El sabio iluminado, considera con la misma mentalidad a un iluminado y desapegado brahmán, a una vaca, a un elefante o a un perro, y hasta a un descastado que come carne de perro. Esos que así preservan una mente ecuánime ganan el cielo, aún en esta misma vida, porque lo Supremo está libre de pecado y es ecuánime; y es así que ellos descansan en el Espíritu Supremo. El hombre que conoce el Espíritu Supremo, que no está ilusionado, y que está fijo en ello, no se regocija al obtener lo que es placentero, ni se lamenta cuando se encuentra lo que es desagradable. En tanto que aquél cuyo corazón no está apegado a los objetos de los sentidos, encuentra placer dentro de sí mismo, y, a través de la devoción, queda unido con lo Supremo y goza la bienaventuranza imperecedera. Porque esos gozos que surgen a través del contacto de los sentidos con los objetos externos, son matrices de dolor, ya que ellos tienen un comienzo y también un final; ¡oh hijo de Kunti!, el sabio no se deleita en esos gozos. Aquél que, mientras vive en este mundo y antes de la liberación del alma del cuerpo, puede resistir el impulso que se alza del deseo y de la ira, es devoto y es un bendito. El hombre que es feliz en sí mismo y que está iluminado interiormente, es un devoto; y participando de la naturaleza del Espíritu Supremo, él se sumerge en Eso. Tales sabios iluminados, cuyos pecados están extinguidos, que están libres de ilusión, que tienen sus sentidos y sus órganos bajo control, y que son devotos del bien de todas las criaturas, obtienen la asimilación en el Espíritu Supremo.[26] La asimilación con el Espíritu Supremo es, antes y después de la muerte, algo para aquéllos que están libres del deseo y de la ira, que son templados, de pensamientos restringidos, y que están familiarizados con el verdadero Yo.

---

[26] Esto es el conocimiento directo del Yo.

“El anacoreta que cierra su alma plácida a todo sentido del tacto, con la mirada fija en medio de su entrecejo; que hace que el aliento pase a través de ambas ventanas nasales con igual uniformidad, tanto en la inspiración como en la expiración, y cuyos sentidos y órganos, junto con su corazón y su comprensión, están bajo control, y que ha puesto su corazón en la liberación y está siempre libre del deseo y de la ira, ese es emancipado del nacimiento y de la muerte aún en esta vida. Y conociendo que Yo, el gran Señor de los mundos, soy el disfrutador de todos los sacrificios y penitencias y el amigo de todas las criaturas, él me obtendrá a mí y será bendito.

Y así, en el *Upanishad*, llamado el sagrado *Bhagavad-Guita*, en la ciencia del Supremo Espíritu, en el libro de la devoción, en el coloquio entre el Santo Krishna y Arjuna, está el Quinto Capítulo, de nombre -

LA DEVOCION POR MEDIO DE LA RENUNCIA A LA ACCION

CAPITULO VI

DEVOCION A TRAVES DEL AUTO-CONTROL

KRISHNA:

Aquél que desapegado de los frutos de sus obras, ejecuta tales obras como debe hacerlas, es ambas cosas: un renunciante[27] a la acción y un devoto[28] de la recta acción; pero no lo es quien vive sin encender el fuego sacrificial y sin ceremonias.[29] Sabe, Oh hijo de Pandu, que lo que ellos llaman *Sannyas*, o la renuncia a la acción, es lo mismo que el *Yoga* o la práctica de la devoción. Nadie que no haya previamente renunciado a las intenciones y motivaciones puede ser un devoto. Se ha dicho que la acción es el medio por el cual el sabio que desea remontarse a la meditación, puede alcanzarla; por ello se ha dicho que la cesación de la acción es el medio para aquél que ha alcanzado la meditación. Cuando él ha renunciado a todas sus intenciones y está exento de apego a la acción, en lo que respecta a los objetos de los sentidos, entonces él puede ser llamado uno que ha ascendido a la meditación. El debería alzar el yo por medio del Yo. Dejad que él no sufra que su Yo sea rebajado; porque el Yo es el amigo del yo y en igual forma el yo es su propio enemigo.[30] El Yo es el amigo del hombre que se ha auto-conquistado; como un enemigo es el yo para aquel que no se ha auto-conquistado. El Yo de un hombre que es auto-subyugado y que está libre de deseos y de enojo, queda dedicado al Yo Supremo, tanto en el calor como en el frío, en el dolor y en el placer, en el honor y en la ignominia. El hombre que tiene conocimiento y discernimiento espiritual, que está en pie sobre la cumbre, y ha subyugado los sentidos; para quien el oro y la piedra

---

[27] Es un Sanyasi.

[28] Es un Yogui.

[29] Aquellas ceremonias que están prescritas por la ley Brahmánica.

[30] En este juego de palabras sobre el "yo" se está refiriendo a ambos: al Yo superior y al yo inferior, considerando que el inferior es el enemigo del Superior, a través de su resistencia al verdadero desarrollo; y que el yo inferior es al mismo tiempo, el enemigo de sus mejores intereses a través de su tendencia descendente.

son la misma cosa, es llamado un devoto. Y él es muy estimado por aquéllos que permanecen ecuánimes, ya sea entre sus amigos y compañeros, o entre sus enemigos, o entre los que son neutrales y ajenos, o entre los que aman y los que odian, o en la compañía de pecadores y de justos.

"Aquél que ha alcanzado la meditación, se esfuerza constantemente en permanecer en el Supremo, manteniéndose así en la soledad y en la reclusión, teniendo su cuerpo y su pensamiento bajo control, sin posesiones y libre de toda esperanza y añoranza. El debería colocar su sitial en un lugar no mancillado, que esté firme, ni muy alto ni muy bajo, y tejido de la hierba Kusa, y que esté cubierto con una piel y un lienzo.[31] Allí, para la purificación del yo, él habría de practicar la meditación con su mente fija en un punto, con las modificaciones de su principio pensante controladas y la acción de los sentidos y los órganos restringidos. Manteniendo su cuerpo, su cabeza, y su cuello firmes y rectos, con su mente determinada, y mirando directamente a la punta de su propia nariz, sin mirar en ninguna otra dirección, con el corazón en paz y libre de temor, así debe permanecer el Yogui, afianzado en el voto de un Brahmacharia, sus pensamientos controlados y su corazón fijo en mí. El devoto de mente controlada, que así me trae siempre su corazón a descansar en lo Supremo, alcanza la tranquilidad y la suprema asimilación dentro de mí.

"Esta divina disciplina, Arjuna, no es para ser seguida por ningún hombre que coma mucho o muy poco, ni por aquél que tenga el hábito de dormir demasiado, ni por aquél que está inclinado al exceso de vigilia. La meditación que destruye el dolor es producida en el que es moderado en el comer y la recreación, así como moderado en el ejercicio de sus acciones y regulado en el dormir y

---

[31] Estas instrucciones son para los ermitaños que se han retirado del mundo. Los traductores han interpretado esta parte del texto en forma muy variada; en un caso se lee que el devoto tiene "sólo una piel y un paño para cubrirse, y paja para acostarse"; en otro caso se ha traducido como que "sus bienes son sólo un paño y una piel de venado, así como hierba kusa." En tanto, "aquellos que saben" han dicho que ésta es la descripción de un asiento magnéticamente arreglado y que la hierba kusa es para ser colocada sobre el suelo, la piel sobre la hierba, y el paño sobre la piel. Una discusión filológica nunca logrará solucionar este punto.

en el despertar. Cuando un hombre que así viva, centra su corazón en el verdadero Yo y está exento de apego a todos los deseos, decimos que ha logrado el Yoga. Es de aquel sabio de corazón auto-centrado, y que está en descanso y libre de apego a los deseos, de quien ya se ha dicho, por analogía, que 'es como lámpara que protegida del viento, no vacila.' Estando regulado por la práctica del yoga y estando en descanso, y viendo el yo por el yo, él está satisfecho y contento; y cuando él se pone en contacto con esa gloria infinita que no está conectada a los objetos de los sentidos, y está donde no puede ya ser movido de la realidad;[32] y habiendo ganado aquello que él considera que no tiene superior, y en lo cual, estando él fijo, ya no puede ser movido ni por el más grande de los sufrimientos; sabe tú que, a esa separación del lazo con el dolor, se le distingue con el nombre de yoga, unión o devoción espiritual, lo cual es algo a ser buscado por un hombre que tenga fe y determinación.

"Y cuando él ha abandonado cada deseo que surge de la imaginación y ha subyugado con la mente los sentidos y los órganos que impelen a la acción en todas direcciones, y está poseído de paciencia, él encuentra gradualmente el descanso; y habiendo fijado su descansada mente en el verdadero Yo, no pensará ya en ninguna otra cosa. Hacia cualquier objeto que va la mente inconstante, ahí debe él subyugarla, traerla de vuelta, y colocarla en el Espíritu Supremo. La suprema bienaventuranza de cierto le llega a aquel sabio cuya mente está así en paz; cuyas pasiones y deseos están sometidos; que está así plantado en el verdadero Yo y libre de pecado. Y aquél que es devoto y libre de pecado alcanza sin impedimento alguno la más alta gloria, la unión con el Espíritu Supremo. El hombre que está dotado de esta devoción y que ve la unidad de todas las cosas, percibe el Alma Suprema en todas las cosas y todas las cosas en el Alma Suprema. Aquél que me ve a mí en todas las cosas y todas las cosas en mí, no pierde su poder sobre mí; y yo no lo abandono a él. Y quienquiera que creyendo en la unidad espiritual me adora a mí, que soy todas

---

[32] "Realidad", Nirvana y también la completa realización de lo Verdadero, con la consiguiente desaparición de la ilusión en cuanto a los objetos y la separatividad.

las cosas, habita conmigo en cualquier condición en que él pueda estar. Aquél, Oh Arjuna, que por similitudes y analogías encontradas en sí mismo, ve tan sólo una esencia en todas las cosas, fuera él bueno o malo, queda considerado como el más excelente devoto."

ARJUNA:

"Oh matador de Madhu,[33] en razón de la gran intranquilidad de la mente, no alcanzo a ver posibilidad alguna de una firme continuación en semejante yoga de ecuanimidad, como el que me has declarado. Porque, en verdad, Oh Krishna, la mente está repleta de agitaciones y es turbulenta, fuerte y obstinada. Y yo creo que el restringirla es algo tan difícil como restringir el viento."

KRISHNA:

"Sin duda, Oh tú de poderosos brazos, la mente es inestable y difícil de controlar; pero puede ser controlada, Oh hijo de Kunti, por la práctica y por la ausencia del deseo. Y sin embargo, en mi opinión, esta divina disciplina llamada yoga es muy difícil para aquél que no tiene su alma bajo su propio control; más, sin duda, ello puede ser adquirido por los propios medios de aquél que es asiduo y que controla su corazón."

ARJUNA:

"¿Y a qué final, Oh Krishna, llega ese hombre que, aún teniendo fe, no logra la perfección en su devoción, porque su mente insojuzgada, vaga y se descarría de la disciplina? ¿Será que él, habiéndose caído de ambas,[34] cual nube sin apoyo,[35] llega a la destrucción, oh tú de poderosos brazos, como alguien que ha caído en el engaño en el sendero hacia el Espíritu Supremo? Sólo tú, Krishna, deberías desvanecer totalmente esta duda mía, porque no hay nadie más, que yo conozca, que sea capaz de arrancármela."

---

[33] Madhu; un daitya o demonio que fue muerto por Krishna, y que representa la cualidad de la pasión en la naturaleza.

[34] "De ambas" significa aquí el buen Karma resultante de los hechos buenos y del conocimiento espiritual, adquirido a través del yoga, o sea el cielo y la emancipación.

[35] "Sin ningún apoyo", se refiere al apoyo o sanción contenido en la ley Brahmánica, con sus promesas a aquel que las guarda, porque aquel que practica el yoga no mora en las promesas de la ley, que son para aquellos que obedecen esa ley y se apartan del yoga.

KRISHNA:

"Semejante hombre, Oh hijo de Pritha, no perece ni aquí ni en el más allá. Porque nunca va a lugar maligno aquél que hace el bien. El hombre, cuya devoción ha sido rota por la muerte, va a las regiones de los justos,[36] en donde mora por una inmensidad de años y desde donde renace otra vez sobre la tierra en una familia pura y afortunada;[37] o más aún, en una familia de aquéllos que están espiritualmente iluminados. Pero este renacer en esta vida, en tales condiciones, es muy difícil de obtener. Y habiendo así nacido de nuevo, él se pone, una vez más, en contacto con aquel conocimiento que ya le perteneció en el cuerpo anterior, y de ahí en adelante él lucha con una diligencia aún mayor hacia la perfección, Oh hijo de Kuru. Porque en razón de sus prácticas pasadas, y aún inadvertidamente, él es guiado y en tal condición labora. Y aún si él fuera un simple investigador, él llega más allá de las palabras que hay en los *Vedas*. Más, aquel devoto que, luchando con todo su poder, obtiene la perfección como efecto de sus esfuerzos continuados a través de muchos nacimientos, ése va a la meta suprema. El hombre de meditación que aquí se describe, es superior al hombre de penitencia y al hombre del saber y también al hombre de la acción. Por lo tanto, Oh Arjuna, resuelve convertirte en un hombre de meditación. Pues, de todos los devotos, yo considero como el más devoto de todos a aquél que, con su corazón fijo en mí y lleno de fe, me adora."

Y así, en el *Upanishad*, llamado el sagrado *Bhagavad-Guita*, en la ciencia del Supremo Espíritu, en el libro de la devoción, en el coloquio del Santo Krishna y Arjuna, está el Sexto Capítulo, de nombre -

LA DEVOCION A TRAVES DEL AUTO-CONTROL

---

[36] O sea, el *Devachan*.

[37] Madhusudana dice que esto significa nacer en la familia de un rey o emperador.

CAPITULO VII

DEVOCION POR MEDIO DEL DISCERNIMIENTO ESPIRITUAL

KRISHNA:

"Escucha, Oh hijo de Pritha, como, con tu corazón fijo en mí, practicando la meditación y tomándome a mí como tu refugio, llegarás a conocerme de manera completa. Yo te instruiré plenamente en este conocimiento y en su realización; y habiéndolo aprendido, no quedará nada más a ser conocido.

"Pues entre miles de mortales, quizá uno sólo lucha por la perfección, y entre esos que así se esfuerzan, tal vez uno sólo me conoce como soy. Tierra, agua, fuego, aire y akâsa, Manas, Buddhi y Ahankara, ésta es la óctuple división de mi naturaleza. Y es la inferior; pues sabe que mi naturaleza superior es diferente y es el conocedor; por ella es sostenido todo el universo; y sabe que la creación toda surge de ello como de una matriz. Yo soy la causa y soy el montaje y la disolución de todo el universo. No hay nadie superior a mí, Oh conquistador de las riquezas, y todas las cosas cuelgan de mí como las preciosas gemas cuelgan del hilo. Yo soy el sabor en el agua, Oh hijo de Kuntî, soy la luz del sol y la luna, la mística sílaba OM en todos los *Vedas*, el sonido en el espacio, la esencia masculina en los hombres, el dulce olor de la tierra, y la brillantez del fuego. En todas la criaturas yo soy la vida, y el poder de concentración de aquellos cuyas mentes descansan en el espíritu. Conóceme, ¡oh hijo de Pritha!, como la eterna simiente de todas las criaturas. Yo soy la sabiduría[38] del sabio y la fuerza del fuerte. Y soy el poder de los fuertes que en la acción están libres del deseo y del apego; en todas las criaturas yo soy el deseo regulado por el ajuste moral. Sabe también que las tendencias que surgen de las tres cualidades, *sattva*, *rajas*, y *tamas*, también provienen de mí; están en mí, pero yo no estoy en ellas. El mundo todo, estando ilusionado por estas tendencias que nacen de las tres cualidades, no me conoce como distinto de ellas, supremo e

---

[38] Aquí esto significa el principio de "Buddhi."

imperecedero. Porque este mi divino poder ilusionante, actuando a través de las cualidades naturales o gunas, es difícil de vencer y superar, y pueden sólo superarlo esos que han recurrido únicamente a mí. Los malvados entre los hombres, los ilusos y los de mente baja, privados de percepción espiritual por esta ilusión, e inclinados hacia las tendencias demoníacas, carecen de este recurso y auxilio mío.

"Son cuatro las clases de hombres que obran rectamente y me adoran, ¡oh Arjuna!: los afligidos, los buscadores de la verdad, los que desean posiciones y los sabios, Oh hijo de Bharata. De estos, el mejor es aquel que posee el conocimiento espiritual, y que siempre es devoto mío. Yo soy muy querido para el sabio, y él es muy querido por mí. Excelentes son en verdad todos ellos, pero el espiritualmente sabio soy yo mismo en realidad, porque con el corazón en paz, él está en el camino que conduce a la senda más alta que soy yo mismo. Después de muchos nacimientos, aquél que es espiritualmente sabio, me encuentra como el Vasudeva, que es todo, porque semejante gran alma,[39] como esa, es difícil de encontrar. Más, aquéllos que a través de la diversidad de deseos están privados de la sabiduría espiritual, adoptan ritos particulares que están subordinados a su propia naturaleza y adoran así a otros dioses. Pero cualquiera que sea la forma en que un devoto desea adorar con fe, soy yo mismo quien inspira en él esa constancia, y apoyándose en esa fe, él busca la propiciación y favor de ese Dios, obteniendo el objeto de sus deseos como lo ordeno sólo Yo. Pero la recompensa de estos hombres de corta vista es muy temporal. Esos que adoran a los dioses van a los dioses, y esos que me adoran a mí vienen a mí. El ignorante, desconociendo mi condición suprema, que es superior a todas las cosas y está exenta de todo deterioro, cree que Yo, que soy inmanifiesto, existo en una forma visible. Pero, envuelto en mi ilusión mágica, yo no soy visible al mundo. Por lo tanto, el mundo no me reconoce como el no nacido que es inagotable. Yo conozco, Oh Arjuna, todas las criaturas que ya han sido, las que son en el presente, así como todas aquellas que serán en el futuro, pero ninguna me conoce a mí. Porque a la hora de nacer, Oh hijo de Bharata, todos los seres caen en el error, a causa

[39] En el original, la palabra es "Mahatma."

de la ilusión de los opuestos que surgen de todo lo que gusta y todo lo que disgusta, Oh atormentador de tus enemigos. Pero aquellos hombres de vidas rectas cuyos pecados han cesado y que están libres de los 'pares de opuestos,' firmemente establecidos en la fe, me adoran. Esos que descansan en mí y laboran por la liberación del nacimiento y de la muerte, conocen a Brahmá, a todo el Adhyátma, y a todo Karma. Esos que en mí descansan, conociéndome como el Adhibhuta, el Adhidaivata, y el Adhiyajna me conocen también en la hora de la muerte."

Y así, en el *Upanishad*, llamado el sagrado *Bhagavad Guita*, en la ciencia del Supremo Espíritu, en el libro de la devoción, en el coloquio entre el santo Krishna y Arjuna, está el Séptimo Capítulo, de nombre -

LA DEVOCION POR MEDIO DEL DISCERNIMIENTO ESPIRITUAL

CAPITULO VIII

DEVOCION AL ESPIRITU OMNIPRESENTE DENOMINADO OM

ARJUNA:

"¿Qué es ese Brahman; qué es el Adhyâtma; y qué, ¡oh tú el mejor de los hombres!, es Karma? ¿Qué es también el Adhibhûta, y qué el Adhidaivata? ¿Y quién es también aquí el Adhiyajna, en este cuerpo, y también en el tuyo, oh matador de Madhu? Dime también, ¿cómo es que los hombres que están fijos en la meditación han de conocerte a ti en la hora de la muerte?"

KRISHNA:

"Brahman, el Supremo, es inextinguible. Adhyâtma es el nombre de mi ser manifestándose en el Yo Individual. El Karma es la emanación que causa la existencia y la reproducción de todas las criaturas.[40] Adhibhûta es el Espíritu Supremo que habita en toda la naturaleza elemental, a través del misterioso poder de la ilusión de la naturaleza. Adhidavaita es el Purusha, la Persona Espiritual, y Adhiyajna soy yo mismo en este cuerpo, ¡oh mejor de los hombres encarnados! Y quienquiera que a la hora de la muerte abandone este cuerpo, fijo en una meditación sobre mí, sin duda a mí viene. Quienes, como consecuencia de su constante meditación sobre cualquier forma mía en particular, piensa en esa forma cuando abandona su forma mortal, hacia ella va, ¡oh hijo de Kunti! Por lo tanto, en todo momento medita sólo en mí y lucha. Estando tu mente y tu Buddhi sólo puestos en mí, sin duda alguna, tú vendrás a mí. Y el hombre cuyo corazón habite solamente en mí, por meditación en el Supremo Espíritu, a ello asciende, ¡oh hijo de Pritha! Quienquiera que medita en el Todo-Sabiduría que no tiene principio, el Gobernante Supremo, el más pequeño de los más pequeños, el Sostén de todo, cuya forma es incomprensible, resplandeciente como el sol más allá de las tinieblas; con una mente no desviante, unido en devoción, y por el poder de la

[40] Karma es aquí, por así decirlo, la acción de lo supremo, que es vista en su manifestación a través de la evolución de los mundos objetivos.

meditación concentrado a la hora de la muerte, y con sus poderes vitales centrados en el entrecejo, alcanza al Divino Supremo Espíritu.

"Yo te haré saber ahora el sendero que, aquéllos que son conocedores de los *Vedas,* llaman indestructible, y dentro del cual entran ésos que están libres de apegos, y que es el sendero seguido por aquéllos que, con deseos de vivir la vida de un Brahmacharia,[41] laboran por la salvación. Porque aquél que cierra todas las puertas de sus sentidos, aprisionando su mente dentro de su corazón, fija su cabeza en los poderes vitales, y que se mantiene firme en la meditación, repitiendo el monosílabo OM, y que así continúa cuando ha abandonado su cuerpo, ese va hacia la meta suprema. Aquél que con el corazón no distraído hacia ningún objeto, medita en mí constantemente y a través de toda su vida, en verdad me alcanza a mí, ¡Oh hijo de Pritha! Y esos de grandes almas que han alcanzado la suprema perfección, vienen a mí y no incurren ya más en las rápidas revoluciones del nacimiento, porque los renacimientos son mansiones de dolor y de sufrimiento.

"Todos los mundos, hasta llegar al de Brahman, están sujetos al renacimiento una y otra vez; pero aquéllos, ¡oh hijo de Kuntî!, que llegan a mí, no renacen más. Aquellos que conocen y están familiarizados con el día y la noche,[42] saben que el día de Brahma tiene mil revoluciones de los yugas y que su noche se extiende por otras mil. Y a la llegada de ese día, todas las cosas surgen de lo inmanifestado hacia la manifestación, donde permanecen hasta que se aproxima otra vez la noche, dentro de la cual se sumergen de nuevo hacia lo inmanifestado. Toda esta colección de cosas existentes, habiendo así venido a la vida, es disuelta al acercarse la noche, ¡oh hijo de Pritha!; y ahora, otra vez, a la llegada del día, ello emana espontáneamente. Pero hay eso que a la disolución de todas las cosas no es destruído; que es indivisible, indestructible, y de una naturaleza distinta a lo visible. Eso llamado inmanifiesto e

---

[41] El voto Brahmacharia es un voto para vivir una vida de estudio religioso y de ascetismo -"siguiendo a Brahma."

[42] Esto se refiere a aquéllos que han adquirido el conocimiento de las últimas divisiones del tiempo, un poder que se le adjudica al yogui perfeccionado en la *Filosofía del Yoga, de Patanjali.*

inextinguible, es llamado el objetivo supremo; que aquéllos que una vez lo han logrado, jamás retornan, ésta es mi suprema morada. Y esto que es Supremo, ¡oh hijo de Pritha!, y dentro de lo que todas las criaturas están incluídas y que todo lo compenetra, puede ser alcanzado por una devoción que esté dedicada solamente a eso.

"Y ahora te declararé a ti, ¡oh mejor de los Bharatas!, en qué momento los yoguis moribundos obtienen la libertad de la sujeción al renacimiento. Fuego, luz, día, la quincena de la luna creciente, y los seis meses del sol en su ascenso nórdico, los que se van en aquel entonces y conocen al Supremo Espíritu, van a lo Supremo. Pero aquéllos que parten en medio de la niebla, en la noche, durante la quincena de la luna menguante, y mientras el sol está en el sendero de su jornada hacia el sur, prosiguen por un tiempo a las regiones lunares y de nuevo retornan al nacimiento mortal. Estos dos, la *luz* y las *tinieblas*, son los senderos eternos del mundo; por el uno el hombre va hacia donde él no retorna, por el otro él regresa de nuevo a la tierra. Ningún devoto, ¡oh hijo de Pritha!, que conoce estos dos senderos, puede jamás equivocarse; por lo tanto, oh Arjuna, mantén fija tu devoción en todo momento.[43] El hombre de meditación que sabe todo esto, alcanza más allá de toda recompensa que prometan los *Vedas*, o que resultase de los sacrificios y las austeridades; o de las dádivas dadas por caridad, va hacia lo Supremo, y hacia el más alto sitial."

Y así, en el *Upanishad*, llamado el sagrado *Bhagavad Guita*, en la ciencia del Supremo Espíritu, en el libro de la devoción, en el coloquio entre el Santo Krishna y Arjuna, está el Octavo Capítulo, de nombre -

DEVOCION AL ESPIRITU OMNIPRESENTE
DENOMINADO OM.

---

[43] Este párrafo ha sido interpretado por algunos europeos expertos en sánscrito, como una interpolación añadida, pero esa opinión no la comparten todos y no es aceptada por los hindúes.

CAPITULO IX

DEVOCION POR MEDIO DEL REGIO CONOCIMIENTO Y DEL REGIO MISTERIO

KRISHNA:

"Y a ti, que no encuentras falta, te doy a conocer éste, el conocimiento más misterioso, junto con una realización de ello, y, una vez sabido, te librará de todo mal. Este es el conocimiento regio, el regio misterio, el más excelente purificador, que es claramente comprensible, que no está opuesto a la sagrada ley, fácil de ejecutar, y que es inextinguible. Y esos que son incrédulos de esta verdad, ¡oh atormentador de tus enemigos!, no me encuentran, sino que, revolviéndose en la rueda del renacimiento, regresan a este mundo que es la mansión de la muerte.

"Este Universo entero está penetrado por mí en mi forma invisible; todas las cosas existen en mí, pero yo no existo en ellas. Ni tampoco están todas las cosas en mí; contempla mi divino misterio: yo mismo, que soy la causa de que todas las cosas existan, las sostengo y les doy apoyo, pero no habito en ellas. Comprende que todas las cosas están en mí tal como el poderoso aire pasa e interpenetra todo el espacio. ¡Oh hijo de Kuntî!, al final de un kalpa todas las cosas retornan al interior de mi naturaleza, y entonces, otra vez, al comienzo de otro kalpa, Yo causo su evolución nuevamente. Tomando el control de mi propia naturaleza, Yo emano una y otra vez toda esta agrupación y ensamblaje de seres, aún sin la voluntad de ellos, sino por el poder de la esencia material.[44] Pero estas acciones no me atan, ¡oh conquistador de la riqueza!, porque Yo soy aquel uno que se siente indiferente y desinteresado en las obras. A causa de mi supervisión, la naturaleza produce el universo animado e inanimado; es por esta causa, ¡oh hijo de Kuntî!, que el universo gira.

"El iluso me desprecia en mi forma humana, porque desconoce mi verdadera naturaleza como Señor de todas las cosas. Ellos tienen vanas esperanzas, son ilusos en sus acciones, en su

---

[44] Esto es, por el poder de "prakriti."

razonamiento y en su conocimiento, inclinados como están a principios demoníacos y engañadores.[45] Pero aquellos grandes de alma, participando de la naturaleza divina, conociéndome como el imperecedero principio de las cosas, me adoran, y no se entretienen con nada más. Fijos como están ellos en votos irrompibles, me adoran, proclamándome por todas partes e inclinándose ante mí. Otros, con el sacrificio del conocimiento, me adoran en otras formas como indivisible, como inseparable, como el Espíritu del Universo. Yo soy, yo mismo, el sacrificio y el rito sacrificial; Yo soy la libación y ofrenda a los ancestros, y soy las especias; soy la fórmula sagrada, y soy el fuego; Yo soy el alimento y la manteca sacrificial; Yo soy el padre y la madre del Universo, el ancestro y el preservador; Yo soy el Uno Santo, soy el objeto del conocimiento, la mística y purificante sílaba OM, el *Rig*, el *Saman*, el *Yajur*, y todos los *Vedas*. Yo soy la meta, el Consolador, el Señor, el Testigo, el lugar de descanso, el asilo y el Amigo. Yo soy el origen y la disolución; el receptáculo, el almacén y la simiente eterna. Yo soy la causa de la luz, del color y de la lluvia; y ahora inhalo y ahora expelo; Yo soy la muerte y la inmortalidad; Yo soy la causa invisible y el efecto visible. Y aquéllos que están ilustrados en los tres *Vedas*, ofreciéndome sacrificios y alcanzando santificación, al beber el jugo del soma,[46] me piden el cielo, y es así que ellos logran la región de Indra,[47] el príncipe de los seres celestiales, y allí festinan entre el celestial alimento y se gratifican con los goces celestes. Y así, ellos, habiendo gozado este espacioso cielo por un período proporcional a sus méritos, se hunden otra vez en este mundo mortal en el que nacen de nuevo tan pronto como el cúmulo de sus méritos queda extinguido; y es así como esos que añoran el logro de todos sus deseos, siguiendo los *Vedas*, obtienen

---

[45] Aquí lee que: "ellos están inclinados hacia la naturaleza de los asuras y los rakshasas", un tipo de seres elementales malignos, o como dicen algunos: "de la índole de los más bajos constituyentes de la naturaleza."

[46] Entre los hindúes, el beber el soma al final de un sacrificio, es un acto de gran mérito, con su equivalencia dentro de la fe cristiana, a beber el vino de la comunión.

[47] "La región de Indra" se trata de la más alta y suprema de las esferas o planos. Es el *devachan* de la literatura teosófica, porque Indra es el príncipe de los seres celestiales que habitan en el deva-sthan.

una felicidad que viene y se va. Pero para aquellos que, pensando en Mí como algo idéntico con todo, me adoran constantemente, Yo cargo sobre mis hombros la responsabilidad de su felicidad. Y aún esos que adoran a otros dioses con una fe firme, al hacerlo, involuntariamente a mí también me adoran, ¡oh hijo de Kuntî!, sin que en ello cuente su ignorancia. Yo soy aquél que es el Señor de todos los sacrificios, yo también soy el disfrutador, pero como ellos no me comprenden de una manera real, por eso ellos caen del cielo. Aquéllos que se hacen devotos de los dioses, van a los dioses; los que adoran a los pitris, van a los pitris; aquéllos que adoran los espíritus malignos,[48] a ellos van, en tanto que mis adoradores vienen a mí. Yo acepto y disfruto las ofrendas del alma humilde que en su devoción, con un corazón puro, me ofrenda una hoja, una flor, un fruto o un poco de agua. Cualquier cosa que hagas, ¡oh hijo de Kuntî!, cualquier cosa que comas, cualquier cosa que sacrifiques, cualquier cosa que des, cualquier mortificación o humillación que lleves a cabo, entrégamela a mí. Y así serás librado de las buenas y las malas experiencias que son los lazos que atan toda acción; y tu corazón, así unido a la renuncia y a la práctica de la acción, hará que vengas a mí. Yo soy el mismo hacia todas las criaturas ; Yo no conozco ni el odio ni el favor; pero aquéllos que me sirven con amor habitan en mí y yo en ellos. Y aún el hombre de los caminos más malvados que me adora con una devoción exclusiva, ha de ser considerado un justo, porque él ha juzgado rectamente. Tal hombre, pronto se convierte en un alma justiciera y obtiene la felicidad perpetua. Yo te juro, ¡oh hijo de Kuntî!, que aquél que me adora no perecerá jamás, y aún aquéllos que pueden venir de matrices de pecado, las mujeres,[49] los vaisyas y

[48] Estos espíritus malignos son los Bhutas y son los mismos que los tal llamados espíritus de los muertos: los cascarones que son adorados y buscados en las reuniones espiritistas.

[49] Esto puede parecer extraño a todos aquéllos nacidos en la Cristiandad, y es posible que parezca un testimonio de un punto de vista tosco, de parte de los sabios hindúes en relación a las mujeres, sólo que en la Biblia, lo mismo puede ser encontrado y aún peor, en donde, 1ra. Tim. 2, 11-15, se expresa que la mujer se salvará a través de su esposo, y que ella debe ser por tanto una subordinada.

los sudras,[50] todos ellos hollarán el sendero supremo si toman santuario en mí. ¡Entonces, cuánto más los santos brahmanes y los devotos de la regia raza! Y habiendo tú obtenido este mundo finito y sin gozo, adórame. Sírveme, fija tu corazón y tu mente en mí, sé mi servidor, mi adorador, póstrate ante mí y así, unido a mí en descanso, tú vendrás a mí."

Y así, en el *Upanishad*, llamado el sagrado *Bhagavad Guita*, en la ciencia del Supremo Espíritu, en el libro de la devoción, en el coloquio entre el Santo Krishna y Arjuna, está el Noveno Capítulo de nombre -

LA DEVOCION POR MEDIO DEL REGIO CONOCIMIENTO Y DEL REGIO MISTERIO.

[50] Vaisyas y sudras, son las dos castas inferiores de la India, sus mercaderes y servidores.

CAPITULO X

DEVOCION POR MEDIO DE LAS DIVINAS PERFECCIONES UNIVERSALES

KRISHNA:

"Y oye, otra vez, ¡oh tú de poderosos brazos! mis palabras supremas, que a ti, que permaneces complacido, yo declararé porque deseo tu bienestar.

"Ni la asamblea de los Dioses ni de los Reyes Adeptos conocen mi origen, porque Yo soy el origen de todos los dioses y de todos los adeptos. Quienquiera que me conoce como el poderoso Gobernante del Universo y sin nacimiento o comienzo, él entre todos los hombres, sin ilusiones, será liberado de todos sus pecados. La percepción de sutileza, el conocimiento espiritual, el recto juicio, la paciencia, la verdad, la auto-maestría; el placer y el dolor, la prosperidad y la adversidad; el nacimiento y la muerte, el peligro y la seguridad, el miedo y la ecuanimidad, la satisfacción, la sujeción y control de cuerpo y mente; la dádiva de limosnas, la inofensividad, el celo fervoroso, la gloria y la ignominia; todas esas diversas disposiciones de las criaturas, vienen de mí. Y así, en tiempos pasados, los siete grandes Sabios y los cuatro Manús que son de mi misma naturaleza, nacieron de mi mente, y de ellos surgió este mundo. Y aquél que conoce perfectamente esta permanencia y mística facultad mía, se convierte, sin duda alguna, en el poseedor de una fe inquebrantable. Yo soy el origen de todo; todas las cosas proceden de mí, y creyéndome ser así, el sabio dotado con la sabiduría espiritual, me adora; sus mismos corazones y mentes están en mí; iluminándose los unos a los otros y hablando de mí constantemente, ellos están llenos de gozo y de satisfacción. Y a aquéllos que de esta forma son siempre mis devotos, que me adoran con amor, Yo les doy esa devoción mental por la cual vienen a mí. Por ellos, Yo, por mi propia compasión, de pie dentro de sus corazones, destruyo las tinieblas que surgen de la ignorancia por medio de la brillante lámpara del discernimiento espiritual."

ARJUNA:

"¡Tú eres Parabrahm![51] ¡La mansión suprema, la gran Purificación; tú eres la Presencia Eterna, el Ser Divino, anterior a todos los otros dioses; santo, primario, omni-penetrante, sin comienzo alguno! Así te han declarado todos los Sabios como Narada, Asita, Devala, Vyasa, y ahora tú mismo declaras también lo mismo. Yo creo firmemente todo lo que tú, ¡Oh Keshava!, me dices a mí, porque ni los dioses ni los demonios comprenden tus manifestaciones. ¡Sólo tú te conoces a ti mismo por ti mismo, Espíritu Supremo, Creador y Maestro de todo lo que vive, Dios de Dioses, y Señor de todo el Universo! Tú sólo puedes declararme plenamente tus poderes divinos por medio de los cuales penetras y continúas penetrando estos mundos. ¿Pero cómo podré yo, aún pensando constantemente en ti, ser capaz de conocerte?, ¡oh misterioso Señor! ¿En qué formas particulares podré meditar en ti? Oh Janardana –buscado por los mortales– dime por lo tanto, y plenamente, tus propios poderes y formas de manifestación, porque no quedo nunca saciado de beber las aguas dadoras de vida de tus palabras."

KRISHNA:

"Oh tú, el mejor de los Kurus, bendiciones a ti.[52] Yo te haré conocedor de la principal de mis manifestaciones divinas, porque la extensión de mi naturaleza es infinita.

"Yo soy el Ego que se asienta en los corazones de todos los seres; Yo soy el comienzo, el medio y el fin de todas las cosas existentes. Entre los Adityas,[53] Yo soy Vishnu, y entre los cuerpos luminosos, Yo soy el sol. Yo soy Mrichi entre los Maruts[54] y entre las mansiones celestes, Yo soy la luna. Entre los *Vedas* Yo soy el *Samaveda*,[55] e Indra[56] entre los dioses; entre los sentidos y órganos,

---

[51] Más allá de Brahmâ.

[52] En la obra original, la primera palabra es una que lleva una bendición con ella; es una bendición que significa "ahora bien", sólo que esto, en nuestro idioma, no comunica bendición alguna.

[53] Adityas, los doce Dioses-Solares, los que a la llegada del tiempo de disolución por fuego, traen la conflagración universal.

[54] Los Dioses del aire.

[55] En el lenguaje occidental podría decirse que este es el *Veda* o canción en su sentido más alto de canción. Muchos pueblos han sostenido que la

Yo soy Manas;[57] y de las criaturas, soy la existencia. Yo soy Sankara entre los Rudras; y Vitesha, el señor de la riqueza, entre los Yakshas[58] y los Rakshasas.[59] Yo soy Pavaka entre los Vasus,[60] y Meru[61] entre las montañas de alta aspiración. Y sabe, ¡oh hijo de Pritha!, que Yo soy Brihaspati,[62] el cabecilla de los maestros; entre los líderes de los ejércitos celestiales, soy Skanda, y entre las inundaciones, soy el océano. Soy Bhrigu entre los Reyes Adeptos; de las palabras soy el monosílabo OM; de las formas de adoración soy la silente repetición de los textos sagrados, y entre las cosas inamovibles, Yo soy el Himalaya. Dentro de los árboles del bosque soy el Ashvata, el árbol Pimpala; y de los sabios celestiales, soy Narada; entre los Gandharvas,[63] soy Chitrarata, y de los santos y perfeccionados, soy Kapila. Sabes que entre los caballos, Yo soy Uchchisrava, que se alzó con el Amrita de entre el océano; entre los elefantes, soy Airavata, y entre los hombres, sus soberanos. Entre las armas, Yo soy el rayo del relámpago; entre las vacas soy Kamaduk, la vaca de la abundancia de los procreadores; soy el Dios del amor, y entre las serpientes, soy Vasuki,[64] su jefe. Yo soy Ananta entre los Nagas,[65] Varuna entre las cosas del agua; entre los ancestros, soy Aryana, y dentro de todos los que juzgan, soy Yama.[66] Entre los Daityas soy Prahlada, y entre los cálculos y computaciones, soy el Tiempo mismo; soy el león entre las bestias, y Garuda[67] dentro de la tribu alada. Entre los purificadores, soy

---

canción tiene el poder de hacer, aún a la misma materia, moverse obediente al sonido.

[56] En el original dice "Vâsava" que es un nombre de Indra.

[57] El corazón y la mente.

[58] Espíritus de una naturaleza sensual.

[59] Una clase de espíritus malignos.

[60] Son de los primeros Seres creados en un orden superior.

[61] Que entre algunos, se dice ser el Polo Norte.

[62] Júpiter, el maestro de los Devas.

[63] Hueste celestial de cantores; se trata de una clase de seres elementales.

[64] Serpientes venenosas.

[65] Las serpientes no venenosas de tipo fabuloso, y de las que se dice que tienen el don del habla.

[66] El Juez de los muertos.

[67] Garuda, el ave de Vishnu. También significa todo el ciclo manvantárico.

Pavana, el aire. Soy Rama entre los que portan armas, Makara entre los peces, y el Ganges entre los ríos. Entre las cosas que evolucionan, ¡oh Arjuna!, Yo soy el comienzo, la mitad, y el fin. De todas las ciencias, Yo soy el conocimiento del Adhyâtma;[68] y de los sonidos articulados, soy el habla humana. Entre las letras soy la vocal A, y de todas las palabras compuestas Yo soy el Dwandwa.[69] Yo soy el tiempo interminable, y el preservador cuyo rostro está vuelto hacia todas partes. Yo soy la muerte que todo lo atrapa, y el nacimiento de todos los que están por ser; entre las cosas femeninas, Yo soy la fama, la fortuna, el habla, la memoria, la inteligencia, la paciencia, y también el perdón. Entre los himnos del *Samaveda*, Yo soy el *Brihat Saman*, y el Gayatri entre las cosas de medir. Entre los meses, Yo soy el mes Margashirsha,[70] y de las estaciones soy la primavera, llamada Kusumakra, el tiempo de las flores. De las cosas que engañan, Yo soy los dados, y el esplendor de las cosas espléndidas. Yo soy la victoria, la perseverancia y la bondad del bueno. De la raza de los Vrishni, Yo soy Vasudeva; y de los Pandavas, Yo soy Arjuna, el conquistador de las riquezas; de los perfectos santos, Yo soy Vyasa,[71]y de los profetas-videntes, Yo soy el profeta Oosana. Entre los gobernantes, Yo soy la vara del castigo; entre los que desean conquista, Yo soy su política; y entre los sabios del conocimiento secreto, Yo soy su silencio. Yo soy, oh Arjuna, la simiente de todas las cosas existentes, y no hay nada, ya sea animado o inanimado, que sea sin mí. Porque mis divinas manifestaciones, ¡oh atormentador de tus enemigos!, no tienen fin, y las que he mencionado son tan sólo ejemplos. Y toda criatura que es permanente, afortunada o poderosa, sabe también que surge de una porción de mi energía. ¿Pero qué, oh Arjuna, has de hacer tú con tanto conocimiento como éste? Yo he establecido todo este Universo con una sola porción de mi mismo, y sin embargo, permanezco separado."

---

[68] El supremo conocimiento espiritual.

[69] Una forma de palabra compuesta en sánscrito que preserva el significado de las palabras que forman el conjunto.

[70] El mes en que las lluvias regulares han cesado y el calor aminora.

[71] Vyasa, el autor del *Mahábhárata*.

Y así, en el *Upanishad*, llamado el sagrado *Bhagavad Guita*, en la ciencia del Supremo Espíritu, en el libro de la devoción, en el coloquio entre el santo Krishna y Arjuna, está el Décimo Capítulo, de nombre -

LA DEVOCION POR MEDIO DE LAS DIVINAS PERFECCIONES UNIVERSALES.

CAPITULO XI

VISION DE LA FORMA DIVINA COMO INCLUYENDO A TODAS LAS FORMAS

ARJUNA:

"Mi ilusión se ha desvanecido con las palabras que, para la paz de mi alma, tú has expresado concernientes al misterio de Adhyâtma, el espíritu. Pues, de ti he escuchado, en toda su extensión, oh tú, cuyos ojos son como las hojas del loto, el origen y disolución de las cosas existentes, y también de tu majestad inagotable. Es como si tú te hubieras descrito a ti mismo, ¡Oh poderoso Señor! Lo que yo deseo ahora, entonces, es ver tu divina forma, ¡Oh soberano Señor! Por lo tanto, ¡Oh Señor!, si tu crees que puede ser contemplada por mí, muéstrame, ¡oh Maestro de devoción!, tu inagotable Yo."

KRISHNA:

"Contempla, ¡oh hijo de Pritha!, mis formas, por cientos y millares, de divinas y diversas clases, de muchas conformaciones y estilos. Contempla a los Adityas, Vasus, Rudras, Azvins y los Maruts, y ve entonces cosas maravillosas jamás vistas antes, oh hijo de Bharata. Aquí dentro de mi cuerpo, contempla, ¡oh Gudakesha!, todo el Universo animado e inanimado, reunido aquí en lo uno, y todas las demás cosas que has deseado ver. Pero como con tus ojos naturales no eres capaz de verme, Yo te daré el ojo divino. ¡Contempla, pues, mi soberana fuerza y poderío!"

SANJAYA:

Oh rey, habiendo así hablado Hari,[72] el poderoso Señor de misterioso poder, le mostró al hijo de Pritha su forma suprema; con múltiples bocas y ojos y muchas apariencias maravillosas; con múltiples ornamentos divinos; múltiples armas celestiales levantadas; adornado con celestiales guirnaldas y ropajes; ungido con celestes ungüentos y perfumes y lleno de toda cosa maravillosa, el eterno Dios cuyo rostro está vuelto en todas las

---

[72] *Hari*, un epíteto de Krishna, significando que él tiene el poder de quitar y eliminar toda dificultad.

direcciones. Y la gloria y el esplendor de este Ser poderoso, pueden ser comparados con el brillo arrojado por mil soles que se alzaran juntos en el cielo. Habiendo así contemplado el hijo de Pandu, dentro del cuerpo del Dios de dioses, todo el Universo en su inmensa variedad. Y así abrumado con el asombro, Dhananjaya,[73] el poseedor de las riquezas, con el pelo erizado, inclinó su cabeza ante la Deidad, y así con las palmas de sus manos juntas[74] se dirigió a El:

ARJUNA:

"Yo contemplo dentro de tu ámbito, ¡oh Dios de dioses!, todos los seres y todas las cosas de todas las clases. Veo al Señor Brahmá sobre su trono de loto, a todos los Rishis y las Serpientes celestiales.[75] Yo te veo a ti por todas partes, con formas infinitas, y teniendo muchos brazos, estómagos, bocas y ojos. Pero no logro descubrir ni tu principio, ni tu mitad, ni tu final; ¡oh Señor Universal, forma del universo! Te veo coronado con una diadema y armado con mazo y con chakra,[76] toda una gran masa de esplendor, arrojando dardos de luz hacia todas partes, difícil de contemplar, brillando en cada dirección con luz inmedible, como el ardiente fuego o el resplandeciente Sol. Tú eres el supremo Ser inagotable, el fin de todo esfuerzo, incambiante; el Supremo Espíritu del Universo, el nunca flaqueante guardián de la eterna ley: Yo te estimo Purusha,[77] te veo sin comienzo, sin mitad, y sin final, de infinito poder y con armas innumerables. El sol y la luna son tus ojos; tu boca flamea fuego, te veo sobre el Universo entero, dominándolo con tu majestad. El espacio, y el cielo y la tierra, y cada punto alrededor de las tres regiones del Universo, están llenas de ti solamente. El triple mundo está lleno de miedo, ¡oh tú, Espíritu poderoso!, al contemplar tu maravillosa forma de terror.

---

[73] Arjuna.

[74] Esta es la manera hindú de salutación.

[75] Estas son las Uragas, que se dicen ser serpientes. Pero debe referirse, sin embargo, a los grandes Maestros de Sabiduría, que fueron siempre llamados Serpientes.

[76] Dentro de las armas humanas ésta sería llamada el disco, pero aquí significa las rotantes ruedas de voluntad y de poder espiritual.

[77] Purusha, la Persona Eterna. El mismo nombre es dado al hombre por los hindúes.

De la asamblea de los dioses veo algunos volar a ti para tomar refugio, mientras otros atemorizados y con las palmas juntas, te cantan alabanzas; las huestes de los Maharishis y los Siddhas, grandes sabios y santos, te aclaman diciendo: 'svasti',[78] y te glorifican con los más excelentes himnos. Los Rudras, los Adityas, los Vasus y todos los seres: los Sadhyas, Vishwas, los Azvins, los Maruts y Ushmapas, las huestes de Gandharvas, los Yakshas, y los Siddhas,[79] todos están de pie contemplándote con asombro. Todos los mundos, al igual que Yo, están aterrorizados de contemplar tu gigantesca forma maravillosa, ¡oh tú de poderosos brazos!, con tus múltiples bocas y ojos, con tus muchos estómagos y colmillos prominentes. Y viéndote a ti así, tocando los cielos, resplandeciendo con semejante gloria, con tu boca expandida y resplandecientes ojos abiertos, mi alma más interna queda atribulada y pierdo entonces ambos: la firmeza y la tranquilidad, ¡Oh Vishnu! Contemplando tus terribles dientes y tu rostro como el ardor de la muerte, no puedo ver ni el cielo ni la tierra; no encuentro paz; ten pues misericordia, ¡oh Señor de los dioses!, tú que eres el Espíritu del universo! Los hijos de Dhritarâshtra, con todos sus gobernantes de hombres, como Bhishma, Drona y también Karna, y nuestros principales guerreros, parece como si se precipitaran ellos mismos impetuosamente en tus terribles bocas y tus colmillos; algunos se ven atrapados entre tus dientes, y sus cabezas aplastadas. Tal como las rápidas corrientes de agua de los ríos en crecida corren a encontrarse con el océano, igualmente corren estos héroes humanos a arrojarse en tus llameantes bocas. Como enjambres de insectos, arrastrados por el poderoso impulso de encontrar la muerte en el fuego, igualmente estos seres con su crecida fuerza se arrojan en tus bocas para su propia destrucción. Tú envuelves y te tragas todas estas criaturas por todas partes, lamiéndolas con tus labios flameantes; llenando el Universo con tu

---

[78] Este grito está supuesto a ser dado para beneficio del mundo, y tiene ese significado.

[79] Todos estos nombres hacen referencia a diferentes clases de seres celestes, algunas de las cuales son llamadas en la literatura teosófica, "elementales"; los otros están explicados por H. P. Blavatsky en su *Doctrina Secreta*.

esplendor, tus agudos rayos queman, ¡oh Vishnu! Reverencia a ti, ¡oh mejor de los dioses! ¡Séme propicio! Yo busco conocerte, oh tú, el Uno Primero, porque yo no conozco tu obra."

KRISHNA:

"Yo soy el Tiempo cumplido, que aquí vengo a la destrucción de estas criaturas; y excepto tú, ninguno de estos guerreros aquí alineados por rangos, logrará vivir. Por lo tanto, ¡levántate!, ¡gana fama! ¡Derrota al enemigo y goza el reino plenamente crecido! Y, porque ellos ya han sido muertos por mí, sé tan sólo mi agente inmediato, ¡oh tú, el uno ambidiestro! [80] No te turbes. Mata a Drôna, Bhîshma, Jayadratha, Karna y todos los otros héroes de la guerra que igualmente ya están muertos por mí. Lucha, porque tú conquistarás todos tus enemigos."

SANJAYA:

Y cuando el de la diadema resplandeciente[81] oyó estas palabras de boca de Keshava,[82] él saludó a Krishna con las palmas de ambas manos y temblando de miedo se dirigió a él en tonos fallidos y se postró aterrorizado ante él.

ARJUNA:

"El Universo, ¡oh Hrishekesha!,[83] está justamente deleitado con tu gloria y está pleno de celo por servirte; los malignos espíritus están asustados y huyen en todas direcciones, mientras que las huestes de santos se inclinan en adoración ante ti. Y por lo tanto, ¿no deberían ellos adorarte, ¡oh poderoso Ser!, porque eres más grande que Brahmâ, y eres el primer Hacedor? ¡Oh tú, eterno Dios de dioses! ¡oh habitación del Universo! Tú eres el Ser uno indivisible, y también el no-ser, eso que es lo supremo. Tú eres el primero de los dioses, el más antiguo Espíritu; tú eres el receptáculo supremo y final[84] de este Universo; tú eres el Conocedor y aquello a ser conocido, y eres la mansión suprema; y por ti, ¡oh tú de forma infinita!, está este universo llamado a

---

[80] Arjuna era famoso arquero, quien podía usar el celestial arco, Gandiva, igualmente bien con cualquiera de sus manos.

[81] Arjuna llevaba una brillante tiara.

[82] Krishna, uno de sus nombres.

[83] Krishna, uno de sus nombres.

[84] Esto es, aquello en que se desvanece todo el Universo a la hora de su disolución final.

emanar de nuevo. Tú eres Vayu, Dios del viento, eres Agni, Dios del fuego, Yama, Dios de la muerte, Varuna, Dios de las aguas; tú eres la Luna; eres Prajapati, el progenitor y el abuelo, eso eres tú. ¡Salve!, ¡Salve a ti! ¡Salve a ti mil veces repetidas! ¡Y una y otra vez, Salve a ti! ¡Salve a ti! ¡Salve a ti por delante! ¡Salve a ti por todas partes, oh tú que eres el Todo! ¡Infinitos son tu fuerza y tu poderío; tú incluyes todas las cosas; por lo tanto, tú eres todas las cosas!

"Y habiendo sido yo ignorante de toda tu majestad, te tomé por un amigo, y te he llamado 'Oh Krishna, Oh hijo de Yadu, Oh amigo,' y cegado por mi afecto y mi presunción, a menudo te he tratado a ti sin respeto, en el juego y en la recreación, en el reposo, en tu asiento, y en tus comidas, y también en privado y en público; y todo esto yo te pido, oh Ser inconcebible, que perdones.

"Tú eres el padre de todas las cosas animadas e inanimadas; tú eres llamado a ser honrado por encima del gurú mismo, y mereces ser adorado; no hay nadie igual a ti, ¿y cómo entonces pudiera haber en los triples mundos uno superior a ti, oh tú de poder sin rival? Por lo tanto, yo me inclino y con mi cuerpo postrado, te imploro, ¡oh Señor!, por tu misericordia. Perdona, ¡oh Señor!, como el amigo perdona al amigo, como el padre perdona al hijo, como el amante a la persona amada. Yo estoy complacido de haber contemplado lo que nunca fue visto antes, y sin embargo, mi corazón está abrumado por el pavor; ten pues misericordia, oh tú que eres la morada del Universo; quiero verte como te veía antes con tu diadema sobre tu cabeza, tus manos armadas con el mazo y el chakra; asume de nuevo, ¡oh tú de los mil brazos y de la forma universal, tu forma de brazos cuádruples!"[85]

KRISHNA:

"Por deferencia a ti, ¡oh Arjuna!, por mi poder divino te he mostrado mi suprema forma, el Universo, resplandeciente, infinito, primario, y que no ha sido visto por ningún otro más que tú. Ni por el estudio de los *Vedas*, ni por las dádivas de limosnas, ni por los

---

[85] Arjuna había estado acostumbrado a ver a Krishna en su forma de cuatro brazos, no sólo en las imágenes que le fueron mostradas en su juventud, sino también cuando Krishna vino a la encarnación y por lo tanto, podía mostrar su forma de cuatro brazos sin causar temor.

ritos sacrificiales, ni por hechos, ni por las más severas mortificaciones de la carne, puedo yo ser visto en esta forma por ningún otro más que por ti, ¡oh el mejor de los Kurus! Habiendo así contemplado mi forma tan terrible, no te turbes, ni dejes que tus facultades te confundan, sino que con tus temores apaciguados y con felicidad en tu corazón, contempla de nuevo esta otra forma mía."

SANJAYA:

Y así, Vasudeva,[86] habiendo hablado, reasumió su forma natural, y en esta forma más suave, el Gran Uno tranquilizó de inmediato los temores del aterrorizado Arjuna.

ARJUNA:

"Y ahora que te veo en tu plácida forma humana, ¡oh Janardana!, a quien oran los mortales, mi mente ya no está atribulada, y vuelvo a estar auto-controlado.

KRISHNA:

"Tú has visto esta forma mía que es difícil de ver y que aun los dioses están ansiosos de contemplar. Pero yo no he de ser visto, ni siquiera como te me he mostrado a ti, ni por el estudio de los *Vedas*, ni por las mortificaciones, ni por las dádivas, ni por los sacrificios. A mí ha de acercárseme y de vérseme y conocérseme por medio de la devoción que me tiene a mí por objetivo. Aquél cuyas acciones son para mí, y que me estima como la meta suprema, que es sólo mi servidor, sin apegos a los resultados de la acción, y libre de enemistad hacia criatura alguna, viene a mí, oh hijo de Pandu."

Y así, en el *Upanishad*, llamado el sagrado *Bhagavad Guita*, en la ciencia del Supremo Espíritu, en el libro de la devoción, en el coloquio entre el Santo Krishna y Arjuna, está el Capítulo Undécimo, de nombre -

LA VISION DE LA FORMA DIVINA COMO INCLUYENDO A TODAS LAS FORMAS.

[86] Un nombre de Krishna.

CAPITULO XII

DEVOCION POR MEDIO DE LA FE

ARJUNA:

"Entre aquéllos que son tus devotos, y que siempre te adoran,[87] ¿quiénes toman el mejor camino: los que adoran a lo indivisible e inmanifiesto, o aquéllos que te sirven como ahora eres?"

KRISHNA:

"Los que me adoran con celo constante, con la fe suprema y con las mentes puestas en mí, son tenidos en alta estima por mí. Pero esos que, con mentes ecuánimes hacia todas las cosas, con los sentidos y los órganos restringidos, y regocijándose en el bien de todas las criaturas, meditan en lo inextinguible, en lo inamovible, en lo supremo, en lo incorruptible, en lo difícil de contemplar, que es invisible, omnipresente e impensable, el testigo indemostrable, esos también vienen a mí. Porque para esos cuyos corazones están fijos en lo inmanifestado, la obra es mayor, porque el sendero que no está manifiesto es alcanzado con dificultad por seres corpóreos.[88] Pero para esos que me adoran, abandonando en mí todas sus acciones, y considerándome como la meta suprema y meditando sólo en mí, si sus pensamientos están vueltos hacia mí, ¡oh hijo de Pritha!, Yo me convierto para ellos en un salvador de este océano de encarnaciones y de muertes. Coloca entonces tu corazón en mí, penétrame con tu entendimiento y, sin duda alguna, habitarás en mí en adelante. Pero si resultara que eres incapaz de fijar, de una vez y con constancia, tu corazón y tu mente en mí, esfuérzate entonces, ¡oh Dhananjaya!, en encontrarme por la constante práctica en la devoción. Si después de una práctica constante, todavía no te es posible, sígueme a través de acciones

---

[87] Esto es, como está descrito al final del Capítulo XI

[88] La dificultad que aquí se señala, es aquella causada por la personalidad que hace que veamos lo Supremo como diferente y separado de nosotros.

ejecutadas en mi nombre;[89] porque haciendo obras por mí, tú alcanzarás la perfección. Pero si no eres capaz aún de esto, entonces, estando auto-restringido, pon todas tus obras en mí, tanto los triunfos como los fracasos, abandonando en mí el fruto y resultado de cada acción. Porque el conocimiento es mejor que la práctica constante, la meditación es superior al conocimiento, la renuncia al fruto de la acción es mejor que la meditación, y la emancipación final resulta inmediatamente de tal renuncia.

"Mi devoto, que está libre de enemistad y bien dispuesto hacia todas las criaturas, que es misericordioso, totalmente exento de orgullo y de egoísmo, que es el mismo en el dolor y en el placer, que es paciente en las injurias e injusticias, que está contento y satisfecho, constantemente devoto, auto-gobernado, firme en sus resoluciones, y cuya mente y corazón están fijos sólo en mí, me es muy amado. También es mi bien amado, aquél a quien la humanidad no teme y que, a su vez, no teme a hombre alguno; que está libre de júbilo, de desaliento y de temor al daño. El devoto mío que no está a la expectativa,[90] que es puro, justo, imparcial, carente de temor, y que ha renunciado al interés en los resultados de la acción, es amado por mí. También son merecedores de mi amor, quienes ni se regocijan ni encuentran faltas, ni se lamentan ni codician, y siendo mis siervos, han renunciado al interés en ambos: los buenos y los malos resultados. Es también mi servidor bien amado quien es ecuánime con el amigo y el enemigo, el mismo en el honor y en el deshonor, en el frío y en el calor, en el dolor y en el placer, y que no anda en busca del acontecimiento de cosas; para quien la alabanza y la culpa son la misma cosa; que es de poco hablar, satisfecho con cualquier cosa que pase, que no tiene casa fija y cuyo corazón, lleno de devoción, está firmemente fijado. Pero sin embargo, aquéllos que buscan esta sacra ambrosía –la religión de la inmortalidad– tal como te lo he explicado aquí, que están llenos de fe y atentos a mí sobre todas las demás cosas, y unidos a la devoción, estos son mis más bien amados."

[89] Las obras a las que aquí se refiere, son obras especiales de todo tipo, ejecutadas en consideración al Ser Supremo, las cuales tendrán su efecto en vidas futuras sobre aquel que las ejecutó.

[90] En el original esto se lee así: "no atisbando."

Y así, en el *Upanishad*, llamado el sagrado *Bhagavad Guita*, en la ciencia del Supremo Espíritu, en el libro de la devoción, en el coloquio entre el Santo Krishna y Arjuna, está el Duodécimo Capítulo, de nombre -

LA DEVOCION POR MEDIO DE LA FE.

CAPITULO XIII

DEVOCION POR EL DISCERNIMIENTO ENTRE KSHETRA Y KSHETRAJNA

KRISHNA:

"Este cuerpo perecedero, ¡oh hijo de Kuntî!, es conocido como Kshetra; y aquéllos que son conocedores de la verdadera naturaleza de las cosas, llaman al alma que lo conoce, Kshetrajna. Sabe también que Yo soy el Conocedor en cada cuerpo mortal, ¡oh hijo de Bharata!; y ese conocimiento que a través del alma es una realización de ambos: lo conocido y el conocedor, es la sola cosa estimada por mí como sabiduría. Lo que el Kshetra o cuerpo es, lo que parece, lo que produce y lo que sea su origen, y también quién es ése que, habitando internamente, lo conoce, así como cuál es su poder, todo esto apréndelo de mí. Y esto ha sido cantado muchas veces por los Rishis con mucho discernimiento y con muchos argumentos en los varios himnos védicos que tratan de Brahmâ.

"Este cuerpo está hecho, entonces, de grandes elementos: Ahankara o egoísmo, Buddhi o intelecto y juicio, el inmanifiesto e invisible espíritu; los diez centros de acción, la mente y los cinco objetos de los sentidos: el deseo, la aversión, el placer y el dolor, la persistencia de la vida, la firmeza y el poder de cohesión. En esta forma te he dado a conocer lo que Kshetra o cuerpo es, con sus partes componentes.

"La verdadera sabiduría espiritual es la libertad de la auto-estimación, de la hipocresía y del daño a otros; es paciencia, sinceridad, respeto por los instructores espirituales, pureza, firmeza, auto-restricción, desapego a los objetos de los sentidos, estar libre de todo orgullo y una meditación acerca del nacimiento, la muerte, el deterioro, la enfermedad y el error; es estar exento del apego auto-identificante con los niños, la esposa y la casa, y una constante y no flaqueante firmeza de corazón a la llegada de cada evento, ya sea favorable o desfavorable; es un nunca-cesante amor por mí sólo, estando borrado el yo; y una adoración hecha en lugar solitario, y una carencia de placeres en las congregaciones de los hombres; es una continuación resuelta en el estudio del Adhyâtma, el Espíritu Superior, y una meditación sobre la finalidad de la adquisición del conocimiento de la verdad; esto es llamado sabiduría o conocimiento espiritual. Lo opuesto, es ignorancia.

"Y ahora te diré cuál es el objetivo de la sabiduría, sabiendo lo cual, un hombre disfruta de la inmortalidad. Es eso que no tiene comienzo, incluyendo al supremo Brahmâ y de lo que no puede decirse ni que es Ser ni No-Ser. Tiene manos y pies en todas direcciones; ojos, cabezas, bocas y oídos en cada dirección; que es inmanente en el mundo, poseyendo la vastedad del todo. Eso, en sí mismo, sin tener órganos, lo reflejan sin embargo todos los sentidos y facultades; desapegado, pero sosteniéndolo todo; sin cualidades, pero testigo de todas ellas. Está dentro y fuera de todas las criaturas animadas e inanimadas; es inconcebible por su sutileza, y aunque muy cercano, está muy lejos. Y aunque indiviso, aparece dividido entre las criaturas, y en tanto que sostiene todas las cosas existentes, también se le conoce como su destructor y su creador. Es la luz de las luces pero se declara que está más allá de toda tiniebla; y siendo la sabiduría misma, así como la meta de la sabiduría y aquello que ha de ser obtenido por la sabiduría, preside por siempre en los corazones de todos. Y con esto se proclama lo que es este cuerpo perecedero, y la sabiduría misma, junto con el objetivo de la sabiduría. Entonces, aquél que es mi devoto, y que en verdad me concibe, logra mi estado.

"Sabe, que ni *prakriti* o naturaleza, ni *purusha*, el espíritu, tienen comienzo. Y sabe también, que las pasiones y las tres cualidades o gunas, surgen de la naturaleza. La Naturaleza o *prakriti*, se dice ser aquello que opera en la producción de causa y efecto en las acciones;[91] del espíritu individual o *purusha*, se dice que es la causa de experimentar el placer y el dolor.[92] Porque el espíritu, cuando está investido con la materia o *prakriti,* experimenta las cualidades que proceden de *prakriti*; su conexión con esas

---

[91] *Prakriti*, materia o naturaleza, es la causa de toda acción a través del universo, porque es la base por medio de la cual la acción tiene lugar; y aquí quedan incluídas todas las acciones, tanto de los hombres, como de los dioses, de los poderes o de lo que sea.

[92] *Purusha*, es el aspecto del espíritu individual en cada pecho humano; es la causa de nuestra experiencia del placer y el dolor, a través de la conexión con la naturaleza que se encuentra en el cuerpo.

cualidades es la causa del renacimiento en matrices buenas o malas.[93] Al espíritu en el cuerpo se le llama *Mahesvara*, el Gran Señor, el espectador, el amonestador, el sostenedor, el disfrutador y también el *Paramâtma*, el alma más elevada. Aquel que conoce al espíritu y a la naturaleza, y también a las tres cualidades o gunas, cualquiera que sea el estilo de vida que él viva, ya no regresará de nuevo a la tierra.

"Por meditación, algunos hombres que usan la contemplación del Yo vislumbran el espíritu interno, otros llegan a ese fin por estudio filosófico con su realización, y otros por medio de la religión de las obras. Y otros más, que no están familiarizados con estas cosas, pero que las han oído de otros, les profesan respeto y se aferran a ellas; y aún estos que son asiduos sólo por tradición y que ponen atención a las escrituras, cruzan más allá del abismo de la muerte.[94]

"Y sabe, ¡oh caudillo de los Bhâratas!, que siempre que algo, sea animado o inanimado, es producido, es debido a la unión del Kshetra y el Kshetrajna: del cuerpo y del alma. Aquél que ve al Ser Supremo existiendo imperecedero en todas las cosas perecederas, ese ve en verdad. Percibiendo al mismo Señor como presente en todo y por todas partes, él no destruye con el yo inferior a su propia alma, sino que va al supremo final. Aquél que ve que todas sus acciones son ejecutadas por la naturaleza sola, y que el yo interior no es el actor, ese en verdad ve. Y cuando él comprende de manera perfecta, que todas las cosas, cualquiera que sea su naturaleza, están comprendidas en el UNO, él alcanza el Espíritu Supremo. Este Espíritu Supremo, ¡oh hijo de Kuntî!, aun cuando esté en el cuerpo, ni actúa ni es afectado por la acción, porque siendo algo sin comienzo y desprovisto de atributos, es incambiable. Igual que el todo-moviente Akâsha, pasa por todas partes sin ser afectado en razón de su sutileza, así, el Espíritu, aunque presente en cada acción del cuerpo, no está apegado a la acción ni queda afectado. Y

---

[93]Aquí *purusha* es la individualidad persistente, la cual conecta todas las reencarnaciones, como si fuese un hilo y de aquí que se le llame "el Alma hilo."

[94] Esta última oración significa que esos individuos construyen sus cimientos, y que en las vidas subsiguientes ellos alcanzarán otros estados y de ahí la inmortalidad.

así como un mismo sol ilumina al mundo todo, igualmente el Espíritu Uno ilumina a cada cuerpo, ¡Oh hijo de Bharata! Y aquéllos que con el ojo de la sabiduría perciben de esta manera la diferencia entre el cuerpo y el Espíritu, y la destrucción de la ilusión de los objetos,[95] ésos van a lo supremo."

Y así, en el *Upanishad*, llamado el sagrado *Bhagavad Guita*, en la ciencia del Supremo Espíritu, en el libro de la devoción, en el coloquio entre el santo Krishna y Arjuna, está el Decimotercer Capítulo, de nombre -

LA DEVOCION POR EL DISCERNIMIENTO ENTRE KSHETRA Y KSHETRAJNA.

---

[95] Esto se refiere a lo que ha sido previamente dicho, acerca de la gran ilusión producida por la naturaleza, en causar que nosotros veamos los objetos como algo diferente del Espíritu, y está de acuerdo con Patanjali, quien dice que, aunque el ser perfectamente iluminado ha destruído la ilusión, él no deja de tener un cierto alcance hacia aquéllos que no están iluminados, los cuales habrán de pasar por repetidos renacimientos hasta que su tiempo de liberación llegue igualmente.

CAPITULO XIV

DEVOCION A TRAVES DE NUESTRO DISTANCIAMIENTO DE LAS TRES CUALIDADES O GUNAS

KRISHNA:

"Y te explicaré también el sublime conocimiento espiritual que es superior a todos los demás, por medio del cual todos los sabios han alcanzado la suprema perfección cuando sobreviene la suprema disolución de su cuerpo. Ellos se refugian en esta sabiduría y habiendo alcanzado mi nivel, ellos no nacen de nuevo, ni siquiera al arribo de una nueva evolución, ni tampoco son turbados a la llegada de la destrucción general.

"El gran Brahmâ es mi matriz en la cual planto la semilla. De ahí, ¡oh hijo de Bharata!, procede la producción de todas las cosas existentes.[96] Este gran Brahmâ es la matriz para todas esas variadas formas que son producidas de cada matriz y Yo soy el Padre que provee la simiente. Estas tres cualidades o gunas son llamadas *sattva*, *rajas* y *tamas* que significan luz o verdad, pasión o deseo e indiferencia u oscuridad, ellas nacen de la naturaleza y atan el alma imperecedera al cuerpo, ¡oh tú de poderosos brazos! De estas tres, la cualidad *sattva*, en razón de su lucidez y su apacibilidad, enlaza el alma al renacimiento a través de un apego al conocimiento y a aquello que es placentero. Sabe, que *rajas* es de la naturaleza del deseo, produciendo sed y propensión; y ello, ¡oh hijo de Kunti!, aprisiona al Ego a través de las consecuencias producidas por la actuación. La cualidad de *tamas,* que es la progenie de la indiferencia en la naturaleza, es la engañadora de todas las criaturas, ¡oh hijo de Bharata!; ella aprisiona al Ego en el cuerpo a través del desatino incauto, del sueño y de la holgazanería. La cualidad de *sattva*, apega al alma a través de la felicidad y el placer, y la de *rajas* a través de la acción; y la cualidad de *tamas* circunda y rodea el poder de juicio con la indiferencia, y apega el alma a través de la negligencia.

---

[96] En este verso, *Brahmâ* ha de ser tomado como *prakriti* o la naturaleza.

"Pero cuando las cualidades, ¡oh hijo de Bharata!, de *tamas* y de *rajas* han sido vencidas, entonces prevalece la cualidad de *sattva*. *Tamas* es la principal actuante cuando *sattva y rajas* están escondidas; y cuando la de *sattva y tamas* disminuyen, entonces *rajas* prevalece. Y cuando la sabiduría, esa brillante luz, se haga evidente en cada puerta del cuerpo, entonces uno puede saber que la cualidad de *sattva* prevalece interiormente. Por un lado, el amor a la ganancia, la actividad en la acción y la iniciación de obras, y el deseo incansable y desordenado, surgen cuando la cualidad de *rajas* prevalece. Por otro lado, la prueba del predominio de la cualidad de *tamas,* es la ausencia de iluminación, la presencia de la holgazanería, del descuido y de la ilusión, ¡oh hijo de Kuntî!

"Si el cuerpo queda disuelto cuando la cualidad de *sattva* prevalece, el yo interno procede a la esfera sin mancha de esos que son conocedores del supremo sitial. Si el cuerpo se disuelve cuando la cualidad de *rajas* es predominante, el alma nace de nuevo en un cuerpo apegado a la acción; y así también, aquél que muere mientras la cualidad de *tamas* prevalece, su alma nace otra vez en matrices de aquéllos que viven engañados.

"El fruto de las acciones rectas es llamado puro, santo, perteneciente a *sattva*; en tanto, que de *rajas* se recoge el fruto del dolor, y de *tamas* el producto es sólo la insensatez, la ignorancia y la indiferencia. De *sattva* proviene la sabiduría, de *rajas* el deseo, de *tamas* la ignorancia y también la ilusión y el desatino. Aquéllos en quienes la cualidad de *sattva* está establecida, se remontan a lo alto y aquéllos que están llenos de *rajas,* permanecen en la esfera media del mundo de los hombres; mientras que aquéllos que están abrumados por la sombría cualidad de *tamas*, descienden a la hondura. Pero cuando el sabio percibe que los únicos agentes de acción son esas cualidades, y comprende aquello que es superior a las cualidades, él llega a mi estado de perfección. Y cuando el yo incorporado en el cuerpo, sobrepasa estas tres cualidades de bondad, acción e indiferencia - que son coexistentes con el cuerpo - él mismo es liberado del renacimiento y la muerte, de la vejez y del dolor, y bebe así de las aguas de la inmortalidad."

ARJUNA:

"¿Y cuáles son, ¡Oh Maestro!, las señales características por las que se puede conocer al hombre que ha superado las tres cualidades o gunas? ¿Cuál es su curso en la vida, y cuáles son los medios por los que él subyuga las cualidades?"

KRISHNA:

"Aquél, ¡oh hijo de Pandu!, que no odia estas cualidades: de iluminación, acción e ilusión, cuando éstas aparecen, ni las añora cuando éstas desaparecen; y quien como uno que no pertenece a ningún partido, se sienta despreocupado por las tres cualidades y no perturbado por ellas, y que estando persuadido de que estas cualidades existen, no es movido por ellas; que es ecuánime, auto-centrado en el placer y en el dolor, y a quien un montón de tierra, una piedra o un pedazo de oro, son como una misma cosa; y que es ecuánime con aquéllos que aman o rechazan, que es constante y es el mismo, ya sea que lo culpen o lo ensalcen; que permanece ecuánime en el dolor y la desgracia, y es el mismo hacia el lado amistoso o inamistoso, y que está envuelto solamente en las acciones que son necesarias, ese uno ha trascendido las tres cualidades. Y así, ese mi servidor, que me adora con devoción exclusiva, habiendo trascendido completamente las cualidades, es digno de ser absorbido en Brahmá, el Supremo. Yo soy la incorporación del Gobernante Supremo y de lo incorruptible, de lo inmodificable, y de la ley eterna, así como del éxtasis que no tiene fin."

Y así, en el *Upanishad*, llamado el sagrado *Bhagavad Guita*, en la ciencia del Supremo Espíritu, en el libro de la devoción, en el coloquio entre el Santo Krishna y Arjuna, está el Decimocuarto Capítulo, de nombre -

LA DEVOCION A TRAVES DE NUESTRO DISTANCIAMENTO DE LAS TRES CUALIDADES O GUNAS.

CAPITULO XV

DEVOCION A TRAVES DEL CONOCIMIENTO DEL ESPIRITU SUPREMO

KRISHNA:

"Los hombres dicen que el eterno y sagrado árbol *Ashvatta*[97] crece con sus raíces hacia arriba y sus ramas hacia abajo, y que sus hojas son los *Vedas* o escrituras sagradas; y aquél que sabe esto conoce en verdad los *Vedas*. Las ramas de ese árbol que crece de esas tres cualidades o gunas,[98] teniendo los objetos de los sentidos como sus ramitas menores; se extienden algunas hacia arriba y otras hacia abajo; y esas raíces que se ramifican hacia abajo, hacia las regiones de la humanidad, son los lazos conectores de la acción. Su forma, entonces, no es comprendida por los hombres y no tiene comienzo, ni puede su constitución presente ser comprendida,[99] ni tampoco tiene ningún fin. Cuando uno ha cortado de un tajo ese árbol *Ashvatta* con la poderosa hacha del desapasionamiento, con todas sus profundas raíces, entonces ese lugar es para ser buscado por aquéllos que allí toman refugio para no volver a retornar al renacimiento, porque aquello[100] es el Espíritu Primario del cual fluye la interminable corriente de existencia condicionada. Aquéllos que están libres del orgullo del yo y cuyo discernimiento está perfeccionado, que han prevalecido sobre el defecto del apego a la acción, que permanecen constantemente aplicados a la devoción por la meditación sobre el Espíritu Supremo, que han renunciado al deseo y que están libres de la influencia de los pares de opuestos conocidos como el placer y el dolor, estos no están ilusionados, y avanzan hacia el lugar que perdura por siempre. Ni

---

[97] Este es el símbolo del Universo, el cual aunque aparentemente destruído y de nuevo renovado, es interminable, porque es idéntico a la Corriente Evolucionaria.

[98] Ver el capítulo precedente.

[99] Esto significa que el Ego atado no puede comprenderlo.

[100] Ello es el lugar de lo Supremo.

el sol, ni la luna, ni el fuego, alcanzan a iluminar ese lugar; de el no hay retorno; esa es mi morada suprema.

"Es tan sólo una porción de mí mismo la que, habiendo asumido vida en este mundo de existencia condicionada, atrae hacia sí los cinco sentidos y la mente, de manera que pueda obtener un cuerpo y pueda dejarlo de nuevo. Y esos son llevados por el Señor Soberano de aquí para allá, en cualquier cuerpo que él entre o que él abandone, tal como la brisa se lleva consigo la fragancia de la flor. Presidiendo sobre el ojo, el oído, el tacto, el paladar y el poder de oler, y también sobre la mente, él experimenta los objetos de los sentidos. El que está ilusionado no ve el espíritu cuando éste abandona el cuerpo o permanece en el, ni cuando, movido por las tres cualidades o gunas, éste experimenta el mundo. Pero esos que tienen abierto el ojo de la sabiduría, sí lo perciben; y los devotos que afanosamente luchan por verlo, lo ven habitar en sus propios corazones; en tanto que esos que no se han conquistado a sí mismos y que carecen de discernimiento, no lo ven, aun cuando se esfuercen en hacerlo. Sabe, que la brillantez del sol que ilumina al mundo entero, y la luz que está en la luna y en el fuego, son el esplendor de mí mismo. Yo penetro la tierra y sostengo todas las cosas vivientes con mi poder, y soy esa propiedad de la savia que es su sabor, nutriendo todas las hojas de hierba y todas las plantas del campo. Convirtiéndome en el fuego interno de lo viviente, Yo estoy asociado con el inspirar y el expirar, y soy la causa de las cuatro clases de alimentos a ser digeridos. Yo estoy en los corazones de todos los hombres, y de mí vienen la memoria, el conocimiento, y también la pérdida de ambos. Yo he de ser conocido por todos los *Vedas*; Yo soy aquél que es el autor de la Vedanta, y Yo sólo, soy el intérprete de los *Vedas*.

"Hay dos clases de seres en el mundo: los que son divisibles y los que son indivisibles; los divisibles son todas las cosas y todas las criaturas. El indivisible es llamado Kûtastha, o aquél que se sostiene en la altura sin ser afectado. Pero hay también otro espíritu que es designado como el Supremo Espíritu -Paramâtma- el cual penetra y sostiene los tres mundos. Y como Yo estoy por encima del mundo divisible y también soy superior a lo indivisible, en consecuencia, tanto en el mundo como en los *Vedas*, Yo soy conocido como el Espíritu Supremo. Aquél que no está ilusionado, me conoce como el Espíritu Supremo y conoce todas las cosas y me adora bajo cada forma y bajo cada condición.

"Y así, ¡oh tú sin pecado!, te he declarado a ti la más sagrada ciencia; aquél que la entiende, ¡oh hijo de Bharata!, será un hombre sabio y el ejecutor de todo lo que ha de ser hecho."

Y así, en el *Upanishad*, llamado el sagrado *Bhagavad Guita*, en la ciencia del Supremo Espíritu, en el libro de la devoción, en el coloquio entre el Santo Krishna y Arjuna, está el Decimoquinto Capítulo, de nombre -

LA DEVOCION A TRAVES DEL CONOCIMIENTO DEL ESPIRITU SUPREMO.

CAPITULO XVI

DEVOCION A TRAVES DEL DISCERNIMIENTO ENTRE LA NATURALEZA DIVINA Y LA DEMONIACA

KRISHNA:

"Arrojo, sinceridad, asiduidad en la devoción, generosidad, auto-restricción, piedad y limosna; estudio, mortificación y rectitud; inofensividad, veracidad y liberación de todo enojo; resignación, ecuanimidad y no hablar de las faltas de los demás, compasión universal, modestia y blandura, paciencia, poder, ánimo y pureza; discreción, dignidad, no ser vengativo, y liberación de toda vanidad, éstas son las señales de aquél cuyas virtudes son de un carácter divino, ¡oh hijo de Bharata! Aquellos, ¡oh hijo de Pritha!, que nacen con disposiciones demoníacas están marcados por la hipocresía, el orgullo, la furia, la presunción, la dureza al hablar y la ignorancia. El destino de esos cuyos atributos son de naturaleza divina, es la liberación final; mientras que el de aquéllos que son de disposición demoníaca, nacidos dentro de la partida de los Asuras, [sufren] una continua servidumbre al mortal nacimiento; no te lamentes, ¡oh hijo de Pandu!, porque tú eres nacido con un destino divino. Pues hay dos clases de naturalezas de seres en el mundo: aquella que es divina, y la otra que es demoníaca; la divina te ha sido enteramente manifestada, escucha ahora de mí, ¡oh hijo de Pritha!, lo que es la demoníaca.

"Aquéllos que nacen con la disposición demoníaca - de la naturaleza de los Asuras - no conocen la naturaleza de la acción ni el cese de la acción, no conocen la pureza ni el recto comportamiento, ellos no poseen veracidad. Ellos niegan que el Universo contenga alguna verdad en el, y declaran que éste no está gobernado por ley, diciendo que no tiene Espíritu; ellos dicen que las criaturas se producen solamente por la unión de los sexos y que todo es para el goce solamente. Manteniendo este punto de vista, y quedando así sus almas arruinadas, sus mentes contraídas, con sus naturalezas pervertidas, enemigos del mundo, ellos nacen para destruir. Ellos se entregan a deseos insaciables, y están llenos de hipocresía, fijados en falsas creencias a través de la ilusión. Se entregan a ilimitadas reflexiones que terminan sólo en la aniquilación, convencidos hasta la muerte de que el disfrute de los objetos de los sentidos es el bien supremo. Atados como están por los cien lazos del deseo, inclinados a la lujuria y al enojo, ellos buscan a través de la injusticia y de la acumulación de la riqueza, la gratificación de sus propias lujurias y apetitos. 'Esto hoy ha sido adquirido por mí, y habré de obtener aquel objetivo de mi corazón; esta riqueza tengo, y aquella otra también será mía. A este enemigo ya lo he eliminado y a los otros los habré de derrotar; yo soy el señor, yo soy poderoso, y yo soy feliz. Yo soy rico y con precedencia delante de los hombres; ¿dónde hay otro como yo?. Yo haré sacrificios, daré limosnas, y disfrutaré.' En esta forma hablan esos que están así ilusionados. Confundidos por toda clase de deseos, enredados en la red de la ilusión, firmemente apegados a la gratificación de sus deseos, ellos así descienden al infierno. Estimándose altamente a sí mismos; auto-voluntarios, llenos de orgullo y siempre en la persecución de las riquezas, ellos ejecutan actos de adoración con hipocresía y ni siquiera de acuerdo al ritual,[101] lo cual hacen sólo como una demostración pública. Cediendo indulgentemente al orgullo, a la egolatría, a la ostentación, al poder, a la lujuria, y al enojo, ellos me detestan, aun cuando estoy dentro de sus cuerpos y en los cuerpos de los demás. Mientras tanto, yo continuamente arrojo a estos crueles aborrecedores, los más bajos de los hombres, dentro de matrices de una naturaleza infernal en este mundo del renacimiento. Y estando ellos así condenados a estas matrices infernales, y más y más ilusionados en cada renacimiento sucesivo, jamás vienen a mí, ¡oh hijo de Kuntî!, sino que llegan hasta la región más baja.[102]

"Los portales del infierno son tres: el deseo, la ira y la codicia, los cuales destruyen el alma. Por lo tanto, uno debería abandonarlos. Y siendo libre de estos tres portales del infierno, ¡oh

---

[101] Esto se refiere a la realización irregular de los sacrificios védicos, por aquellos que permanecen sin los verdaderos dones espirituales, y que sólo desean imitar ostentosamente la verdadera ejecución.

[102] Esta es la aniquilación final de aquellos que niegan sus propias almas y por ende, las pierden. Es peor aún que el infierno del que se habló antes, porque de aquí no hay retorno.

hijo de Kuntî!, un hombre labora por la salvación de su alma y procede así hacia el sendero supremo. Aquél que abandona las ordenanzas de las escrituras para seguir los dictados de sus propios deseos, no alcanza ni la perfección ni la felicidad, ni el sendero supremo. Por lo tanto, al decidir tú lo que merece y lo que no merece hacerse, deberías ejecutar las acciones en la tierra con un conocimiento de lo que se declara en las Sagradas Escrituras."

Y así, en el *Upanishad*, llamado el sagrado *Bhagavad Guita*, en la ciencia del Supremo Espíritu, en el libro de la devoción, en el coloquio entre el santo Krishna y Arjuna, está el Decimosexto Capítulo, de nombre -

LA DEVOCION A TRAVES DEL DISCERNIMIENTO ENTRE LA NATURALEZA DIVINA Y LA DEMONIACA.

CAPITULO XVII

LA DEVOCION EN LO CONCERNIENTE A LAS TRES CLASES DE FE

ARJUNA:

"¿Y cuál es el estado de esos hombres que, mientras descuidan los preceptos de las escrituras, adoran, sin embargo con fe, Oh Krishna? ¿Será éste un estado de la cualidad de *sattva*, de *rajas* o de *tamas*?"

KRISHNA:

"La fe de los mortales es de tres clases y nace de la propia disposición de ellos; puede ser de la cualidad de verdad -*sattva*; de acción -*rajas*; y de indiferencia -*tamas*; escucha ahora lo que éstas son.

"La fe de cada uno, ¡oh hijo de Bharata!, procede de la cualidad de *sattva*; el alma encarnada, recibiendo el don de la fe, hace que cada hombre sea de la misma naturaleza que ese ideal en el cual él ha fijado su fe. Aquéllos que son de la disposición que surge del predominio de *sattva* o buena cualidad, adoran a los dioses; aquéllos de la cualidad de *rajas* adoran los poderes celestiales, que son los Yakshas y los Rakshasas; otros hombres en los que predomina la tenebrosa cualidad de la indiferencia, o *tamas*, adoran los poderes elementales y los fantasmas de los fallecidos. Aquéllos que practican la severa auto-mortificación o auto-castigo, que no están indicados en las Escrituras, están llenos de hipocresía y de orgullo, añorando lo que ya es pasado y deseando más en el porvenir. Ellos, llenos de ilusión, torturan los poderes y facultades que residen en el cuerpo, y con ello también a mí, que habito en las cavidades más internas del corazón. Sabe que esos seres son de una tendencia infernal.

"Sabe también que el alimento que es placentero a todos y cada uno, así como los sacrificios, la mortificación y las limosnas, son de tres clases; escucha cuál es la división de ellos: el alimento que aumenta los días de vida, el vigor y la fuerza; que mantiene a uno libre de enfermedad, tranquilo de mente y contento, y que tiene sabor y nutrientes, que da beneficio permanente y que congenia con el cuerpo, es el alimento que es atractivo a aquéllos en quienes prevalece la cualidad de *sattva*. El alimento del que gustan aquéllos de la cualidad de *rajas* es amargo, muy ácido, en exceso salado, ardiente, picante, seco y abrasador, que causa desagrado, dolor y enfermedad. Pero cualquier alimento que ha sido preparado días antes, que carece de sabor o que está podrido, que es impuro, ese es el alimento preferido por aquéllos en los que predomina la cualidad de *tamas*, o indiferencia.

"El sacrificio o adoración que está indicado en las Escrituras y que es ejecutado por aquéllos que no esperan recompensa, pero que están convencidos de que es necesario realizarlo, ese es de la cualidad de la luz, de la bondad, o *sattva*. Pero sabe que el sacrificio o adoración que es ejecutado con vista a sus resultados, y también por ostentación de piedad, pertenece a la pasión, o sea a la cualidad de *rajas*, ¡oh mejor de los Bharatas! Pero aquél que no está de acuerdo con los preceptos de las Sagradas Escrituras, sin la distribución del pan, sin los himnos sagrados, sin las dádivas a los brahmanes al final y sin fe, es de la cualidad de *tamas*.

"Honrar a los dioses, a los brahmanes, a los maestros y los sabios, así como la pureza, la rectitud, la castidad y la inofensividad, esas son llamadas mortificaciones del cuerpo. El hablar apacible, que no causa ansiedad, que es verdadero y amistoso, y la diligencia presta en las lecturas de las Escrituras, son llamados austeridades del hablar. La serenidad de la mente, la blandura del temperamento, el silencio, el auto-control, la absoluta rectitud de conducta, a estos se les llama las mortificaciones de la mente. Esta triple práctica de mortificación o austeridad con la suprema fe y de parte de aquéllos que no añoran la recompensa, es de la cualidad de *sattva*.

"Pero la austeridad que es practicada con hipocresía, con el objeto de obtener respeto para uno mismo o por la fama o el favor de los demás, y que es incierta y perteneciente enteramente a este mundo, es de la cualidad de *rajas*. Mientras que aquellas austeridades que son practicadas meramente para herirse a sí mismo, o partiendo de un falso juicio, o para herir a otros, son de la cualidad de *tamas*. En cuanto a esas dádivas que son entregadas en el tiempo apropiado, a la persona apropiada y por hombres que no desean nada en retorno, son de la cualidad de *sattva*, que es buena y de la naturaleza de la verdad. Pero esa dádiva que es realizada con la expectativa de una recompensa de parte del beneficiario, o teniendo como mira el beneficio espiritual que surge de ella, o simplemente hecha con renuncia, es de la cualidad de *rajas*, que es mala y que participa de la mentira. En cuanto a las dádivas que son hechas fuera de lugar y de estación, y a personas no merecedoras, sin la apropiada atención y en forma despectiva, son de la cualidad de *tamas*, enteramente malvadas, y de la naturaleza de la sombra.

"OM TAT SAT; se dice que estas palabras son la designación triple del Ser Supremo. Por éstas fueron santificados en el comienzo los conocedores de Brahmâ,[103] también los *Vedas*, y los sacrificios. Por lo tanto, los sacrificios, las dádivas de limosnas y la práctica de austeridades, están siempre entre aquellas cosas que aparecen expuestas en las Escrituras Sagradas, precedidas siempre por la palabra OM. Entre aquéllos que aspiran a la inmortalidad y que no tienen en consideración la recompensa por sus acciones, la palabra TAT precede sus ritos de sacrificios, así como sus austeridades y sus dádivas de limosnas. La palabra SAT es usada para categorías que son verídicas y santas, e igualmente aplicada a acciones que son loables, ¡oh hijo de Pritha! El estado de sacrificio mental cuando las acciones están en descanso, es también llamado SAT. Pero cualquier cosa que es hecha sin fe, ya sea sacrificio, limosna o austeridades, es llamada ASAT, o sea, aquello que está desprovisto de verdad y de bondad, ¡oh hijo de Pritha!, y que no da beneficio ni en la vida ni después de la muerte."

Y así, en el *Upanishad*, llamado el sagrado *Bhagavad Guita*, en la ciencia del Supremo Espíritu, en el libro de la devoción, en el coloquio entre el santo Krishna y Arjuna, está el Decimoséptimo Capítulo, de nombre -

LA DEVOCION EN LO CONCERNIENTE A LAS TRES CLASES DE FE.

---

[103] Aquí lee "Brahmanas", y no parece referirse con ello a ninguna casta.

CAPITULO XVIII

DEVOCION EN LO QUE CONCIERNE A LA RENUNCIA Y A LA LIBERACION FINAL

ARJUNA:

"Yo deseo conocer, ¡oh tú de poderosos brazos!, la naturaleza de abstenerse de la acción y de renunciar a los resultados de la acción, y también la diferencia entre estas dos, ¡oh matador de Keshin!"[104]

KRISHNA:

"Los poetas conciben que el renunciar a las acciones que tienen un objeto de deseo es renunciación o Sanyasa; el sabio llama al desinterés por el fruto de cada acción, el verdadero desinterés en la acción. De parte de algunos sabios, se ha dicho: 'Cada acción ha de ser tan evitada como un crimen,' en tanto que otros declaran: 'Los hechos de sacrificios, de mortificación y de caridad, no deben ser abandonados.' Entre estas opiniones divididas escucha mi decisión cierta, ¡oh tú, el mejor de los Bhâratas!, hablando como lo hago sobre este asunto del abandono desinteresado, del cual se ha dicho que es de tres clases, ¡oh caudillo de hombres! Los hechos de sacrificio, de mortificación y de caridad, no han de ser abandonados, porque es apropiado que sean ejecutados, y son los purificadores del sabio. Pero, aun esas obras han de ser ejecutadas después de haber renunciado a todo interés egoísta en ello y en sus frutos; esto, ¡oh hijo de Pritha!, es mi última y suprema decisión. La abstención de las obras que son necesarias y que son obligatorias, es impropia; el no realizar tales acciones es sólo debido a la ilusión que surge de la cualidad de *tamas*. El restringirse de las obras porque ellas resultan dolorosas y por el temor a toda molestia, surge de la cualidad de *rajas*, que pertenece a la pasión; y aquél que así deja sin hacer lo que él debe hacer, no obtendrá el fruto que viene de la recta renuncia. En cuanto al trabajo que es ejecutado, ¡oh Arjuna!, porque es necesario,

[104] Keshin era un daitya, un demonio, afamado por haber sido enviado por Kansa con el propósito de destruir a Krishna.

obligatorio y propio, con todo interés puesto de lado y con la ausencia del apego a la acción, está dicho que es de la cualidad de la verdad y de la bondad que es conocida como *sattva*. Al verdadero renunciante, lleno de la cualidad de bondad, sabio y libre de toda duda, no le importan ni aquellas obras que fracasan, ni aquellas que triunfan. Es imposible para los mortales el abandonar enteramente las acciones; pero aquél que renuncia a los resultados de la acción, es el verdadero renunciante. Los triples resultados de la acción: indeseados, deseados y mixtos, se acumulan después de la muerte para aquéllos que no practican esta renuncia, pero ningún resultado sigue a aquéllos que hacen la perfecta renuncia.[105]

"Aprende, oh tú de poderosos brazos, que para el logro de cada obra se ha dicho que cinco agentes son necesarios. Estos son: el sustrato, el agente, los varios tipos de órganos, los varios y distintos movimientos; y con estos, como un quinto, las deidades que presiden. Esos cinco agentes están incluídos en la ejecución de cada acto que un hombre ejecuta, ya sea con su cuerpo, con su palabra o con su mente. Y esto siendo así, quienquiera que por la imperfección de su mente vislumbre al yo verdadero como el agente, piensa mal y ve en forma incorrecta. Aquél cuya naturaleza está libre de egoísmo y cuyo poder de discernimiento no está cegado, no mata, aún cuando matara a esta gente y no queda atado por los lazos de la acción. Las tres causas que incitan a la acción son: el conocimiento, la cosa a ser conocida y el conocedor; y triple es también la totalidad de la acción en el acto, el instrumento y el agente. El conocimiento, la acción y el agente, son igualmente discernibles de tres maneras, de acuerdo a las tres cualidades. Escucha su enumeración después de la clasificación.

"Sabe que la sabiduría que percibe en toda la naturaleza un sólo principio, indivisible e incorruptible, no separado en los objetos que son vistos separados, es de la cualidad de *sattva*. El conocimiento que percibe principios diferentes y múltiples como estando presentes en el mundo de los seres creados, pertenece a *rajas*, la cualidad de la pasión. Pero aquel conocimiento

---

[105] Este verso se refiere no sólo a los efectos después de la muerte en los estados post-mortem, sino también a las vidas subsiguientes en el cuerpo, al sobrevenir la reencarnación.

enteramente sin valor, que es mezquino, apegado a un sólo objeto como si fuera al todo, que no ve la verdadera causa de la existencia, es de la naturaleza de *tamas*, indiferente y sombría.

"La acción que debe y está bien hacerse, ejecutada sin apego a los resultados, libre de orgullo y de egoísmo, es de la cualidad de *sattva*. En tanto, es de la cualidad de *rajas* la que está hecha con miras a sus consecuencias, o con gran esfuerzo, o con egoísmo. Y aquello que como resultado de la ilusión, es emprendido sin consideración a sus consecuencias, o del poder de llevarlo a cabo, o del daño que puede causar, es de la cualidad de la sombra o *tamas*.

"El hacedor que ejecuta las acciones necesarias sin apego a sus consecuencias y sin amor ni odio, es de la naturaleza de la verdad o *sattva*. El hacedor, cuyas acciones son ejecutadas con apego a sus resultados, con gran esfuerzo, para la gratificación de su lujuria y con orgullo, con codicia, con deseo y atento al regocijo y a la pena, es de la cualidad de *rajas,* que es pasión y deseo. El hacedor que es ignorante, tonto, que es emprendedor de acciones sin tener habilidad, sin discernimiento, con haraganería, con engaño, con obstinación, con malicia y con tardanza, es de la cualidad de *tamas*.

"Escucha, ahora, ¡oh Dhananjaya, conquistador de la riqueza!: las diferencias que te voy a explicar existen entre el poder que discierne[106] y el firme poder interno, de acuerdo a la triple clasificación que surge de las tres cualidades. El poder de discernimiento que sabe como comenzar y como renunciar, lo que debe y no debe hacerse, lo que debe y no debe temerse, lo que ata y lo que liberta el alma, es de la cualidad de *sattva*. Aquel discernimiento, ¡oh hijo de Pritha!, que no comprende plenamente lo que ha de hacerse y no ha de hacerse, lo que ha de temerse y lo que no, es de la cualidad de *rajas*, nacida de la pasión. Y aquel poder discriminante que está envuelto en la oscuridad, que toma el mal por el bien, y todas las cosas contrarias a su verdadera intención y significado, es de la cualidad de *tamas*.

"Ese poder constante, que mantiene a todo el hombre unido y que por devoción controla cada movimiento de su mente, de su aliento, de los sentidos y de los órganos, participa de la cualidad de *sattva*. En tanto, aquel poder que aprecia el deber, el placer y la riqueza, en

---

[106] Esto es Buddhi, el sumo intelecto, el poder de juicio.

la persona que mira hacia el fruto de la acción, es de la cualidad de *rajas*; pero aquel a través del cual el hombre de baja capacidad se mantiene constante en la modorra, en el temor, en la pena, en la vanidad y en la imprudencia, es de la cualidad de *tamas*, ¡oh hijo de Pritha!

"Escucha, ahora, cuáles son las tres clases de placer, en las que la felicidad viene como hábito y en las que el dolor cesa. Aquello que en el comienzo es como veneno y al final es como agua de vida, y que se alza de la comprensión purificada, es declarado como de la cualidad de *sattva*. Aquello que surge de la conexión de los sentidos con los objetos y que en el comienzo es dulce como las aguas de vida pero al final termina amargo como veneno, es de la cualidad de *rajas*. Es de la oscura cualidad de *tamas*, ese placer que tanto al comienzo como al final emana del sueño, de la ociosidad y del descuido y que tiene la tendencia, desde el comienzo hasta el final, a dejar la mente en estupor. No hay criatura sobre la tierra, ni entre las huestes del cielo, que esté libre de estas tres cualidades que surgen de la naturaleza.

"Los deberes respectivos de las cuatro castas: la de los Brahmanes, la de los Kshatriyas, los Vaisyas y la de los Sûdras, están determinados por las tres cualidades o gunas que predominan en la disposición de cada una de estas castas humanas, ¡oh castigador de tus enemigos! Los deberes naturales de un Brahman comprenden: la tranquilidad, la pureza, la auto-maestría, la paciencia, la rectitud, el aprendizaje, el discernimiento espiritual y la creencia cierta en la existencia de otro mundo. Los deberes de la casta de los Kshatriyas surgen de su naturaleza, entre ellos: el valor, la gloria, la fuerza, la firmeza, el no huir en el campo de batalla, la liberalidad de carácter y la condición de señorío. Los deberes naturales del Vaisya comprenden: arar la tierra, cuidar el ganado y comprar y vender. El deber del Sudra es servir, que es su disposición natural.

"Los hombres que se contentan devotamente en el cumplimiento de sus deberes propios, alcanzan la perfección; escucha, ahora, cómo esa perfección es obtenida por la devoción al deber natural.

"Si un hombre hace ofrenda al Ser Supremo, que es la fuente de las obras de todos y por quien este universo fue desplegado, él así alcanza la perfección. La ejecución de los deberes en la vocación particular de un hombre, aun cuando estén desprovistos de excelencia, es mejor que hacer los deberes de otro, no importa cuan bien ejecutados estos sean; y aquél que lleva a cabo los deberes a que le obliga la naturaleza, no incurre en pecado. El deber natural de un hombre, aun cuando esté manchado de faltas, no ha de ser abandonado. Porque todas las acciones humanas están envueltas en imperfecciones y yerros, de la misma manera que al fuego lo envuelve el humo. La suprema perfección en liberarse de los lazos de la acción, se alcanza a través de la renuncia por parte de aquél que en todas sus obras, tiene una mente libre de ataduras y un corazón subyugado.

"Aprende de mí, brevemente, de qué modo el hombre que ha alcanzado la perfección alcanza el Supremo Espíritu, el cual es el fin, el objetivo y la condición suprema del conocimiento espiritual.

"Imbuído de puro discernimiento y discriminación, restringiéndose resueltamente a sí mismo, habiendo rechazado los encantos del sonido y de otros objetos de los sentidos, y habiendo desechado los apegos y los disgustos; habitando en lugares apartados, comiendo poco, y teniendo controlados el hablar, el cuerpo y la mente, ocupado en constante meditación y fijo invariablemente en el desapego; abandonando el egoísmo, la arrogancia, la violencia, la vanidad, el deseo, la ira, el orgullo y toda posesión, con calma imperturbable, un hombre es así digno de ser el Ser Supremo. Y habiendo así alcanzado lo Supremo, él permanece sereno, sin sufrimiento y no deseando nada más; entonces, permaneciendo él igual hacia todas las criaturas, alcanza la suprema devoción a mí. Por esta devoción a mí, él conoce fundamentalmente quién y qué Yo Soy, y habiéndome así descubierto, él entra en mí sin ninguna condición intermediaria. Y aún el hombre que está siempre ocupado en la acción, alcanzará por mi favor la eterna, incorruptible e imperecedera morada, si él pone su confianza en mí solamente. Con tu corazón, adjudica todas tus obras a mí, prefiéreme a mí a todos los demás, ejercita la devoción mental continuamente, y piensa constantemente en mí. Al así hacerlo y por mi divino favor, tú logras sobrepasar cada dificultad que te rodea. Pero si por orgullo no escucharas mis palabras, tú, indudablemente, todo lo perderás. Y si, cediendo a tu propia auto-confianza, dijeses finalmente: 'No lucharé', tal determinación probaría, al final, ser vana, porque los principios de tu propia naturaleza te impelerán a envolverte en la lucha. Pues, atándote todo tu karma pasado a tus naturales deberes, ¡oh hijo de Kuntî!, tú harás involuntariamente y por necesidad, aquello que en tu locura no hubieras querido hacer. Porque habita en el corazón de toda criatura, ¡oh Arjuna!, el Maestro -*Ishwara*- quien, por su mágico poder, causa que todas las cosas y todas las criaturas giren montadas sobre la universal rueda del tiempo. Toma, pues, santuario solamente con El, ¡oh hijo de Bharata!, con toda tu alma; y por su gracia, obtendrás la suprema felicidad, el eterno sitial.

"Y así, te he hecho saber a ti este conocimiento que es un misterio, más secreto que todos los secretos. Pondéralo con tu mente en la forma más plena y actúa como mejor te parezca a ti.

"Pero escucha antes mis supremas y más misteriosas palabras, que a ti ahora te revelaré, porque me eres muy bien amado. Pon tu corazón en mí, en la forma en que te me he declarado, sírveme, ofréceteme sólo a mí, e inclínate reverente sólo ante mí, y de cierto que vendrás a mí; lo juro, porque me eres muy amado. Renuncia a toda religión y toma refugio sólo en mí; no te lamentes, porque te liberaré de todas las transgresiones. No debes tú revelar esto a nadie que no practique la mortificación propia, que no tenga devoción, a quien no le importe oírlo, a aquél que me desprecia. Aquél que manifiesta este, mi supremo misterio, a mis adoradores, vendrá a mí si él ejercita la mayor devoción a mí; y no habrá entre los hombres nadie que mejor me sirva, y él será amado mío entre todos los de la tierra. Y cualquiera que estudie estos sagrados diálogos, sostenidos por nosotros dos, Yo consideraré que estoy siendo adorado por él con el sacrificio del conocimiento; ésta es mi decisión. Y aún el hombre que escuche este diálogo con fe, sin mancillarlo, y quedando libre de todo mal, alcanzará las regiones de la felicidad, preparadas para aquellos cuyos hechos son rectos.

"¿Has oído todo esto, ¡oh hijo de Pritha!, con toda tu mente aguzada? ¿Ha sido eliminada ya toda la ilusión del pensamiento que surgió de la ignorancia, oh Dhananjaya?"

ARJUNA:

"Por tu poder divino, Oh tú que no caes,[107] mi ilusión ha quedado destruída, de nuevo he vuelto en mí mismo; estoy libre de dudas y firme, y actuaré de acuerdo a tu pedido."

SANJAYA:

"Y es así, que Yo he sido testigo presencial de este milagroso y asombroso diálogo, nunca jamás oído antes, entre Vasudeva y el magnánimo hijo de Pritha. Y por favor de Vyasa, he oído este supremo misterio del Yoga -la devoción- en los instantes mismos en que era revelado por boca de Krishna que es el Supremo Maestro de devoción. Y aún ahora, cuando una y otra vez recuerdo, ¡oh poderoso rey!, este sagrado diálogo entre Krishna y Arjuna, vuelvo y me deleito una y otra vez. Y también, cuando traigo de nuevo a mi memoria la forma maravillosa de Hari,[108] el Señor, mi asombro es grande, ¡oh rey!, y vuelvo y me regocijo una y otra vez. Y dondequiera que puedan estar: Krishna, supremo Maestro de la devoción, y el hijo de Pritha, el poderoso arquero, allí estarán con toda certeza, la fortuna, la victoria, la riqueza y la sabia acción. Esta es mi creencia."

Y así, en el *Upanishad*, llamado el sagrado *Bhagavad Guita*, en la ciencia del Supremo Espíritu, en el libro de la devoción, en el coloquio entre el Santo Krishna y Arjuna, está el Decimoctavo Capítulo, de nombre -

LA DEVOCION EN LO QUE CONCIERNE A LA RENUNCIA Y A LA LIBERACION FINAL.

---

[107] Aquí la palabra es "Achyuta."

[108] Uno de los nombres de Vishnu, también aplicable a Krishna.

APUNTES SOBRE

EL BHAGAVAD GUITA

APUNTES SOBRE

EL BHAGAVAD – GUITA

Los Primeros Siete Capítulos

Por

WILLIAM Q. JUDGE

Los Restantes Capítulos por un Estudiante

Enseñado por El.

THE THEOSOPHY COMPANY
Los Angeles, California
2007

Título de la obra original: “Notes on the Bhagavad-Guita”

PREFACIO

Este libro fue posible por la generosidad de un estudiante que es miembro de la Logia Unida de Teósofos. El trabajo apareció en la Revista *Theosophy,* publicado por la Logia, en varios numeros aparecidos entre Noviembre de 1913, hasta Febrero de 1917. Los Apuntes sobre los capítulos del uno al siete, inclusive, fueron escritos por William Q. Judge y fueron impresos originalmente en su revista: *The Path*, apareciendo en varios números entre 1887 y 1895. Estos apuntes por el señor Judge fueron firmados "William Brehon, F. T. S.," o "William Brehon" – nombres de pluma usados por. el señor Judge. Los *Apuntes* sobre los restantes once capítulos fueron escritos por un *estudiante* de William Q. Judge, enseñado personalmente por él, y se podrá constatar que sus explicaciones y comentarios están consonancia con el espíritu y el genio de su Maestro.

Ningún intento se ha hecho aquí de alterar o revisar los *Apuntes* del señor Judge como para que pudieran aparecer en "forma de libro." A menudo el señor Judge dedicó varios artículos, en diferentes números de la revista *The Path*, para considerar un solo capítulo particular del *Guita,* y el lector de este libro observará el hecho mientras el hojea estas páginas. Los compiladores han insertado rayas para señalar donde cada uno de esos artículos termina y el otro comienza. El lector notará las iniciales "W. B." en algunas de las notas al pie de estas páginas: estas aparecen en lugar de "William Brehon" o "Brehon" y fueron escritas, desde luego por el señor Judge.

La forma y el tamaño de este libro están diseñados de acuerdo a la versión hecha por el señor Judge del *Bhagavad-Guita* mismo, el cual ha sido hallado muy conveniente por miles de estudiantes.

LOS PUBLICADORES

CAPITULO I

Si el título de este sagrado poema Hindú fuera parafraseado se leería:

El Santo Canto de Dios Mismo, quien, al comienzo del Kali-Yuga o la era de la oscuridad, descendió sobre la tierra para ayudar e instruir al Hombre.

GUITA significa canto y BHAGAVAD es uno de los nombres de Krishna. Krishna fue un Avatar. Conforme a los Brahmanes, estamos ahora en Kali-Yuga, una era que comenzó en el tiempo de la aparición de Krishna. Se ha dicho que él descendió para dejar entre los hombres esas ideas filosóficas y morales que eran necesarias ser conocidas durante el curso de la Era, al final de la cual –después de un corto período de oscuridad- una Era mejor comenzará.

La composición de este poema es atribuída a Vyasa y como también se dice que él nos dio los Vedas, una discusión acerca de las fechas no sería beneficiosa y puede posponerse para otra ocasión.

El Bhagavad-Guita es una porción del Mahábhárata, la gran epopeya de la India. El Mahábhárata es llamado así porque contiene la historia en general de la casa de Bharat y el prefijo *Maha* significa *gran*. Su objetivo más definido, sin embargo, es el de narrarnos la guerra que sucedió entre los Kurus y los Pandus, dos grandes ramas de una misma familia. Y esa porción, incluída en nuestro poema, es el diálogo sublime filosófico y metafísico sostenido por Krishna con Arjuna, en la víspera de una batalla entre los dos aspirantes por el dominio del Reino.

La escena de la batalla tiene lugar en la llanura llamada "Kuru-Kshetra", una faja de tierra cerca de Delhi, entre el Indo, el Ganges y los montes Himalayas. Muchos traductores y comentadores Europeos, ignorando el sistema psicológico de los Hindúes –que de hecho subyace en toda palabra de este poema– han considerado esta llanura y la batalla tan sólo como esas dos cosas y nada más; algunos han llegado hasta el punto de enumerar los productos comerciales del país en la presunta época, de manera que los lectores pudieran darse cuenta, en esa forma, de los motivos que indujeron a los dos príncipes a entrar en un sangriento conflicto. No hay duda que tal conflicto tuvo lugar, ya que el hombre continuamente está imitando esos elevados planos espirituales; y un gran sabio bien podría fácilmente adoptar un evento humano como base para erigir un noble sistema filosófico sobre tal fundamento alegórico. Por un lado, la historia nos da simplemente los eventos menores o mayores del progreso del hombre; pero por otro lado, cada gran época histórica nos dará un panorama de la evolución en el hombre, en la masa, de cualquier correspondiente facultad del Alma Individual. Por lo tanto vemos, aquí como allá, mentes occidentales preguntándose por qué tan elevada discusión metafísica tenía que ser "desfigurada por una guerra de salvajes." Tal es la influencia materializante de la cultura occidental que le es difícil admitir algún alto significado en una porción del poema que ella misma confiesa que no ha llegado a comprenderlo del todo.

Antes que los Upanishads puedan ser propiamente interpretados, el sistema psicológico Indo debe ser comprendido; y aún cuando su existencia es admitida, la persona que habla Inglés se encontrará con grandes dificultades, las cuales surgen de una gran ausencia de palabras, en este idioma, que correspondan a las ideas que tan frecuentemente se encuentran en el Sánscrito. Por lo tanto, tendríamos que esperar hasta que una nueva serie de palabras haya nacido para expresar las nuevas ideas todavía inexistentes en la civilización Occidental.

El lugar de la llanura sobre el cual la batalla fue peleada es importante, al igual que los ríos y montañas por la que está rodeada. Y es igualmente necesario comprender o por lo menos figurar, los nombres de los respectivos príncipes. El lugar mismo en el Mahábhárata en el cual este episodio ha sido insertado tiene un profundo significado y no podemos darnos el lujo de ignorar nada que tenga que ver con todos estos eventos. Si simplemente nos imaginamos que Vyasa o Krishna tomaron la Sagrada Llanura de Kuru-Kshetra y la gran batalla como simples accesorios a su discurso, cosa que podemos descartar fácilmente, toda la fuerza del gran diálogo estaría perdida.

Aunque el Bhagavad- Guita es una obra en tamaño pequeño, entre los hindúes, se ha escrito sobre éste más comentarios que los que se han escrito sobre el libro del Apocalípsis de San Juan entre los Cristianos.

No intento entrar en estos comentarios, porque por un lado no soy académico del Sánscrito y por el otro no sería de mayor provecho. Muchos de ellos son fantasiosos, otros no confiables; y aquellos que tienen cierto valor pueden ser consultados por cualquiera ansioso de perseguir esa línea de investigación. Lo que propongo aquí a mi mismo y a todos los que lean estas páginas, es el estudio del Bahagavad-Guita a la luz de la lámpara espiritual –ya sea ésta pequeña o grande –la cual el Alma Suprema alimentará y aumentará dentro de nosotros si es que ponemos atención a sus llamados, examinándolos diligentemente. Tal es por lo menos la promesa de Krishna en el Bhagavad-Guita –- el canto Celestial.

* * *

En las pocas líneas introductoras con las cuales emprendí este tema, se dijo que, no siendo un académico del Sánscrito, no intentaba entrar en los comentarios hechos sobre este poema en ese idioma. La mayoría de esos comentarios han considerado el diálogo desde varios puntos de vista. Muchos estudiantes hindúes posteriores no han ido más allá de las explicaciones dadas por Sankaracharya y casi todos rehusan ir más allá de la transliteración de los nombres de los diferentes personajes mencionados en el primer capítulo.

Pero hay la más alta autoridad para leer este poema entre líneas. Los vedas mismos dicen, que lo que vemos de ellos es sólo el "Veda revelado," y que uno debería esforzarse en trascender la palabra *revelada.* Está aquí claramente implícito que los Vedas no revelados deben de estar ocultos o contenidos en lo que es aparente a los sentidos externos. Si nosotros no tuviéramos tal privilegio, entonces seguramente estaríamos reducidos a obtener el verdadero conocimiento solamente por los hechos de experiencia como los que son sufridos por el cuerpo mortal, y caer en el grave error de los materialistas, quienes pretenden que la mente es sólo un efecto producido por las moléculas cerebrales físicas en su movimiento. También tendríamos que seguir la regla canónica de que la conciencia es un guía seguro sólo cuando está regulada por una ley externa tal como la ley de la iglesia o de la casta Brahmánica. Pero nosotros sabemos muy bien que dentro del hombre material, aparente –o revelado— existe el hombre *real* que está sin revelar. Este valioso privilegio de buscar el sentido interno, sin esforzarse tras significados imposibles del texto, le está permitido a todos los estudiantes sinceros de todas las escrituras sagradas, ya sean estos Cristianos o Paganos. Y en el poema mismo, Krishna declara que El irá alimentando la lámpara de nuestra sabiduría espiritual de manera que el significado real de sus palabras pueda ser conocido; así también los Upanishads sostienen la existencia de una facultad que va junto con el derecho de usarla, por la cual uno puede claramente discernir el significado real o encubierto de los libros Sagrados. En verdad hay una escuela de ocultistas que sostiene, como nosotros creemos con razón, que este poder puede ser desarrollado por personas devotas, que sólo con escuchar las palabras de un libro sagrado que es leído en un lenguaje totalmente desconocido, el verdadero significado y tendencia de las extrañas frases se hacen instantáneamente conocidos.[1] Todos los comentadores Cristianos aceptan que en el estudio de la Biblia, a lo que se debe atender es al espíritu y no a la letra. El *espíritu* es ese Veda *encubierto,* el cual debe ser buscado entre líneas.

El estudiante Occidental del poema, tampoco debería ser disuadido de cualquier intento en llegar al significado verdadero, por esa actitud de los Brahmanes, quienes sostienen que sólo los Brahmanes pueden ser instruídos en el verdadero significado del poema, porque Krishna no lo hizo claro, esto no puede ser explicado hoy a los Sudras, o casta baja del pueblo. Si prevaleciera este punto de vista, entonces todo el grupo Occidental de teósofos estaría excluído del uso de este importante libro, puesto que todas las personas que no son Hindúes son, necesariamente, de la casta Sudra. Krishna no hizo tal Exclusión, la cual sólo es una pretensión sacerdotal. El mismo fue de la casta de pastores y no un Brahman; y él dice que cualquiera que escucha sus palabras recibirá gran beneficio. La sola limitación hecha por él es aquella en que declara

---

[1] Nos viene a la mente un incidente en el cual una persona de cierto desarrollo en esta dirección, oyó leer varios versos de los Vedas en Sánscrito con los cuales no había tenido contacto e instantáneamente explicó el contenido de los versos. –B.

que estas cosas no deben ser enseñadas a aquellos que no quieren escucharlas, siendo ésta la misma advertencia que dio Jesús de Nazareth, cuando dijo: "no arrojéis vuestras perlas ante los cerdos."

Pero como nuestras mentes trabajan muchísimo sobre sugerencias o pautas, y puede que en la ausencia de algún indicador de en dónde tales pautas estén situadas, podríamos fácilmente pasar por alto este punto, por lo que debemos de tener en cuenta la existencia entre los Arios de un sistema psicológico que le da sustancia e impulso a las declaraciones hechas por muchos Orientalistas de que este asunto sería indigno de la atención del hombre de la civilización del siglo diecinueve. Tampoco tenemos que ser disuadidos de esta empresa por falta de familiaridad con esa psicología Aria. En el momento en que estamos conscientes de su existencia dentro del poema, nuestro yo interior está dispuesto a ayudar al hombre exterior a comprenderla y en la noble persecución de estas grandes verdades filosóficas y morales, siendo nuestro empeño eterno el darnos cuenta de que son parte de nuestro ser, nosotros podemos entonces esperar pacientemente por un perfecto conocimiento de la anatomía y las funciones del hombre interno.

Los Sanscritistas Occidentales han traducido muchas palabras importantes dándoles solamente el significado más bajo, alejándose, así, del sentido verdadero por el incompleto conocimiento psicológico y espiritual occidental; o los han mezclado y confundido sin la menor esperanza de ser esclarecidos. Tales palabras como *Karma* y *Dharma* no son comprendidas. *Dharma* significa *Ley* y es generalmente traducida como *deber*, o se dice referir meramente a alguna regla sujeta al convencionalismo humano, en tanto que su significado es una propiedad inherente de las facultades del hombre entero y hasta aún de cualquier cosa dentro del Cosmos. Por eso se ha dicho que el deber o Dharma del fuego es el de arder. Este siempre arderá y así hace todo lo que es su deber, no teniendo conciencia, en tanto que sólo el hombre tiene el poder de retardar su propio "viaje al corazón del Sol," al rehusar cumplir su Dharma propiamente señalado y claramente evidente. Así, otra vez, cuando leemos en el Bhagavad-Guita, que aquellos que se van de esta vida, "en la mitad brillante de la luna, en los seis meses del curso Nórdico del Sol" irán a la salvación eterna, mientras los otros "que se van en la sombría noche de la estación oscura de la luna, cuando el sol está en la mitad de su camino al Sur," ascienden por un tiempo a la región lunar, para renacer en esta tierra, nuestros Orientalistas nos dicen que esto es pura fantasía y nosotros no podemos contradecirlos. Pero si nosotros sabemos que los antiguos Arios, con un completo conocimiento de la vasta y nunca inarmónica correspondencia reinante a través del macrocosmos, al hablar así trataron sólo de admitir que el ser humano puede estar o no en un estado de desarrollo en estricta conformidad con el lado brillante u oscuro de la luna, el verso se aclara. El crítico materialista señalará el verso del capítulo cuarto que dice: "aquel que come de la ambrosía que queda de un sacrificio, pasa hacia el supremo espíritu" y nos preguntará cómo el comer de los remanentes de una ofrenda quemada puede conferir salvación. Cuando, por otro lado, nosotros sabemos que el Hombre es el altar y el sacrificio, y que esta *ambrosía* es la *perfección del cultivo espiritual,* la cual él asimila o incorpora en su ser, aquí entonces los Arios quedan vindicados y nosotros estamos a salvo de confusión.

Una extraña similaridad en un punto podría ser observada entre nuestro poema y el viejo registro Hebreo. Los judíos fueron preparados por ciertas experiencias para entrar en la tierra prometida, pero no fueron capaces de llevar esto a cabo hasta que no se hubieran envuelto en grandes conflictos con los Hivitas, los Jebuzitas, Perisitas y Amalakitas. Aquí, en el Guita, encontramos que el mismo verso inicial del poema señala una guerra. El viejo y ciego rey Dhritarashtra, le pide a su primer ministro que le diga lo que estas dos fuerzas opuestas de los Pandus y los Kurus han estado haciendo, enfrentados como están y resueltos a la guerra. Igualmente los Judíos reunidos en la frontera de la tierra prometida, resueltos al conflicto y firmes en su resolución por las declaraciones de su Dios que los había sacado de las tinieblas de Egipto, llevaron a cabo la lucha. Egipto era aquel lugar en el que ellos, en un lenguaje místico, obtuvieron la corporalidad y simboliza los estados pre-natales, al igual que aquellos períodos caóticos en el comienzo de la evolución y la gestación en el vientre. Estamos en la víspera de un gigantesco combate, hemos de lanzarnos en medio de "un conflicto entre salvajes." Si este verso inicial es entendido como fue su intención, se nos ha dado aquí la clave de un magnífico sistema y no caeremos en el error de pretender que la unidad del poema se ha destruido.

Dhritarashtra es ciego, porque el cuerpo, como tal, es ciego en todo sentido.

Alguien ha dicho –creo que Goethe– que las viejas religiones paganas le enseñaron a los hombres a mirar hacía arriba, a aspirar continuamente hacia la grandeza que estaba allí para alcanzarla y por lo tanto ésta conducía al ser humano a considerarse a sí mismo como poco menos, potencialmente, que un Dios; mientras que la actitud del hombre bajo el sistema Cristiano es de humildad, de cabeza gacha y ojos caídos, en la presencia de su Dios. Al acercarse a ese "Dios celoso" de la dispensación Mosaica, no se le permite asumir una postura erecta. Este cambio de actitud viene a ser necesario tan pronto como nosotros postulamos una Deidad que está fuera y más allá de nosotros. Y sin embargo esto no se debe a las escrituras cristianas en sí mismas, sino solamente a las equivocadas interpretaciones dada a ellas por los sacerdotes y las iglesias, y fácilmente creídas por una humanidad débil que necesita un apoyo fuera de sí misma en el cual reclinarse.

Los Arios, sosteniendo que el hombre en su esencia *es Dios*, naturalmente alzaron lo ojos hacia El y lo refirieron todo a El. Ellos, por lo tanto, no le atribuyeron al cuerpo material ningún poder de visión o de sensación. Y es por eso que Dhritarashtra es ciego, pues representa la *existencia material* en la que hay innata sed por la renovación.

El ojo no puede ver ni el oído oír por sí mismos. En los Upanishads se le pregunta al discípulo: "¿Cuál es la visión del ojo y la audición del oído?" La respuesta es que estos poderes residen solamente en los órganos internos del alma, los cuales usan el cuerpo material como el medio para experimentar los fenómenos de la vida material. Sin la presencia de este residente, animador, oyente y vidente poder o ser, esta acumulación de partículas, ahora deificada como *cuerpo*, está muerta o ciega.

Aquellos filósofos no estuvieron muy atrasados respecto a nuestro siglo. El italiano Boscovitch, Faraday, Fiske y otros personajes modernos han concluído que nosotros ni siquiera podemos ver o conocer la *materia* de la cual estos cuerpos y las variadas sustancias a nuestro alrededor están hechos; y que la solución final no es en los átomos muy finamente divididos, sino simplemente en los "puntos de fuerza dinámica"; por lo tanto, nosotros no podemos conocer un pedazo de hierro, sino solamente conocemos *los fenómenos* que éste produce. Esta es la posición de los antiguos Arios, con una postura adicional: que el verdadero percibidor de esos fenomenos es el *YO.*

Es sólo por la aceptación de esta filosofía, que nosotros podremos siempre llegar a comprender los hechos de la naturaleza de los cuales nuestra ciencia está tan laboriosamente anotando y clasificando. Pero esa ciencia ignora una enorme cantidad de fenómenos que son bien conocidos a los espiritualistas aquí y a los ascetas en el Asia, porque la real existencia del Yo, como apoyo final de cada estado de conciencia, es negado. "La desaparición del asceta es una posibilidad." Pero el Occidente lo niega, mientras que permanece dudoso de que si los mismos espiritistas pudieran admitir que algún hombre vivo pueda causar ese fenómeno conocido como "forma" a desaparecer. Ellos están, sin embargo, dispuestos a aceptar que una "forma espiritual materializada" puede desaparecer, o de que ciertos médiums que están vivos pueden desaparecer mientras están sentados en una silla, ya sea por una actual disipación de moléculas o por ser cubiertos como por un velo.[2]

En esos casos, el evento sucedió sin conocimiento o esfuerzo por parte del médium, que fue un agente pasivo. Pero el asceta Oriental, poseedor del poder de desaparición, es una persona que ha meditado sobre la verdadera base de lo que nosotros conocemos como "forma", teniendo la doctrina siempre en mente, como fue expuesta por Boscovitch y Faraday, de que esos fenómenos no son verdaderos *per se* y añadiendo que todo ha de ser referido al YO. Y así encontramos que Patanjali plantea el tópico en su compilación de aforismos del Yoga.

En su aforismo vigésimo primero, Libro III, él dice que el asceta, estando consciente de que la forma, como tal, no es nada, puede

---

[2] Por ejemplo: ver "Gente del Otro Mundo" del Sr. Olcott, con respecto a una mujer médium. –W.B.

causar su propia desaparición.[3] No es difícil explicar ésto como una especie de hipnotismo o efecto psicológico llevado a cabo por el asceta. Pero tal clase de explicación es sólo el método moderno de salir de una dificultad poniendo el mismo asunto otra vez en nuevos términos. Hasta que no es admitido que el Yo persiste eternamente y permanece siempre incambiable, ningún verdadero conocimiento será adquirido por nosotros respecto a estos temas. En esto Patanjali es muy claro en su aforismo decimoséptimo, Libro IV, en donde dice: "Los cambios del estado mental son siempre conocidos porque el espíritu que preside no es cambiable."

Debemos de admitir que la ceguera de Dhritarashtra, como cuerpo y nuestra conciencia y habilidad de conocer cualquier cosa de los cambios por los que pasa el organismo, son debidas al "espíritu que preside."

Entonces, lo que es este viejo y ciego rajah es esa parte del hombre la cual, conteniendo el principio de sed por la existencia, se aferra a la vida material. El Ganges, bordeando su llanura por un lado, tipifica la sagrada corriente de vida espiritual aquí encarnada.

Al comienzo fluye cuesta abajo sin ser percibido por nosotros, a través de los planos espirituales, llegando, al fin, en lo que llamamos materia, en donde se manifiesta –y sin embargo permanece invisible hasta que al final fluye hacia el mar –o muerte– sólo para que el sol o el Karma de la encarnación lo haga evaporar otra vez. La planicie es sagrada porque es el "templo del Espíritu Santo." Kuru-Kshetra entonces debería de leerse: "El cuerpo que es adquirido por Karma." Por lo tanto el Rey no pregunta lo que este cuerpo ha estado haciendo, sino más bien lo que han estado haciendo, en esta planicie sagrada, los seguidores de esta existencia material, constituída por la hueste completa de elementos inferiores que hay en el hombre con lo cual él está atado a la vida física y los seguidores de Pandu, la hueste completa de las facultades espirituales.

---

[3] El aforismo dice: " Al ejecutar el Sanyama-restricción (o meditación)-respecto a la forma, su poder de ser aprehendido (por los ojos del vidente) estando bajo control, y la luminosidad, la propiedad del órgano de la vista, no teniendo conexión con ese objeto (que es la forma), el resultado es la desaparición del asceta." –W.B

Resulta, pues, que la enumeración de los generales y de los comandantes que hace el primer ministro en respuesta a la petición del rey, debe ser un catálogo de todas las facultades superiores e inferiores en el hombre, conteniendo también, en los nombres adoptados, pautas a los poderes de nuestro ser, que en el presente apenas son vagamente supuestas en el Occidente o incluídas en términos muy vagos como son Cerebro y Mente. Encontramos que a estos generales se les ha dado sus posiciones apropiadas en cada bando y también que se les han asignado varias armas distintivas, que en muchos casos son exhibidas y blandidas en los momentos iniciales, de manera que nuestra atención sea llamada hacía ellas.

* * *

"¡Salutaciones a Krishna! Señor de la Devoción, Dios de la Religión, el que nunca falla asistiendo a aquellos que en él confían."

Ahora hemos descubierto que el poema no está desfigurado por este recuento de un conflicto que empieza en el primer capítulo; para dejarse a un lado mientras los dos grandes actores se retiran a sus carruajes para mantener un diálogo. Esta descripción de fuerzas y el primer efecto que tiene sobre Arjuna de su inspección, nos muestra que nosotros estamos a punto de aprender de Krishna cual es el deber del hombre en su guerra con todas las fuerzas y tendencias en su naturaleza. En lugar de que el conflicto sea una imperfección al poema, es más bien una porción valiosa y necesaria. Vemos que la lucha es para ser peleada por cada ser humano, ya sea que él viva en la India o no, pues se desencadena sobre la sagrada planicie de nuestro cuerpo. Cada uno de nosotros, entonces, es Arjuna.

En Sánscrito, el primer capítulo es llamado "Arjun-Vishad," que en Español significa: "La desesperación y desaliento de Arjuna." Algunos lo han llamado: "La Inspección del Ejército," pero aunque en realidad un ejército sea inspeccionado, eso no es el significado esencial que se intenta dar. Es el resultado de esa inspección lo que hemos de considerar; y el desaliento es el resultado sobre Arjuna, quien es la persona más interesada: el único que es el interrogador principal y beneficiario a través de toda la acción del poema.

La causa de este desaliento ha de ser investigada.

Arjuna, en el entusiasmo de la determinación y antes de cualquier análisis tanto de las consecuencias para sí mismo como para los demás que podrían estar envueltos, entró en el conflicto, después de haber elegido a Krishna como su auriga. Las fuerzas ya están alineadas en posición de combate y él monta su carruaje para ir a inspeccionarlas. De inmediato ve que están alineados contra él, parientes de toda clase, que a su vez se preparan para destruir a los otros, a sus propios parientes, amigos y conocidos, e igualmente a los de Arjuna, quienes fueron enlistados al lado de éste. Volteando hacía Krishna, le dice que él no puede comprometerse en tal guerra, ya que sólo percibe malos augurios y que aún si los oponentes, siendo ignorantes, pudieran estar dispuestos al combate con tan horrendas consecuencias a la vista, él no puede hacerlo, sino que más bien ha de abandonar la lucha antes de que comience. Por lo consiguiente:

"Arjuna, cuyo corazón estaba afligido por el pesar, dejó caer su arco y sus flechas y se derrumbó en el asiento de su carruaje."

Cada estudiante de Ocultismo, de Teosofía o de la verdadera religión, todas siendo una misma cosa, tendrá que pasar por las experiencias de Arjuna. Atraído por la belleza o por otra cualidad seductiva, para él, de este estudio, entra en su ejecución, pero pronto descubre que con ello despierta dos clases de fuerzas. Una de ellas consiste de todos sus amigos y parientes que no ven la vida como él la ve, quienes están comprometidos con el "orden establecido" y piensan que él es un tonto al dedicar su atención a cualquier otra cosa, mientras que la masa en general de sus conocidos y aquellos que encuentra en el mundo, instintivamente se alinean todos contra aquel que, al así comenzar una cruzada que empieza con sus propias faltas e insensateces, ha de terminar en una condenación de las de ellos, aunque si fuera sólo por la fuerza del ejemplo. Los otros adversarios son mucho más difíciles de enfrentar, porque ellos tienen su campo y su base de acción sobre el plano Astral y otros planos invisibles; éstas son todas sus tendencias y facultades inferiores, que hasta este momento han estado sólo al servicio de la vida material. Por la sola fuerza de gravedad moral, ellos vuelan hacia el otro lado, donde ellos ayudan a sus amigos y parientes vivientes en la lucha de estos contra él. Estas fuerzas del Astral tienen más eficiencia en producir desaliento que cualquier otra cosa. En el poema, se refiere a éstas en las palabras dirigidas por Arjuna a Krishna:

"Yo no puedo mantenerme en pie; porque mi entendimiento se halla como si me lo hubieran volcado y yo contemplo augurios desfavorables por todas partes."

Todos nosotros somos traídos a este tipo de estudio por nuestra propia petición hecha a nuestro Yo Superior, que es Krishna. Arjuna pidió que Krishna fuera su auriga y que lo llevara entre los dos ejércitos. No importa si él esté ahora consciente de haber hecho tal petición en el pasado, ni si haya sido hecho como un acto específico en esta vida o en otras vidas anteriores; *esto fue hecho; y ha de ser contestado en el momento apropiado*. Algunos de nosotros hemos pedido esto muchas veces antes, en antíguos nacimientos, en otros cuerpos y en otras tierras; otros están haciendo esta petición ahora; pero es más que posible, en el caso de aquellos que han sido animados hacia el intenso esfuerzo y añoranza de conocer la verdad y a luchar por la unión con Dios, que hayan hecho tal petición desde hace edades. Ahora bien, Krishna, el auriga de este cuerpo con sus caballos, la mente, nos lleva hacia adelante de manera que podamos ponernos en pie con nuestro Yo Superior y todas las tendencias conectadas con éste por un lado, y todos los principios inferiores (aunque no necesariamente malignos) por el otro lado. El estudiante puede, tal vez, enfrentar con facilidad la multitud de amigos y de parientes, habiendo probablemente ya pasado esa experiencia en otras vidas y ahora es impermeable a ello, pero no lo es a la primera oscura sombra de la desesperación y de las malas consecuencias que ahora caen sobre él. Cada vida elemental que ha vivificado con sus malignos pensamientos ahora arroja sobre él este pensamiento.

"Después de todo, de nada servirá; Yo no puedo ganar; y si lo hiciera, ello no traería ganancia alguna; no veo ningún gran resultado a ser conquistado, todo es impermanente."

Es cierto que, un terrible sentimiento sobreviene en cada caso y más vale que estemos preparados para ello. No podemos vivir siempre del entusiasmo por los goces celestiales. El rosado halo de la naciente aurora no le da de hecho la vuelta al mundo entero; y más bien persigue a las tinieblas. Entonces, estémos preparados para ello, no sólo en el primer estado, sino a lo largo de todo nuestro sendero de progreso hasta el sitial Sagrado; porque viene con cada pausa; con cada leve pausa, cuando vamos a tomar un nuevo aliento, dar otro paso y entrar a otra nueva condición.

Y aquí es sabio que vayamos al 18 y último capítulo del poema, para leer las palabras del Maestro Inmortal de la vida:

"De una confianza en tu propia auto-suficiencia podrías haber pensado que no pelearías. Pero tal determinación es falaz, *porque los principios de tu propia naturaleza te obligarán* a ello y estando tú vinculado a la acción por los deberes de tu llamado natural, *tú lo harás involuntariamente y por necesidad*, lo que quieres por ignorancia evitar."

En esto, Krishna usa el mismo argumento que había usado Arjuna contra la lucha, como uno en su favor. En el capítulo que estamos considerando, Arjuna repite el Viejo mandato Brahmánico contra aquellos que violan las " eternas instituciones de castas y tribus," porque, como él dice, la pena anexa a ello es una morada en el infierno, ya que, cuando la casta o la tribu son destruídas, los ancestros, siendo privados de los ritos de los pasteles funerarios y las libaciones de agua,[4] caen del cielo y la tribu entera se pierde.

---

[4] Esta referencia de Arjuna es la costumbre inmemorial del hijo o descendientes, de ofrecer al difunto, en ciertas ocasiones, pasteles funerarios y agua, denominados "Shradda y Pinda" – una de las llamadas supersticiones de los Hindúes

Ha sido siempre para mí una grave incógnita si la decantada "Libertad de la superstición" por la civilización Occidental del siglo 19 sea más un bien prístino o una evidencia de real progreso. Todas esas antiguas formas han sido ya barridas y con ellas casi todo vestigio de un verdadero sentimiento religioso, dejando sólo una inextinguible sed por el dinero y el poder. En nuestra actual ignorancia de la verdadera razón que está detrás de esas costumbres, la aserción es hecha de que no tienen mayor significado. Pero

Pero Krishna nos muestra, como se ha dicho, que cada hombre es naturalmente, por sus tendencias corporales, compelido a hacer actos que responden a un llamado particular y ese cuerpo con todas sus tendencias no son mas que simples manifestaciones de lo que el hombre interno es, como el resultado de todos sus pasados pensamientos hasta esa encarnación. Por lo tanto él está forzado por la ley de la naturaleza—que es suya propia—a nacer justo donde él ha de tener la experiencia que necesita. Y Arjuna, siendo un guerrero, está obligado a luchar quiera él o no.

En otro capítulo, se hace referencia más particularmente a la institución de las castas y allí tendremos la ocasión de entrar en ese tema con más detalles.

Como se dijo anteriormente, el substrato o soporte de todo el Cosmos, es el espíritu que preside y todos los varios cambios en la vida, ya sean de una naturaleza material o únicamente en estados mentales, son conocibles porque el espíritu que preside adentro no es modificable. Si fuera de otra manera, entonces no tendríamos memoria, porque, con cada evento pasajero, nosotros, sumergiéndonos en ello, no podríamos recordar nada, éso es, no podríamos ver ningún cambio. Debe de haber, por lo tanto, algo que es eternamente persistente, que es el testigo y el perceptor de cada cambio pasajero, en sí mismo incambiable. Todos los objetos y todos los estados de que los filósofos occidentales llaman Mente, son modificaciones, porque, a fin de ser vistas o conocidas por nosotros, debe de haber algún cambio ya sea parcial o total, de un estado antecedente. El perceptor de estos cambios es el hombre interior: Arjuna-Krishna.Esto nos lleva a la convicción de que debe de haber un espíritu universal que preside, él es el productor como también el expectador, de toda esta colección de cosas animadas e

---

en la iglesia Católica se ha continuado y, hasta cierto grado, se cree en ello, como en el caso de las misas por los muertos; claro está que estas misas no se ofrecerían si se supusiera que no tuviesen efecto en el estado de aquellos por quienes son ellas ofrecidas. Aunque muy corrompidas y degradadas, es sólo dentro de esta iglesia que estas antíguas prácticas son preservadas. Shradda y Pinda están ahora olvidadas, porque la constitución interna del hombre y la constitución del Macrocosmos, no son comprendidas en tal manera, como para hacer de la ceremonia algo útil. – W.B.

inanimadas. La filosofía enseñada por Krishna sostiene que: al comienzo, este espíritu—que llamo así sólo para fines de discusión—permaneció en un estado de quietud sin objetivos, porque todavía no había ninguna modificación. Pero, resuelto a crear, o más bien, a emanar el universo, ESO formó una imagen de lo que había de ser y esto, de inmediato, fue una modificación voluntaria causada en el espíritu, hasta ahora inmodificado; por consiguiente: la Idea Divina fue gradualmente expandiéndose, saliendo hacía la objetividad, mientras la esencia del gobernante espíritu permaneció sin modificación y se convirtió en el perceptor de su propia idea expandida. Sus modificaciones son de naturaleza visible (e invisible). Su esencia entonces se diferencia continuamente en muchas direcciones, convirtiéndose así en la parte inmortal de cada ser—el Krishna que le habla a Arjuna. Viniendo como una chispa que procede del fuego central, participa de su naturaleza, eso es, de la cualidad de no ser modificable y asume para sí, como vestidura, el cuerpo humano[5] y así, siendo en esencia no modificable, tiene la capacidad de percibir los cambios y las modificaciones que suceden alrededor del cuerpo.

Este *Yo* debe ser reconocido como algo interno y ser ponderado y ser entendido lo más posible, si es que vamos a ganar algún conocimiento verdadero.

Hemos por lo tanto llegado rápidamente y tal vez en una forma inadecuada, al punto en que podemos considerar a Arjuna como compuesto de todos esos generales y héroes enumerados en este capítulo y los cuales son, como se ha dicho, los varios poderes, pasiones y cualidades considerados en términos occidentales, como: "Cerebro y Mente."

Las ciencias modernas, físicas, mentales y psicológicas, apenas han "tocado" la superficie de eso que ahora están examinando. La ciencia física confiesa que es empírica, conociendo tan sólo los linderos de las leyes de la naturaleza; y nuestra psicología está en un peor estado. La última tiene menos posibilidades de llegar a la verdad que la ciencia física, porque los científicos están procediendo a una demostración gradual de las leyes naturales por un cuidadoso examen de los hechos que son fácilmente

---

[5] Esto es también, por supuesto, inherente en toda la naturaleza. –W.B.

observables, pero la psicología es algo que requiere la búsqueda de otro método distinto que el de la ciencia o de los que ahora se observan.

No nos servirá de nada, en el presente, especificar la nomenclatura Aria para todas las vestiduras, que es como ellos las llaman, las cuales envuelven al alma, porque nosotros todavía no hemos adquirido las ideas necesarias. De qué nos sirve decir que ciertas impresiones residen en la *vestidura Anandamava*. Pero existe, ya sea que la llamemos por ese nombre o por cualquier otro. Podemos sin embargo creer que el alma para poder al fin alcanzar el plano objetivo donde gana su experiencia, se pone sobre sí varias vestiduras, una sobre la otra, cada una teniendo su propiedad y función peculiar. Al cerebro físico se le ha visto que es sólo el órgano material que es primero usado por el preceptor real, recibiendo o conduciendo ideas y percepciones; y así con todos los demás órganos, ellos son tan sólo los asientos especializados para la centralización del poder del hombre real de manera que pueda experimentar las modificaciones de la naturaleza en ese lugar particular.

¿Quién es el que sufre de este desaliento?

Es nuestra falsa personalidad, (como se le ha llamado en la literatura Teosófica) para distinguirla de Krishna—el Yo superior—el cual se encuentra oprimido por la resistencia inmediata presentada por toda la parte inferior de nuestra naturaleza, y por aquellas personas con quienes nos encontramos íntimamente conectados, tan pronto como nosotros empezamos a apartarlos de todos los viejos hábitos, y a presentar un nuevo estilo de pensamiento ante su consideración.

Porque Arjuna, hundiéndose en el asiento de su carruaje, que es su cuerpo, recurrió a su propia naturaleza, encontrando allí los elementos de búsqueda y coraje, como también aquellos previos elementos de lobreguez que son los primeros en alzarse, estando más cerca al hombre natural. La confianza y presión sobre nuestra propia naturaleza interna en momentos de oscuridad, de seguro que serán contestadas por la voz de Krishna, el guía interior.

Las primeras consecuencias del desaliento

Son, las de hacernos sentir que la batalla que hemos invitado no debe llevarse a cabo y entonces nos sentimos casi abrumados con el deseo de rendirnos. Algunos se rinden tan sólo para empezar otra vez en una vida subsiguiente, mientras otros, como Arjuna, escuchan la voz de Krishna y pelean intrépidamente hasta el final.

"Y así en los Upanishads, en el sagrado Bhagavad-Guita, en la ciencia del Supremo Espíritu, en el Libro de la Devoción, en el coloquio entre el Santo Krishna y Arjuna, está el primer capítulo llamado:

"EL DESALIENTO DE ARJUNA"

Salutaciones al Dios de las batallas, el auriga, a aquel que dispone de las fuerzas rectamente, que nos lleva hacia la Victoria, con quien solo el triunfo es seguro: que él pueda guiarnos a donde brilla la luz que nunca muere: ¡Om!

* * *

EL PRIMER ABISMO

"¡Salutaciones a la proeza de Krishna! Que nos acompañe en la lucha, fortaleciendo nuestros corazones para que no se desanimen en la noche tenebrosa que sigue al sendero del día."

El primer capítulo ha terminado. En cierto aspecto, el Bhagavad-Guita es un libro personal. Es para cada hombre; y es en esa forma que lo hemos considerado. Algunos le han llamado un libro oscuro y otros un libro que trata solamente con los grandes principios de la naturaleza, con sólo grandes preguntas de cosmogonía; con difíciles y desconcertantes preguntas relacionadas a la primera causa; y todavía hay otros que piensan que es vago y contradictorio. Pero esta primera escena en el gran coloquio es bastante clara. Contiene el clamor de las armas, el movimiento de los ejércitos y la disposición de las fuerzas con sus generales. No hay necesidad de sentir ahora vacilación alguna, porque estamos cara a cara con nosotros mismos. El hombre débil o aquel que no le importa la Verdad, a pesar de adonde le conduzca, le convendría cerrar el libro al instante. A no ser de que pudiera continuar leyendo el poema con la intención fija de aplicarlo a sí mismo, no le haría el más mínimo bien. El podría decir, sin embargo, que lo leería por lo que parece contener, pero si lo leyera hasta el final del tiempo, sin considerar imparcialmente esta primera lectura, el conocimiento que ganaría más adelante no sería conocimiento. Es realmente el libro del gran misterio; pero ese problema nunca ha sido resuelto *para* nadie; sino que cada uno tiene que dirimirlo y resolverlo por *sí mismo.* Sin duda fue por esta razón que Vyasa, a quien el poema es atribuído, situó este conflicto, en el que los personajes principales son Arjuna y Krishna, al principio del libro. Hubiera sido más fácil hacer que ellos se sentaran a una conversación filosófica en que las razones en pro y en contra de lo que concierne a cualquier batalla habría de ser discutida, y entonces, después que esto hubiera sido hecho, mostrarnos a Arjuna, ya fortalecido y equipado, entrando a la guerra seguro de la victoria porque ya él había tomado todo su tiempo en disipar sus dudas. Pero en lugar de hacer esto él (Vyasa) presenta al impetuoso Arjuna precipitándose a la batalla antes de que él hubiera considerado con quien él habría de luchar.

No parece en el Bhagavad-Guita que Krishna haya persuadido a Arjuna, como fue el caso, al hacer la guerra con el propósito de reconquistar su reino. Mientras Krishna lo anima a ello, se refrena sabiamente de decirle a Arjuna aquello que él ha de descubrir desde el primer día, que tendría que hacer frente a todos esos amigos, parientes e instructores. Esa fue una sabia reticencia. Si nosotros lográramos percibir la enormidad del poder de nuestras pasiones y numerosas tendencias, la mayoría de nosotros renunciaríamos a la lucha por anticipado; porque nada nos podría persuadir de qué poder alguno, dentro de nosotros, pudiera resistir tan abrumante desigualdad de lucha. Para nosotros, por lo tanto, la motivación a la lucha ha de ser encontrada, no tanto en cualquier conversación que sostengamos con Krishna, sino en los impulsos que son llevados, una y otra vez, de encarnación en encarnación.

Tomemamos el reto una y otra vez, vida tras vida, en experiencia tras experiencia, nunca completamente derrotados, si siempre miramos hacia Krishna—nuestro Yo Superior. Y en la narración de Arjuna nos encontramos con esto mismo. Pues, en un subsiguiente libro llamado "Anu Guita", hay un relato del héroe que camina junto a Krishna por el interior del Palacio de Ilusión o Maya. La batalla ha terminado por el momento, Arjuna le dice a su amigo Krishna que realmente se le ha olvidado la mayor parte de lo que le ha dicho (en el Bhagavad Guita) y le pide una breve repetición de ello. Y el gran guerrero lo satisface. El palacio de Maya es este cuerpo de ilusión, construido alrededor nuestro por el deseo. En nuestros últimos nacimientos se nos fue dada toda la ayuda que está en este poema, y hoy en día, caminando a lo largo de este palacio que a veces parece ser algo tan agradable, de vez en cuando tenemos una reminiscencia del pasado: y a veces, con resolución, tomamos la lucha: pero en realidad, si hubiéramos escuchado correctamente al Guía, nos obligaríamos a realizarla hasta el final.

Al llegar a la conclusion de este primer capítulo, alcanzamos el *primer abismo.* Este no es el gran abismo, aunque, según nuestra experiencia, parece ser lo máximo. Nosotros estamos ahora frente a frente con nuestra propia desesperación y con su compañera, la duda. Muchos estudiantes de Teosofía han llegado, ante nuestros ojos, a alcanzar este punto—todos los estudiantes verdaderos lo alcanzan. Como un niño que por primera vez se aventura lejos de la vigilancia de sus padres, nos asustamos de todo aquello que nos parece nuevo y, arrojando nuestras armas, intentamos huir; pero, en la busqueda de la teosofía no es posible retroceder,

Porque el abismo está detrás de nosotros.

Hay en la naturaleza una ley que opera en todo estado ya sea moral o físico y que puede ser llamada de la ondulación y de la inhibición; mientras otras veces reaparece como vibración y, todavía, en otros casos, como de atracción y repulsión, pero todos estos cambios son sólo aparentes porque, en el fondo, es la misma ley. Entre los vegetales, esta ley o fuerza hace que la sabia fluya hacia arriba en el árbol por un camino y no permite que regrese en la misma dirección. En nuestra circulación sanguínea, encontramos que la sangre es impulsada desde el corazón y la naturaleza ha provisto pequeñas válvulas que no permiten que esa sangre retorne al corazón por el mismo camino que vino, sino que siga el camino que se le ha provisto. La ciencia médica y anatómica no están seguras de qué es lo que causa que la sangre pase por estas válvulas; de qué si es la presión desde atrás comunicada por el corazón o si es la presión atmosférica externa que suavemente conduce la sangre en su camino. Pero el ocultista no se encuentra limitado por estas deducciones empíricas. El va directo al punto y declara que el impulso es del corazón y que el órgano, a su vez, recibe su impulso del gran corazón astral o el Akasha, del cual han dicho todos los místicos que tiene un doble movimiento o una vibración alternada, la sístole y la diástole de la naturaleza.

Por lo tanto, en este sentido, la válvula en la circulación representa el abismo detrás de nosotros que no podemos brincar de nuevo. Estamos dentro de la gran circulación general y compelidos, así, nos guste o no, a obedecer su impulso hacia adelante.

Este lugar de desaliento de Arjuna es también la misma cosa que es mencionada en la obra *"Luz en el Sendero"* como un silencio que le sigue a la tormenta. En los países tropicales este silencio es muy evidente. Después que la tormenta ha reventado y ha pasado, hay una quietud, cuando la tierra y los árboles parecen como que han cesado momentáneamente de crear sus familiares, múltiples sonidos. Ellos están obedeciendo la ley general y comenzando el proceso de asimilación.

Y en el mundo astral es tal e igual. Cuando uno entra allí por primera vez, se presenta un inmenso silencio, durante el cual el alma regulada está absorbiendo sus alrededores, acostumbrándose a ellos. No dice nada, sino que espera quietamente hasta que se haya puesto en vibración idéntica a la del plano en el cual se encuentra; cuando esto se haya alcanzado, entonces podrá hablar propiamente y hacerse entender, al tiempo que comprende. Pero el alma no regulada vuela a ese plano astral en un estado perturbado, se apresura a hablar antes de ser capaz de hacerlo intelegiblemente y, como consecuencia, no es comprendida, mientras tanto aumenta su confusión y hace menos posible que pueda llegar a comprender. En la Sociedad Teosófica, como también fuera de ella, podemos ver la misma cosa. La gente es atraída al plano astral; ellos oyen de sus maravillas y asombros y, tal como un niño que ve un juguete nuevo, se apresura a agarrarlo. Ellos rehusan aprender la filosofía de la Sociedad Teosófica porque eso parece estéril y difícil. De manera que ellos se sumergen en ello, como dijo Murdhna Joti en un previo artículo de esta misma revista, en ese plano ellos "nadan y hacen barquitos como un niño en un charco de agua."

Pero para el estudiante diligente y verdadero discípulo, el asunto es bien serio. El ha jurado lograr la verdad a cualquier precio y voluntariamente ir a donde quiera que ella le conduzca—aún si fuera a la misma muerte.

Por lo tanto Krishna, habiendo llevado a Arjuna a donde la batalla ha comenzado en verdad y donde la retirada ya no es posible, comienza a decirle a su amado discípulo y amigo cuál es la filosofía que está por debajo de todo ello y sin la cual, el éxito no puede ser alcanzado.

No dejemos de observar en este punto, que cuando Arjuna arrojó su arco y sus flechas, el vuelo de los dardos ya había comenzado. No podemos decir que cuando el discurso filosófico comenzó entre estos dos, las fuerzas opositoras declararon una tregua hasta que los poderosos héroes dieran la señal, porque no hay en ninguna parte del verso que lo indique, y podemos igualmente leer en los otros libros sobre el tema, que todos los atavíos de guerra habían sido traídos al campo y que el enemigo no desistiría, no importa lo que Arjuna pueda hacer. Entonces, hay aquí una indicacion que es parte del gran abismo que el hijo de Pandu vio detrás de él y que cada uno de nosotros igualmente ve.

Nosotros entramos en este gran sendero de acción en el ocultismo mentalmente dispuestos hacia la victoria final. Esta actitud mental instantáneamente arroja todas las partes de nuestro ser en gran agitación, durante la cual las tendencias que son por naturaleza hostiles las unas a las otras, se separan y se alinean en lados opuestos. Esto crea una gran angustia y a menudo induce a la mente a vagar, añadiendo todavía más terror a nuestra sombría desesperación. Nosotros podemos entonces hundirnos y declarar que escaparemos a un bosque o a un monasterio, como se hacía una vez en Europa, de manera que podamos escapar de lo que parece ser terreno desfavorable para un conflicto. Pero hemos invocado una fuerza en la naturaleza y con ello establecido una corriente y una vibración que seguirá hacia adelante no importa lo que nosotros hagamos. Este es el significado del "vuelo de las flechas" que continúa despues de que Arjuna se sentó en el asiento de su carroza.

En este punto de nuestro progreso debemos *examinar nuestros motivos y deseos.*

En algunos escritos Teosóficos actuales se ha dicho que debe de cultivarse una "voluntad espiritualizada." Como las palabras son de la más alta importancia, hemos de tener más cuidado cuando las usamos, ya que en la vida interna ellas representan genuinas fuerzas reguladas o cosas inútiles y abortivas que no conducen a nada sino sólo a confusión. Este término "voluntad espiritualizada" conduce al error, porque de hecho no tiene existencia. El error ha surgido de tanto pensar en "voluntad" y "fuerzas" necesarias para la producción de los fenómenos psíquicos, como si fuera algo que el discípulo debería esforzarse en obtener, ya sea lo confiese o no, mientras que el verdadero motivo y fuerza motriz se han perdido de vista. Es muy esencial que entendamos claramente esto, porque si cometemos el error de atribuirle a la voluntad o a cualquier otra facultad, una acción que no tiene, o de colocarla en un plano al cual no pertenece, nosotros de inmediato nos alejamos del conocimiento real, ya que toda acción en este plano es hecha solo en la mente.

El antiguo axioma Hermético es: *"Detrás de la voluntad está el deseo"* y esto es cierto.

La *voluntad* es una fuerza pura e incolora, la cual es movida hacia la acción por el *deseo*. Si el deseo no provee una dirección, la voluntad permanece inmóvil. Tal como el deseo lo indica, así la voluntad procederá en su ejecución.

Pero como hay incontables voluntades de seres conscientes que constantemente operan de aquí para allá y de allá para acá, dentro de nuestra esfera y deben, en todo momento, estar en algún modo actuando unas sobre las otras, surge entonces la pregunta, cuál es esa clase de conocimiento que muestra cómo usar la voluntad de manera que el efecto de las voluntades contrarrestantes no se haga sentir. Ese conocimiento está perdido para la generalidad de los seres y está sólo instintivamente aquí y allá en el mundo como un asunto de resultado Kármico, dándonos ejemplos de hombres cuya voluntad parece conducirlos al éxito, como es el caso de Jay Gould y otros.

Aún más, los hombres del mundo no desean ver los resultados que están en completo acuerdo con la voluntad general de la naturaleza, porque ellos quieren esto y aquello para su propio beneficio. El deseo de ellos, no importa cuan poderoso sea, está limitado o queda anulado: (1) por carencia de conocimiento de como contrarrestar las otras voluntades; (2) por estar en oposición a la voluntad general de la naturaleza sin que el otro poder sea capaz de actuar con suficiente fuerza contraria como para lograrlo. Decimos entonces lo siguiente, tal como lo vemos en la práctica de la vida diaria, *que los hombres obtienen solamente una porción de todo aquello que desean.* Surge la siguiente pregunta: ¿Puede un hombre ir contra la voluntad general de la naturaleza y escapar de la destrucción y, al mismo tiempo ser capaz de desear malvadamente con conocimiento y lograr a través de la voluntad, eso que él desea?

Semejante hombre puede hacer todo esto, excepto escapar de la destrucción. Aquella está segura de llegar, no importa cuan remota sea la época.

El adquiere un conocimiento extraordinario que le permite usar esos poderes para propósitos egoístas durante inmensos períodos de tiempo, pero al final, los efectos insidiosos de la oposición a la verdadera voluntad general se hacen sentir y él es destruído para siempre.

Este hecho es el orígen de los mitos de la destrucción de los mundos y también de esos mitos de combate tales como los de entre Krishna y Ravana, el dios demonio, e igualmente entre Durga y los demonios.

Porque en otras épocas, al igual que volverá a ocurrir en eras por venir, esta gente, cuyos deseos son malvados, poseyendo gran conocimiento, aumentan en gran número y amenzan con ello la estabilidad del mundo. Entonces, a los partidarios de la buena ley les es imposible laborar en silencio por la humanidad y tienen que surgir poderosamente y una lucha se inicia en la cual los magos negros son siempre destruídos, porque los buenos Adeptos poseen no sólo igual conocimiento que los malvados, sino que tienen, además, la gran ayuda de la voluntad general de la naturaleza que no está bajo el control de los otros, y es inevitable que los buenos triunfen siempre. Esta ayuda es igualmente la herencia de todo verdadero estudiante, y puede ser invocada por el discípulo verdadero cuando él haya llegado y cruzado el primer abismo.

"Y cuando el Gran Rey de la Gloria vió el Celestial Tesoro de la Rueda, él la salpicó con agua y dijo: '¡Continúa rodando, Oh mi Soberano, la Rueda! ¡Oh Soberano, sigue

CAPITULO II

"Y ahora, bajo el Loto en el Corazón, brilla la lámpara del Alma. Protegida por los dioses que allí mantienen guardia, ella arroja sus suaves rayos en toda direccion"

Un PODEROSO espíritu se mueve a través de las páginas del Bhagavad-Guita. Tiene la influencia seductora de lo bello; sin embargo, como una fuerza, llena a uno con el sonido de ejércitos que se agrupan o el ruido de grandes aguas; atrayendo igualmente al guerrero y al filósofo, le muestra a uno la rectitud de la acción legítima y al otro, la calma de quien ha llegado a la inacción a través de la acción. Schlegel, después de estudiar el poema, le rinde tributo en estas palabras: "De acuerdo a los Brahmanes, la reverencia a los maestros es considerada como el más sagrado de los deberes. Tú, por lo tanto, primero y más santo profeta, intérprete de la Divinidad, por cualquier nombre que seas llamado entre los mortales, el autor de este poema, por cuyos oráculos la mente es extasiada de delicias inefables, transportándola hacia doctrinas elevadas, eternas y divinas; tú primero, yo digo; Yo te alabo y siempre te adoraré postrándome a tus pies."

El segundo capítulo comienza a enseñar la filosofía, pero en tal manera que Arjuna es conducido gradualmente, paso por paso, hasta el final del diálogo; y sin embargo, Krishna expresa de manera tal las primeras instrucciones, que el final y el propósito del plan ya se vislumbran desde el comienzo.

Aunque a la mayoría de las personas la filosofia les parezca árida y muy especialmente a las mentes del mundo Occidental, rodeadas como están del apresuramiento de su nueva y todavía muy subdesarrollada civilización, sin embargo la filosofia tiene que ser enseñada y comprendida. Se ha puesto de moda, hasta cierto punto y aún en la Sociedad Teosófica, evitar el estudio cuidadoso o la práctica, participando de métodos más rápidos inaugurados en América. En muchos lugares, la bondad emocional ha sido declarada de mayor valor que la calma que resulta de una amplia base filosófica; y en otros, a la búsqueda de las maravillas astrales o a la gran fuerza mental, ya sea discriminativa o no, se les ha dado el primer rango. Fuerza sin conocimiento y lágrimas de simpatía sin la habilidad de permanecer calmos; en otras palabras, la fe sin obras, no logran salvarnos. Y ésta es una de las lecciones del segundo capítulo.

Los más grandes de los Antiguos inculcaron, a través de los símbolos y los libros, la absoluta necesidad para la adquisición del conocimiento filosófico, ya que la fuerza o las facultades especializadas resultan inútiles sin ello. Aquellos Griegos y otros que pusieron por escrito algo de la sabiduría de los Egipcios más antiguos, ilustraron esto muy bien, diciendo que: "esto se transparentaba en los símbolos, como en el caso en que Hermes era representado como un anciano y como un joven, proponiéndose significar, con esto, que aquel que rectamente inspecciona los materiales sagrados ha de ser ambos, inteligente y fuerte, uno de estos sin el otro resulta imperfecto. Y por esta misma razón fue establecido el símbolo de la Gran Esfinge; la bestia significando la fuerza y el hombre, la sabiduría. Porque la fuerza, cuando carece de la regente ayuda de la sabiduría, queda vencida por el asombro estúpido que confunde todas las cosas; y para el propósito de la acción, el intelecto es inútil cuando carece de fuerza." Bueno, que nuestra fuerza sea de simpatía o de la visión astral, terminaremos confundidos si el conocimiento filosófico está ausente.

Pero, para que no haya un mal entendido, debo contestar la pregunta que se haría: "¿usted, entonces, condena la simpatía y el amor al paso que enseña solamente una filosofía fría? De ninguna manera. La simpatía y la emoción son también partes tan integrantes del gran todo como el conocimiento, pero los estudiantes inquisitivos desean saber todo lo que yace en el sendero. El papel de la simpatía, la caridad y todas las demás formas de bondad, por lo menos en lo que concierne al efecto sobre nosotros, es para capacitarnos a servir. Por medio de este ejercicio atraemos, inevitablemente hacia nosotros, aquellas almas que tienen el conocimiento y que están listas para ayudarnos también a adquirirlo. Pero mientras nosotros ignoremos la filosofía y no tratemos de adquirir el discernimiento verdadero, debemos pasar a través de muchas vidas, muchos fatigosos círculos viciosos de la vida, hasta que al fin, poco a poco, hemos sido forzados, en contra de nuestra propia voluntad, en la posesión de las verdaderas semillas de acción mental, de donde la cosecha del verdadero discernimiento puede ser recogida.

Arjuna le pregunta a Krishna:

"Por propensión soy inclinado a la compasión y al temor de equivocarme y errar, mi mente está perpleja. Dime, en verdad, que sería lo mejor que yo pudiera hacer! Soy tu discípulo, por lo tanto, instrúyeme en mi deber, a mí que estoy bajo tu tutela; porque mi comprensión se encuentra confusa por los dictados de mi deber y no veo nada que pueda aliviar el dolor que consume y extingue mis facultades, aun fuera yo a obtener un imperio sin rival sobre la tierra o el dominio sobre las huestes del cielo."

Krishna, ahora el Guru –o guía espiritual— de Arjuna, le da una respuesta tal que no llega a ser superada en ninguna otra parte en el poema; señalando la permanencia y la naturaleza eterna del alma, el progreso que tiene que hacer a través de la reencarnación hacia la perfección, el error de imaginarnos de que nosotros, en verdad, hacemos algo y mostrando como todos los deberes deben ser cumplidos por aquel quien desea alcanzar la salvación. A las palabras usadas por el Bendito Señor, al hablar del alma, nada queda que yo pueda añadirles. El dice:

"El sabio no se aflige ni por los muertos ni por los vivos. Pero en ninguna época yo o tú o estos Príncipes de los hombres, no hemos existido, ni tampoco, ninguno de nosotros, en ninguna época en el futuro, cesará de existir. Tal como el alma en el cuerpo pasa por los cambios de la niñez, madurez y la ancianidad, igualmente obtiene ésta un nuevo cuerpo en el futuro; un hombre sensato no se aflige acerca de esto. Pero el contacto con los elementos, ¡Oh hijo de Kunti! trae frío y calor, placer y dolor, que vienen y van y son temporales, esto has tú de soportar, ¡Oh Bharata![6] Porque aquellos elementos no afligen a ese hombre quien, siendo el mismo en el dolor y el placer, siempre constante, es digno de la inmortalidad.

---

[6] En este verso –el décimo cuarto- Krishna llama a Arjuna por dos nombres; primero – como hijo de Kunti (su madre); y el segundo, como Bharata (descendiente del poderoso Bharata). En el principio se le recuerda de su origen terreno cuando se alude a los elementos que producen las sensaciones corporales; y al final, cuando se le pide que tolere estos cambios, su atención es dirigida a un gran y poderoso antepasado paterno espiritual. Todo esto tiene su significación. –B.

No hay existencia para lo que no existe, ni puede haber tampoco no-existencia para aquello que existe.*** Sabe esto, que aquello por lo que este universo es creado es indestructible. Nadie puede causar la destrucción de esta cosa inagotable *** Aquel que cree que este espíritu puede matar y aquel que piensa que puede ser matado, expresan un juicio erróneo. Porque no nace, ni muere jamás; no tiene origen, ni jamás tendrá fin. No-nacido, incambiable, eterno, tanto en el tiempo futuro como en el pasado, no muere cuando el cuerpo es matado. ¿Cómo puede ese hombre, ¡Oh hijo de Pritha! que sabe que es indestructible, constante, no-nacido e inagotable, realmente causar la muerte de alguien o matar, él mismo, a alguna persona? Como un hombre abandona las ropas ya usadas y toma nuevas, así abandona el alma los cuerpos ya gastados y entra en otros que son nuevos. Las armas no pueden rajarla. El fuego no puede quemarla, ni el agua mojarla, ni el viento secarla. Porque es constante, capaz de moverse a todas partes, firme, inmóvil y eterna. Se ha dicho que es invisible, incomprensible e inmutable. Por lo tanto, conociendo que es así, no está bien que te aflijas por ella."

Esta es la misma doctrina como se encuentra en el Isavasaya-Upanishad:

La Identidad de todos los Seres Espirituales y la Resignación. Y, por "Seres Espirituales", se da a entender toda la vida por encima de lo inorgánico, porque al Hombre no se le admite que sea material. Hay sólo una vida, una conciencia. Ella se enmascara bajo todas las diferentes formas de los seres con sentidos y todas esas formas variantes con sus inteligencias, reflejan una porción de la Vida Una, produciendo, en cada forma, una idea falsa de egoísmo. Una continua creencia en ese falso ego, produce una continuidad de la ignorancia, retrasando, así, la salvación. El comienzo del esfuerzo en disipar esta falsa creencia es el comienzo del *Sendero*; y la disipación total de ésta es la perfección del Yoga o unión con Dios. La entrada a ese Sendero *no puede hacerse hasta que se haya consumado la resignación*; porque, como dicen el Upanishad y el Bhagavad-Guita:

"Todo esto; todo lo que se mueve en la tierra, es para ser entregado al Señor: el Yo. Cuando hayas entregado todo esto; entonces podrás gozar."

Si esto fuera verdad, entonces, ¿cuán necesario sería considerar la filosofía como algo para poder cortar de un tajo la falsa creencia? ¿Y qué inútil es buscar el ocultismo meramente para tu propio beneficio? Puedes saber todo acerca de corrientes y polaridades, acerca de cada uno de los posibles fenómenos en el mundo astral, pero con la muerte de tu cuerpo todo esto se pierde, dejándote solamente esa porción del verdadero avance Espiritual que hayas hecho. Tan sólo renuncias y todo es posible. Esto no arruinará tu vida ni tampoco destruirá los ideales apropiados; los pobres y mediocres ideales sería mejor que se perdieran de una vez. Uno podría creer que todos sus ideales han desaparecido, pero esto sería solamente el primer efecto al dar este paso.

Uno debe de estar siempre presto a decir, en cualquier momento y bajo cualquier circunstancia, ya sea esperada o inesperada: "Esto es, exactamente, lo que yo, en realidad, deseaba." Porque pueden ser disipados sólo esos ideales que descansan sobre una base inferior con respecto al fin más elevado o que no están de acuerdo con la ley de la Naturaleza (o de Dios). Y como nuestro fin debería ser alcanzar la condición suprema y ayudar a todos los otros seres conscientes al hacerlo también, debemos cultivar una completa resignación a la Ley, la expresión y la operación de la cual transpira en las circunstancias de la vida y en los flujos y reflujos de nuestro ser inferior. Todo lo que se puede obtener de la riqueza, de la belleza, del arte, o del placer, son sólo pequeños charcos de agua encontrados a lo largo de nuestro sendero mientras que éste se desliza por el desierto de la vida. Y si no los buscamos, su aparición será fuente de intenso placer y seremos capaces de usarlos para nuestro bien así como para los demás, durante el tiempo que la ley los deje con nosotros; pero cuando ese poder superior los quita, hemos de decir: "Esto es, exactamente, lo que yo, en realidad, deseaba." Todo otro curso es sólo ceguera. Todos los espectáculos pasajeros de la vida, ya estén llenos de desastres o de gloria y fama, son solo maestros; aquel que los descuida, descuida oportunidades que raramente los dioses repiten. Y la única manera de aprender de ellos es a través de la resignación del corazón: porque cuando este último se hace impermeable a todo interés personal, de inmediato nos hacemos los tesoreros y los dispensadores de enormes riquezas.

Krishna insiste, entonces, en la escrupulosa ejecución del deber natural.[7]

"Y considerando tu propio deber como un Kshatriya, no tienes derecho a vacilar. Porque no hay nada mejor para un Kshatriya que la legítima guerra."

A fin de ver más claramente la ocasión de su insistencia sobre la ejecución del deber, hemos de recordar que al comienzo de la batalla, Arjuna "arrojó su arco y sus flechas." Esto, en la India, significaba que él, entonces, resolvía desertar de las circunstancias en que el Karma lo había colocado *y convertirse en un asceta* o, como ha sido propuesto frecuentemente por los estudiantes Occidentales, él deseaba escaparse de un estado de la sociedad que aparentemente ofrecía una obstrucción al cultivo espiritual. Pero Krishna le señala su nacimiento en la casta Kshatriya o Guerrera; y al deber natural de un Kshatriya, el cual es la guerra. La casta natural de Arjuna pudiera haber sido representada como la de un Mercader, pero sabiamente no lo fue, porque éste es un libro de acción y sólo un guerrero propiamente tipifica la acción;[8] por lo

---

[7] Algunos estudiantes, como algunos críticos, han dicho que la Teosofía enseña un escape de la familia y del mundo y que ni el conocimiento ni la salvación pueden ganarse sin un ridículo ascetismo el cual trastorna el orden natural. Esto es erróneo. Y cuando se cree que es un hecho –ahora aquí aseverado por mí con plena confianza en el apoyo de todos los verdaderos teosofos- que los Benditos Maestros que ordenaron la fundación de nuestra Sociedad, constantemente leen e inculcan la filosofía del Bhagavad Guita, percibimos que tales acusaciones contra los propósitos de la Sociedad son incorrectos. –B.

[8] Mi opinión es que la casta Kshatriya es la suprema. Es cierto que los Brahmanes siempre han tenido más veneración como maestros espirituales y así representan la *cabeza* de Brahma; pero en algunos de los sacrificios de los Arios hay una ocasión cuando la casta Kshatriya está más alta que la del Brahman. Los últimos son más bien los conservadores de la verdadera Doctrina; pero cuando llega la hora para que los "dioses desciendan con el fin de establecer una nueva armonía en la tierra," ellos siempre comienzan con un guerrero. Osiris, que educó y solidificó a los Egipcios, fue un guerrero; y el misterioso Melchizedek, que bendijo Abraham, era un Profeta, Sacerdote y Rey, eso es: un guerrero. Entonces, igualmente la casta guerrera podía aprender y recitar los Vedas tan bien como envolverse en la guerra, mientras que el solo deber de un Brahman era el de maestro y

tanto, su deber natural representará el deber de cualquier otro hombre. No hay que esquivar el Karma; al aborrecerlo, tan sólo creamos nuevo Karma. Nuestro único curso verdadero es de "dejar que el motivo para toda acción esté en la acción misma, nunca en su recompensa; y no ser incitado a la acción por la esperanza de su resultado, ni tampoco complacerse en una tendencia hacia lo inerte." Este consejo y la directiva de ver el Espiritu Uno en todas las cosas y todas las cosas en *Ello*, nos da la esencia de la enseñanza del Bhagavad-Guita relativa a la actitud apropiada asumida por aquellos que se esfuerzan tras la salvación.

En el verso 40 Krishna hace alusión a este sistema como siendo uno de iniciación:

"En este sistema ninguna, iniciación se pierde, ni tampoco hay malas consecuencias y aún una pequeña dosis de esta práctica nos salva de un gran peligro; los propios esfuerzos no son destruídos ni son nocivos."

Aun cuando no se proclame en los periódicos ni sea propagado aquí y allí a través de grandes Secretarios, Delegados y "Puertas de entrada", ésta es la madre y la cabeza de todos los sistemas de iniciación. Es la progenitora de los místicos Rosacruces, quienes adoptaron el *loto* cambiándolo en una rosa[9] y todos los otros cientos de sociedades de iniciación oculta no pasan de ser tenues e incompletas copias de este real sistema; pero, al contrario de aquellas, *éste* jamás se ha disuelto. Es secreto, porque, estando fundamentado en la naturaleza y teniendo sólo verdaderos Hierofantes a su cabeza, su privacidad no puede ser penetrada sin tener la clave verdadera. Y esa llave, en cada grado, *es el aspirante mismo*. Hasta que ese aspirante no se haya convertido, de hecho, en

---

no el de guerrero. El Kshatriya, por lo tanto, está en la posición de mediador entre la acción del cuerpo de Brahma y la calmada inacción de la cabeza de Brahma. –B.

[9] Lo más probable es que la "rosa" Rosacruz fue una alteración hecha del *loto* porque esta última flor no se conocía en Europa; mientras que la rosa sí, siendo, después de todo, la más próxima al loto. En el Japón la gente se atiene *al Loto en el corazón* diciendo que, al dirigir la atención al corazón, se le ha visto reventar abierto como un loto de 8 petalos, en cada uno de los cuales reside un poder, mientras que en el centro se sienta el señor del todo. –B.

el signo y en la llave, no puede entrar al grado que está arriba de él. Entonces, en su totalidad y en cada grado, el sistema se autoprotege. Por lo tanto, incluyendo todo otro sistema, éste es el más difícil de todos; pero, en alguna ocasión, ya sea en esta vida o en una edad subsiguiente, tenemos por fuerza que entrar en esta *Logia*, el intento de entrar bien podría hacerse ya de una vez. De esto hablaremos en el próximo artículo.

* * *

En el artículo previo mencioné un sistema de iniciación que es la madre de todos los demás, siendo estos meras copias exotéricas o perversiones de lo real. De manera que la idea que se trata de expresar pueda ser clarificada, se declara que el sistema no está limitado a la India, pero, al mismo tiempo, es verdad que el mundo Occidental ha estado, hasta esta época, tan profundamente envuelto en la sola búsqueda del dinero y del gozo externo, que ningún cuerpo de Hierofantes ha tomado su actual residencia en Europa o en América todavía. Hay muy poca fuerza en la objeción según la cual, si esos Adeptos tienen tales poderes como los que se les han atribuido, ellos podrían muy fácilmente tener una residencia aquí y contrarrestar todas las influencias del lugar. Si fuera necesario, en lo más mínimo, que ellos debieran estar aquí, no hay la menor duda que ellos así lo harían. Pero como toda la labor que ha de hacerse ahora y todo lo que posiblemente podría ser logrado, ha de ser realizado por aquellos Mensajeros que son enviados a cada país y que, por así decirlo, preparan el terrreno con la ayuda de los Adeptos para otros que han de seguirles, entonces sería un desperdicio de energías si los Hierofantes aparecieran en persona. Tampoco desalientan a esos Mensajeros las actitudes críticas de aquellas personas que, queriendo una señal, niegan, de manera continua, que esos trabajadores reciban esa ayuda, tan sólo porque los dadores de ella no pueden ser vistos; ni tampoco puede admitirse que aún los trabajadores mismos no reciban continuamente instrucciones o telegramas que muestren como y donde llevar a cabo la obra. Ellos son hombres y mujeres que poseen una fe tal que los lleva por un largo camino de esfuerzo, sin tener un vistazo de aquellos que los han enviado. Sin embargo, al mismo tiempo, algunos de ellos, de vez en cuando, ven muy claro la evidencia del hecho de que ellos están constantemente asistidos.

"Que nosotros laboremos juntos, transmitiendo el mismo encargo y sucesión,

Nosotros, pocos e iguales, indiferentes de países, indiferentes de los tiempos,

Nosotros, que encerramos todos los continentes, todas las castas y autorizamos todas la teologías.

Compasivos, percibidores, amigos de los hombres,

Nosotros caminamos silenciosos entre disputas y aseveraciones, sin rechazar a los disputadores ni a ninguna cosa que se asevere,

Nosotros oímos todo alboroto y el clamoreo y nos alcanzan todas las divisiones, los celos, las recriminaciones en todo lado,

Ellos cierran filas perentoriamente para rodearnos, mi camarada,

Y sin embargo, caminamos erectos, libres, sobre toda la tierra, viajando para arriba y para abajo hasta que dejemos nuestra marca imborrable sobre el tiempo y sobre las diversas eras,

Hasta que hayamos saturado el tiempo y las eras, de manera que los hombres y las mujeres de las distintas razas, en épocas por venir, prueben ser cofrades y seres de amor como nosotros somos."

De tal manera, estos preparativos son similares a aquellos de los bosques primitivos por los colonos en América; por ahora, no es el labrar de la tierra, sino más bien el talado de los árboles y las malas hierbas. Y no es porque ellos sean incapaces de hacer más, sino porque las malas hierbas y los árboles están allí requiriendo ser removidos antes de que los Mayores puedan eficientemente impulsar un desarrollo ulterior.

"Porque cuando los materiales están preparados y listos, los arquitectos aparecen."

Todos los seres humanos están trabajando a través de este sistema de iniciación y por esa razón incluye todas las asociaciones exotéricas. A menudo, los Maestros han aparecido dentro de estos, cuando vieron alguna oportunidad de sembrar la semilla, la cual aunque por un tiempo ha de quedar encerrada dentro de la cáscara de la formalidad, debía estar ahí preservada para el uso futuro; tal como la momia Egipcia agarraba en su mano, por siglos, el germen que floreció y dio frutos en nuestro día. Y como el hombre ha de ser ayudado en todas sus luchas, ellos han asistido en los cambios políticos en lo que se contempla alguna esperanza hacia el advenimiento de una era benéfica.[10] La gran masa de los hombres no está envuelta conscientemente en la labor de esta *Logia* poderosa e impugnable, pero ellos se envolverán conscientemente en ella, en algún punto en el curso de su larga evolución. Y sin embargo, en cada hora de cada día, estos Maestros están dispuestos y ansiosos de encontrarse con aquellos de ojos suficientemente claros como para ver sus verdaderos destinos y suficientemente nobles de corazón como para laborar por "la gran huérfana, la Humanidad."

Además, ninguno de nosotros y especialmente aquellos que han oído del Sendero o del Ocultismo o de los Maestros, puede decir confiadamente que no ha pasado ya a través de algunas iniciaciones con el conocimiento de ellas. Podríamos estar ya iniciados en algunos grados más altos que lo que sugieren nuestros actuales logros, y estamos pasando nuevas pruebas que nos son desconocidas. Es mejor que consideremos que sí lo estamos, pero siempre que nos aseguremos de eliminar todo orgullo de ese desconocido avance que pudiéramos haber cumplido. Habiendo llegado a esta conclusión, sabemos que esta larga vida es, en sí misma, otra iniciación, en la cual triunfamos o fracasamos a la medida en que aprendamos la lección de la vida. Algunos, yo sé, no se apresurarán a adoptar este punto de vista, porque ellos desean que la Ley trabaje de la manera que ellos le señalen, quieren recibir una señal, o una palabra de pase, o un pergamino, o alguna prueba maravillosa, a las cuales ellos estarían listos a someterse en algún momento o lugar. Pero no es así como las cosas funcionan y todo estudiante verdadero lo sabe. Si todas las pequeñas circunstancias de la vida no son comprendidas, si ellas aún tienen el poder de encender la antorcha de la ira o atizar el fuego de la lujuria, ningún tiempo fijo o fecha o torneo de justa le serán ofrecidos por los Maestros de esta Logia. Estas fechas, ocasiones y pruebas mayores

---

[10] Algunos escritores teosóficos han afirmado que estos Adeptos estuvieron ocupados en la formación de la República Norteamericana y bien sea que estuvieron aquí en persona o que enviaron Mensajeros. –B.

son dadas y tienen su sitio para ser superadas, pero ello pertenece a aquel día cuando uno haya levantado la arcada del logro perfecto, excepto la piedra angular; a la cual se le encuentra o se le pierde en la prueba que se le señalara.

Llegando hasta la puerta misma de esta Logia, está el Sendero del que hablaba recientemente y, conduciendo hacia ese Sendero hay muchos caminos. Mejor intentemos entrar al Sendero en esta encarnación que simplemente esperar por vidas subsiguientes.

Hay mucho estímulo en las palabras de Krishna a Arjuna en este segundo capítulo: "En este sistema los esfuerzos de uno no son destruídos ni son nocivos; aun una pequeña porción de este deber libra al hombre de gran temor." Esto se refiere a la Ley del Karma. Todo punto de progreso ganado nunca es realmente perdido. Aun cuando nosotros muriéramos en un momento cuando nuestras vidas no estén inmaculadas, el verdadero nivel de nuestro desarrollo no sería rebajado, porque, al reasumir un cuerpo mortal en alguna vida futura sobre esta tierra, recogemos el hilo de continuidad exactamente donde lo habíamos dejado. En un capítulo posterior Krishna dice que nosotros: "nos ponemos en contacto con el conocimiento que perteneció a nosotros en un cuerpo anterior y, desde ese momento en adelante, luchamos con mayor diligencia hacia la perfección." Patanjali también dice la misma cosa y todos los libros sagrados de los Arios concurren en esta opinión.[11] Los pensamientos y aspiraciones de nuestra vida forman una fuerza masiva que opera instantáneamente en la adquisición de un cuerpo que provee el instrumento correspondiente o que en tal forma altere nuestro estado mental, dándole la oportunidad para la acción. La objeción que ésta sería una especie de suspensión de fuerzas no es plausible; ya que tal cosa es bien conocida en el mundo físico, aun si se le llama por algún otro nombre. No estamos obligados de aceptar esa objeción, porque no significa que esa energía esté en suspenso; porque ella es operante en otras formas.

El estímulo dado por Krishna nos lleva a considerar cual es ese método que es ofrecido para la entrada al Sendero. Encontramos que se trata de un verdadero conocimiento del Espíritu. Este

---

[11] Ver los Aforismos Yoga de Patanjali, Libro 2; Vishnu Smrti, cap.XCVII, V.11.

verdadero conocimiento puede ser encontrado en el segundo capítulo.

Como lo hacen todos los sabios iluminados, la verdad última es dada al comienzo por el Señor Bendito como ya hemos visto, en el mismo capítulo en el que se insiste sobre la Recta Acción como el sendero hacia la liberación. El, entonces, procede a darse a entender aún más y señala los errores que son comunes a la humanidad y ciertos puntos de vista falsos que prevalecían en la India entonces, como prevalecen hoy.

Verso 41: "En este sistema hay un sólo objetivo de una naturaleza constante y firme, Oh hijo de Kuru. Aquellos que no perseveran y cuyos principios son indefinidos, tienen objetivos con múltiples ramificaciones e interminables."

En los hombres aquí descritos prevalecen los deseos por adquisiciones mundanas o intelectuales y los deseos, siendo infinitos y también capaces de producir modificaciones infinitas al deseo, no hay posibilidad de concentración alguna. Este también tiene una aplicación a los métodos de nuestras presentes escuelas científicas, las cuales se entregan a una eterna búsqueda de los tal llamados hechos antes que los principios generales sean admitidos. Una sola rama cualquiera de investigación entre esos científicos tiene ramificaciones infinitas que ningún ser humano puede abarcar en una sola vida. Entonces:

"Ninguna disposición a la meditación y a la perseverancia es la intención de aquellos que son devotos a los disfrutes y al dominio y cuyas mentes están seducidas por esa florida frase que proclaman los no-sabios, que se deleitan en los textos de los Vedas, Oh hijo de Pritha, y dicen: 'No hay nada más que eso,' los cuales son de mente-codiciosa y consideran el cielo como el último bien; ofreciendo el renacimiento como la recompensa de las acciones y prescribiendo muchas ceremonias especiales por el solo hecho de obtener placer y dominio y prefiriendo el gozo transitorio del cielo a la absorción eterna."

Lo anterior quedaría mejor comprendido si conociésemos algunas de las ideas que son sostenidas en la India en relación a los sacrificios y las ceremonias. En el Occidente, hace mucho tiempo que los sacrificios están en desuso, ya que no parecía haber ninguna razón por ellos. Y sin embargo, debe parecerle extraño a la mente que reflexiona, que las naciones cristianas reclamen la redención a través de los judíos, cuyo profeta prescribe sacrificios y cuando Jesús mismo dijo que ni una jota ni una tilde perecerá de la Ley. En lugar de los sacrificios del Oriente, el Occidente ha adoptado una mera teoría en la cual creer, siguiendo un código moral incierto, con un resultado que es el mismo al que reclaman los Hindúes –excepto en un solo sentido. Esa diferencia yace en la doctrina de la Reencarnación. Los cristianos buscan una recompensa eterna en el cielo y no saben nada de la reencarnación sobre la tierra, mientras que el Hindú confía en el placer que ha de tenerse en el cielo –el llamado Swarga- y una continuación de ese placer sobre la tierra, como resultado de su renacimiento afortunado. Ellos tienen ceremonias especiales y algunas clases de sacrificios, de penas, oraciones y de acciones, el resultado de las cuales es un renacimiento sobre la tierra en una familia regia, o de grandes riquezas, o en cualquier otro tipo de circunstancia placentera; lo cual es, al mismo tiempo, una segura admisión al cielo. Algunas ceremonias procuran la entrada en un estado delicioso después de la muerte que durará por un periodo de tiempo incalculable.

Pero ningún procedimiento de esta clase conduce a eso que es último, sino que todos ellos son causas de Karma y de desilusión: por lo tanto Krishna no los aconseja a Arjuna. Y su advertencia es útil a todos los teósofos que son estudiantes o que desean convertirse en tales. Con ellos, la falsa visión contra la que advierte Krishna, se ha transformado en un deseo y un anhelo por todo lo fenoménico o por la ejecución de algunas acciones que habrían de traerles el favor de los Mahatmas, o en un miedo morboso a crear Karma, o también un deseo igualmente acentuado de adquirir buen Karma. Ellos deberían abandonar esas actitudes y cuidadosamente estudiar los siguientes versos, tratando de incorporar su verdadero significado en su propio ser.

"El tema de los tres Vedas es la reunión de las tres cualidades. ¡Oh Arjuna! Sé libre de las tres cualidades, de la influencia ordinaria de los opuestos naturales, descansando en la verdad eterna, libre de las ansiedades mundanas y Maestro de ti mismo.*** Deja, entonces, que el motivo por la acción esté en la acción misma, nunca en su evento. No seas uno cuyo motivo por la acción es la esperanza de la recompensa. No dejes que tu vida se gaste en la inacción. Mántente en la concentración, ejecuta tu deber, abandona todo pensamiento de las consecuencias y haz que el evento sea igual para ti, ya sea que éste termine en el bien o en el mal; porque tal ecuanimidad es llamada Yoga (unión con Dios).

Bien inferior a la unión con la sabiduría es la acción. Busca un asilo, entonces, sólo en la sabiduría: porque el miserable y el infeliz lo son por cuenta del suceso de las cosas. Los hombres dotados de la verdadera sabiduría descartan, por medio de esta concentración, tanto el resultado del éxito como del fracaso. Estudia, por lo tanto, para obtener esta concentración de tu comprensión, pues tal concentración es un arte valioso.

Los Hombres sabios que han renunciado a todo pensamiento acerca del fruto que es producido por sus acciones, están libres de las cadenas del nacimiento en este mundo y van a la región de la felicidad eterna.

Cuando tu razón se haya llevado lo mejor de la melancólica debilidad de tu corazón, entonces habrás obtenido todo conocimiento que haya sido o que será enseñado. Cuando tu comprensión, traída a la madurez por el estudio, esté fija, inamovible en la contemplación, entonces ella obtendrá la verdadera visión."

La primera parte de este texto fue intencionalmente ampliada para incluir la cita anterior. Los últimos versos citados contienen la esencia de lo que es llamado Karma-Yoga o podría traducirse *concentración y contemplación mientras uno está comprometido en la acción.* Esto es bien difícil, al igual que es difícil entrar en el Sendero y si deseamos hollarlo correctamente debemos saber lo que tenemos que hacer como verdaderos viajeros. Aquí Krishna me parece que ya ha resuelto la disputa de si es la fe o las obras las que nos salvarán. La fe solamente no lo hará, porque en todo acto de fe hay alguna acción. Y parecería imposible adquirir la verdadera fe sin convertirla, de inmediato, en una especie de acción que nuestra fe nos señala como algo que ha de hacerse; sin embargo, la acción pura y simple no será una causa de la liberación, en vista de que la acción o Karma, producirá nuevo Karma. Debemos, por lo tanto, buscar la concentración de manera que seamos capaces de hacer esas acciones que el Omni-Sabio nos presenta como cosas a hacerse, mientras permanecemos no afectados. Nosotros no tenemos nada que ver con los resultados; ellos vendrán por sí solos y están más allá de nuestro alcance: ellos ya están consumidos en lo que a nosotros concierne. Pero si nosotros ejecutamos ya sea un acto de fe o una acción del cuerpo, con la esperanza de algún resultado, no importa cual sea, con ello nos apegamos en igual medida a la consecuencia, quedando así atados por ella. No importa que esas consecuencias sean buenas o malas. Muchos pensarán que está bien tener apegos a buenas consecuencias, puesto que ésta ha sido la opinión que siempre se nos ha dado. Pero esto no es sabio, porque la única razón para actuar así se le encuentra en la creencia de que por ello uno es un poco mejor que otras personas que están enamoradas de actos perversos y que desean verlos realizados y cumplidos. Esta idea produce separatividad y es opuesta a esa *identidad* sin la realización de la cual no hay verdadero conocimiento. Nosotros deberíamos ser, por lo tanto, imitadores de la Deidad, quien, mientras actúa como lo hace en la manifestación de los universos, permanece al mismo tiempo libre de todas las consecuencias. En la medida que así lo hagamos, nos convertimos en la Deidad misma, porque, mientras seguimos los dictados del Señor que habita en nosotros, nosotros renunciamos a cada acción sobre el altar, dejándole las consecuencias a El.

La actitud que ha de ser asumida, entonces, es aquella de hacer cada acción, sea pequeña o grande, trivial o importante, porque está delante de nosotros para hacerse, y como el simple llevarse a cabo por nosotros como instrumentos de la voluntad de esa Deidad que es nosotros. Ni deberíamos detenernos a inquirir si la acción es de alguna utilidad al Señor interno,[12] como algunos preguntan. Porque, como dicen ellos, ¿de qué posible beneficio pueden ser, para El, las pequeñas acciones de la vida diaria que, tan pronto como se hacen,

---

[12] Ishwar, la manifestación particular de Brahma en cada ser Humano. –B.

son olvidadas? No es cosa nuestra el inquirir sobre esto. La acción que complace a ese Señor, es la acción que es hecha como se nos presenta, con el desapego a su resultado, mientras que la acción que es desagradable para El, es aquella que hacemos deseando que algún tipo de resultado salga de allí.

Esa práctica es la más elevada; esa que algún día nosotros debemos aprender a ejecutar y lo aprenderemos. Otras formas son inculcadas en otros escritos, pero ellas son sólo pasos que nos llevan, por último, a esto, Por lo tanto dije: Entremos al Sendero tan pronto como podamos.

* * *

Estamos todavía en el segundo capítulo. Si mi objetivo fuera solamente el hojear superficialmente las páginas del poema, para mostrar donde el mismo concuerda o difiere, de los varios sistemas filosóficos que se han seguido en la India, nosotros habríamos llegado, hace mucho, al final de este libro. Pero nosotros contemplamos el poema desde uno de sus aspectos – el más importante para todos los estudiantes diligentes- la vista interior y personal que nos ayuda a alcanzar Moksha (salvación). Desde este punto de vista podemos posponer cierta consideración del discurso filosófico para una ocasión posterior.

Tomemos algo de la instrucción que se da en la parte del segundo capítulo, que acabamos de terminar. El resto del discurso está dedicado a una respuesta de Krishna a la pregunta de Arjuna, siendo la descripción, la apariencia, la compostura y la conversación de aquel hombre que ha logrado la meditación fija

Krishna dice que: "el tema de los tres Vedas es el arreglo de las tres cualidades." Estas tres cualidades son Satva, Rajas y Tamas; y las tres están separadamente desglosadas en un capítulo subsiguiente. Ahora bien, *Satva-guna* (cualidad de Verdad o Pureza) es una cualidad pura y elevada, lo opuesto de *Tamoguna,* que es la oscuridad y la indiferencia. Sin embargo, este admirable consejo se nos da aquí: "sé tú libre de estas tres cualidades." Y es sorprendente que esto no haya sido captado antes, considerando que Krishna parece como que dirige a su seguidor a renunciar a la cualidad de la bondad, estimulando, directamente, la maldad; sin embargo, como está inmediatamente seguido por la directiva de: "descansar en la verdad eterna," los posibles críticos han quedado así desviados por esta aparente paradoja. Se hace evidente que aquí se está refiriendo a un tipo de *Satva* superior, con las palabras: "verdad eterna." *Satva* es la palabra sánscrita para *verdad* y no está calificada cuando se le pone entre las antedichas tres cualidades, de manera que, cuando el discípulo se liberta de esta Satva ordinaria, él ha de tomar refugio en su contraparte eterna. Todavía más, la instrucción no es renunciar a la *verdad* ni tampoco a ninguna de las otras dos cualidades, sino permanecer libre de la influencia o la fuerza que ata y que todo tipo de cualidad ejerce sobre el Ego humano.

Es muy difícil para un gran Ser como es Krishna el poder comunicar a la mente inquisidora estos elevados temas y así, por fuerza, un idioma ha de ser aquí usado que por siempre tenga dos sentidos, tal idioma nos elude continuamente, yendo de un significado al otro. "Satva", verdad, habrá de ser tomada como la expresión de la cualidad suprema de cualquier ser que la poseyese y, sin embargo, cuando comenzamos a hablar del máximo estado concebible en el cual todos los atributos están ausentes, nosotros aún usamos la misma palabra, sólo añadiéndole eterna.

La esencia de la instrucción dada por Krishna es la de *hacerse devoto*, como dice él: "Por lo tanto, entrégate a la devoción." El preparó el camino para ello al demostrar, como señalamos en el artículo anterior, cuán erróneo fue el seguir aun las ceremonias especiales y los mismos textos que fueron presentados al pueblo en los Vedas. Aquellas ceremonias procuraban un premio en el cielo o en la tierra durante vidas subsiguientes, como también en estas mismas vidas en las cuales las ceremonias fueron ejecutadas. Podremos comprender más fácilmente lo que quería decir Krishna si suponemos que se estaba refiriendo a un doctrina que, en esos días, era precisamente muy similar, en su esquema de premios, a las creencias cristianas antiguas, según las cuales: al simple seguir las escrituras, uno se aseguraba la felicidad y la prosperidad en esta tierra, y en el cielo una gran bienaventuranza eterna entre los santos. El declara que ésta es una doctrina engañadora; no dice, con ello, que los premios, como nos han sido prometidos, no seguirán a la práctica, más bien implica que así será. Pero como la rueda del renacimiento gira eternamente, arrastrándonos inevitablemente de regreso a un cuerpo mortal, nosotros somos continuamente engañados y nunca logramos llegar a Dios, lo cual es la meta para todos nosotros.

El cielo, ya sea éste el del Cristiano o del Hindú, es lo que el Buddha llamó una cosa o estado que tiene un comienzo y tendrá un fin. Puede, seguramente, durar Eones de tiempo, pero llegará a un final, entonces el laborioso trabajo de hollar el mundo, ya sea éste o algún otro, ha de ser recomenzado. Por lo tanto, Krishna le dice que los hombres fueron engañados por aquellas floridas palabras proclamando un camino para alcanzar el cielo, y que no había nada mejor.

Sin duda hay muchos estudiantes que, creyendo en la posibilidad de alcanzar el cielo, aseguran que están dispuestos a tomarse el riesgo de todo lo que pueda suceder después de disfrutar tan largo periodo de tiempo. Pero esos riesgos no habían de correrse si ellos fueran propiamente comprendidos. Los riesgos son numerosos y grandes. Muchos de ellos no pueden ser explicados, porque para poder comprenderlos del todo, tendrían que conocer más del poder de la mente y del verdadero significado de la meditación. Pero los riesgos ordinarios son encontrados en lo que por el presente puede llamarse, aproximadamente, Karma diferido o retrasado y afinidades no gastadas.

El poder de esos dos tiene su raíz en la enorme complejidad de la naturaleza humana. Tal es su complejidad, que el hombre no puede, como un ser completo, disfrutar jamás del cielo o de ningún estado que no se aproxime a la unión con lo Divino. Los teósofos muy cultos hablan de la ida de un hombre al Devachan y de su estadía aquí sobre la tierra disfrutando o sufriendo el Karma, cuando, de hecho, sólo una pequeña parte de él está aquí o allá. Cuando él ya ha vivido su vida y se ha ido al Devachan, la amplia raíz de su ser queda a la espera dentro de la Vida Una, esperando pacientemente que él retorne y gaste algo más de su Karma. Esto es, que en cualquier vida particular, el hombre ordinario sólo toma y gasta el Karma que su aparato corporal le permite. Parte de la fuerza del Karma está en el "misterioso poder de la meditación," el cual se expresa de acuerdo al instrumento corporal particular que uno ha asumido. Por lo tanto, el hombre puede ejecutar en esta vida "ceremonias especiales" y estar en conformidad con todos los textos y con la doctrina, logrando con ello el premio del cielo y, aún, tener guardada una cantidad de ese "misterioso poder de la meditación" que no ha sido gastado; y cuya naturaleza y constitución él no conoce. El riesgo que él corre es que este Karma pudiera ser muy malo y que cuando él retorne del cielo, su próximo cuerpo pudiera proveerle el aparato apropiado para exhibir esta masa de Karma no gastado y resultando su próxima compensación en una estadía en el infierno.

Al volver a asumir un cuerpo, el "misterioso poder" de que se habló, alcanza a un sinnúmero de afinidades engendradas en otras vidas, y que atrapa todo lo que está a su alcance. Otros seres, que ese hombre una vez conoció, se encarnarán al mismo tiempo, poniendo en acción afinidades, atracciones y poderes que sólo pueden actuar a través de ellos y de él. Sus influencias no pueden ser calculadas. Bien podrían ser buenas o malas y tal como él es influenciado por ellos, o como él influencia al otro ser, así resultará el Karma de cada uno. Krishna, por lo tanto, recomienda a Arjuna que se libere de la influencia de toda cualidad, de manera que pueda obtener la liberación completa. Y esa liberación sólo puede ser obtenida, como dice Krishna, por medio de la Devoción.

Los Ocultistas conocen bien estos efectos, divergencias e influencias y aunque la idea es muy nueva en Occidente, no es desconocida en la India. Esta ley es ambas cosas, un ángel de misericordia y también un mensajero de justicia, porque, como acabamos de mencionar, su operación hace parte de los riesgos, mas al mismo tiempo es el medio por el cual la naturaleza salva a los hombres de la condenación.

Supóngase que en alguna vida pasada, hace mucho tiempo, yo hubiera tenido un amigo muy querido, o una esposa o pariente con quien mi intimidad fue interna y profunda. La muerte nos separa y en una vida subsiguiente él se dedica por entero a la verdad, a la sabiduria, a lo mejor que hay en él, mientras que yo continuo descuidado de todo, interesándome sólo del placer presente. Después de muchas vidas nos encontramos nuevamente, ya sea como amigos o como conocidos. De inmediato la vieja intimidad se reafirma y mi viejo amigo, aun cuando ninguno de nosotros lo sepamos, tiene un extraño poder de tocar mi vida interna y me despierta hacia la búsqueda de la verdad y de mi propia alma. Esta es aquella afinidad no gastada y, por medio de su ayuda, la naturaleza obra mi salvación.

En este caso, ambos deberíamos buscar la devoción. Esta devoción es la que es inculcada por los Adeptos a sus Chelas. Ello envuelve una abnegación mental que no resulta agradable a nuestra mentalidad moderna, pero que hemos de adquirir, o de lo contrario el progreso verdadero resulta imposible. Por medio de esta devoción mental hacia lo Divino, lo cual significa abnegación a todo lo demás, habremos de descartar todos los resultados de nuestras acciones. No es cosa nuestra el decir cual será el resultado de una acción; la Ley traerá un resultado mucho mejor, tal vez, de lo que nos habíamos imaginado. Si los resultados, o sea: si el transcurrir de las circunstancias cotidianas, no son esos que nosotros esperábamos, entonces, por medio de la Devoción, los aceptamos justo como aquello que la Ley quería. Pero si fijamos nuestro deseo en el logro de lo que parecía ser un buen resultado, quedamos atados por ese deseo, no importa que nuestro deseo se cumpla o no.

Esta exhortación a la devoción es, al mismo tiempo, lo más sencillo y lo más difícil. Algunos se ríen de ello porque buscan poderes y "desarrollo." Otros porque piensan que eso es demasiado simple; pero el estudiante sabio, aun cuando no puede, a primera vista, captar todo su significado, lo examinará en su mente, lo buscará con ahínco, convirtiéndolo en algo que logrará.

* * *

Hemos visto como la Devoción ha de ser alcanzada por el estudiante que desea llegar a la iluminación. Esto es lo que significa la respuesta de Krishna a Arjuna, al concluir el segundo capítulo.

"Cuando él ha apartado todos los deseos que entran en el corazón y está satisfecho por el Yo en él, entonces se dice que el está confirmado en el conocimiento espiritual"

No es posible entregarse completamente a los dictados del Espiritu mientras que a cualquier deseo que entre en el corazón se le permita acaparar la atención.

Desde luego, la persona descrita aquí es una que ha ido mucho más alto en su desarrollo que lo que ha logrado la mayor parte de nosotros. Pero hemos de establecer un ideal elevado al cual apuntar, ya que uno más bajo da un resultado inferior al costo del mismo esfuerzo. No debemos poner frente a nosotros un objetivo que no sea el más alto, simplemente porque creemos que nuestro éxito no será tan grande como quisiéramos que fuera. Lo que cuenta no es sólo el resultado externo que claramente percibimos, sino el motivo, el esfuerzo, la mira, porque no se nos juzga por las cosas de los sentidos donde el tiempo humano existe, sino más bien en la más grande esfera del ser en donde el tiempo cesa y en donde somos enfrentados por lo que somos y no por lo que hemos hecho. Eso que hemos hecho nos alcanza sólo en esta vida mortal dentro de las muchas ilusiones de la existencia material; pero son los motivos con los cuales vivimos nuestras vidas los que van a formar nuestro mayor ser, nuestra vida mayor, nuestro Yo más verdadero. Tenemos que actuar, porque ningún mortal puede vivir sin actuar; y esas acciones nos traerán a la tierra por muchas fastidiosas encarnaciones. Tal vez hasta el fracaso final, a menos que la lección se haya aprendido de que han de hacerse con el motivo correcto y el fin verdadero. Cuando este estado sea alcanzado, ellas no nos afectarán más, porque, tal como Krishna, nosotros nos convertiremos en los perfectos ejecutadores de toda acción. Y mientras purifiquemos y elevemos el motivo y el fin, nos vamos convirtiendo en iluminados espiritualmente, logrando, con el tiempo, el poder de ver lo que se debe hacer y aquello del cual debemos abstenernos.

Muchos posibles ocultistas, al igual que algunos teósofos, pasan por alto la enseñanza de este capítulo. La Devoción no tiene encanto para ellos; la dejan a aquellos que están llamados a ser hombres buenos, no importa cual es su credo o su filosofía y la atención es puesta a la lectura de libros, ya sean nuevos o viejos, sobre la magia, sobre lo ceremonial o sobre cuantas múltiples ilusiones existen. Ni es, esta práctica erronea, cosa nueva. Era común entre los alquimistas y el resultado de algunos casos es que los estudiantes ahora gastan años valiosos en la maestría de lo ceremonial, el Rosacrucianismo, el saber talismánico y quien sabe que cosas más, tal como ha sido dado en estos libros, en tanto que todo esto es bien una elucubración mental inútil o algo positivamente peligroso.

No quiero tampoco que vaya a entenderse que no hubo verdadero Rosacrucianismo o que la magia ceremonial no da ningún resultado o que no hay ciencia de talismanes. Pues existen realidades de las cuales éstas, como se les conoce ahora, son sólo sombras. Sería como si buscáramos encontrar el alma estudiando atentamente el cuerpo; o conocer las verdades tras de las influencias de los talismanes o la magia ceremonial, estudiando los libros hoy existentes sobre estos temas. Los llamados magos medioevales han dejado un enorme volumen de escritos que hoy es nada más que una ilusión y una red entrampadora para los estudiantes, ya sean teosóficos o no-teosóficos. En estos escritos están las más minuciosas indicaciones de numerosas prácticas, pero ellos no son más que intentos de hombres de hacer que los mortales, siguiendo métodos totalmente externos, controlen el mundo astral o natural. El triunfo no vino a esos practicantes, ni mucho menos salvará del fracaso a aquellos que en nuestros mismos días siguen sus directivas. En la mayoría de los casos de los llamados hechiceros y escritores europeos antiguos de la magia, sus publicadas elucubraciones constituyen sólo remedios aplicados para apaciguar la vanidad herida; en los demás casos, puras copias y plagios de fórmulas que dejaron sus predecesores. Paracelso declara positivamente que la verdadera magia está dentro del hombre, como una parte de su naturaleza interior, que al principio es potencial y que se activa luego, con el desarrollo; y que las ceremonias o formulas son puro escombro y desecho, a menos que la persona que los usa sea, ella misma, un mago.

En la práctica de la magia ceremonial, en la cual ciertas figuras geométricas y de otra clase son usadas, con la ayuda de oraciones e invocaciones, puede allí encontrarse un peligro real y positivo. Este peligro es aumentado si el estudiante sigue la práctica por el solo deseo de ganar o de gloria o poder o por la sola búsqueda de lo prodigioso; todos los cuales son egoístas. En este ceremonial, el operador o autodesignado mago, se rodea de un círculo o con un arreglo de triángulos, el uso y propósito de los cuales es para protegerle de cualquier espíritu que pueda atraer. ¡Pon atención! Esto es para *protección.* Una protección de este tipo no sería necesaria ni pensada a menos que un peligro real estuviera detrás, escondido, de que las sombras o demonios tuvieran el poder de herir y de hacer daño. Así, desde el principio, el miedo, producto de la ignorancia, está enteramente presente. La otra cosa importante a observar es que una espada tiene que entrar en el proceso de conjuración; esto se recomienda porque, según se dice, los demonios le tienen miedo al acero afilado. Ahora bien, Jesús dijo que aquel que vive por la espada, perecerá por ella. Con esto él quiso decir lo mismo de lo que estamos tratando. La magia ceremonial envuelve, casi a todo paso, el uso de una espada. Después que el invocador o mago ha usado el ceremonial, digamos con éxito por algún momento, él crea finalmente dentro de su aura, lo que Swedenborg describió con la palabra esfera, un duplicado de lo que previamente había usado y dibujado en el suelo o en las paredes. De ahí en adelante, él ya no es amo, puesto que, al colocar todo esto en esa parte de su naturaleza de la cual él es ignorante, la espada de metal se convierte en un espada astral con el mango manipulado por los demonios o las influencias que él despertó sin conocimiento. Entonces, ellos le atacan donde ninguna defensa puede ser intercalada; o sea: en los planos astrales y mentales y, tal como lo dijeron las palabras de aquel sabio, él, al final, perecerá por el arma que él mismo usó. Este peligro, aquí dado solamente en forma de bosquejo, no es sólo una invención del cerebro. Es un peligro positivo, actual, inmanente en la práctica. Ningún estudio libresco le dará al hombre el poder de hacer cambios constitucionales, ni tampoco las alteraciones psíquicas que son necesarias antes de que él sea comandante de las fuerzas inmateriales. Pero nosotros podemos invocarlas y conocerlas temporalmente por seguir ciertos métodos. Y esto es sólo el comienzo. El turno de aquellas fuerzas es seguro que vendrá y, obedeciendo una ley de su propia naturaleza, ellas toman lo que algunas veces se ha llamado su "venganza." Porque todas esas prácticas sólo invocan la parte inferior y no espiritual de nuestra naturaleza, la cual viste tales seres con atributos correspondientes, cuya "venganza" consiste en inflamar el carácter moral que eventualmente resultará en un desarrollo de pasiones malignas, en la atrofia de la concentración, en la destrucción de la memoria, terminando, al fin, en una conclusión miserable de la vida y en un fracaso casi total de usar las oportunidades para el progreso presentado por esa encarnación. Como dije antes, por lo tanto, todo esto no es más que un inútil enredo mental o algo positivamente peligroso.

En la historia y en nuestra propia experiencia, hay evidencia abundante de que el Bhagavad-Guita tiene razón cuando nos dice: "el conocimiento espiritual incluye toda acción sin excepción alguna," y que éste ha de ser alcanzado por medio de la devoción. Hombres ignorantes que no tuvieron acceso a los libros, han percibido por su sentido interno la verdad real de las cosas; y no de esas cosas que los rodean, sino las relativas al ámbito mayor de la naturaleza. Jacob Boehme era completamente iletrado, pero conocía la verdad. Sus escritos muestran una familiaridad que en aquel entonces no era obtenible en los libros de las verdaderas doctrinas que encontramos en la escrituras hindúes y en los libros secretos. En la Alemania de nuestra época, hay hombres que conozco, quienes, siendo más iletrados que Jacob Boehme, conocen muchas cosas todavía misteriosas para nuestros leídos teósofos que se vanaglorian de una educación superior. La razón es que aquellos hombres han logrado la devoción y, por lo tanto, con ello han disipado de los ojos del alma las nubes de los sentidos, cuyas sombras oscurecen nuestra visión de la verdad. Yo no critico ni desprecio el aprendizaje; pues es una gran posesión; pero si el hombre educado fuera también un devoto en el sentido del Bhagavad-Guita, nadie podría calcular cuán amplio sería el alcance de su intelecto.

La educación del tipo humano no es despreciada entre los ocultistas más elevados, ni siquiera entre los Adeptos. Ellos la usan y la adquieren. Ellos acumulan, por inmensos periodos de tiempo, *el registro* de las experiencias de videntes y de hombres devotos cuyo saber es mejor, hasta que un gran maestro, tanto de la educación como de la devoción, aparece; y quien, por razón de su profundo conocimiento unido a tal devoción, puede hacer las maravillosas deducciones en la posesión de La Logia, con respecto a asuntos que están más allá de nosotros que sólo pueden ser imaginados con gran dificultad. Pero esto prueba, de nuevo, que la devoción es lo primero y lo mejor, porque estos Maestros extraordinarios no aparecerían a menos que la devoción hubiese sido el objetivo de sus existencias.

Sin devoción surge una gran confusión dentro de nosotros que ha sido comparada por algunos a un movimiento de torbellino y por otros a la inundación y flujo abrumador de aguas turbias. Boehme llama a esto, en algunos aspectos, "La Turba." Y no es más que la ilusión producida por los sentidos y así Krishna, al cerrar este segundo discurso, dice:

"Dejad que el hombre, al frenar todo esto, permanezca en devoción cuando está en descanso y atento sólo en mí. Pues, aquel cuyos sentidos están bajo su control posee el conocimiento espiritual. El apego a los objetos de los sentidos surge en el hombre que medita sobre ellos; del apego surge el deseo; del deseo la pasión; de la pasión viene la perplejidad; de la perplejidad, la confusión de la memoria; de la confusión de la memoria, la destrucción del intelecto; y de la destrucción del intelecto, él perece.

Pero aquel que se acerca a los objetos de lo sentidos con los sentidos libres de amor y odio, estando bajo su control y teniendo su alma bien dispuesta, ese logra la tranquilidad de pensamiento. En esta tranquilidad mana, dentro de él, un apartamiento de todos los problemas. Porque la mente de aquel cuyos pensamientos están tranquilos, pronto se perfecciona en la concentración."

Una muy bella porción del Sanatsujatiya puede ser leída aquí con mucho beneficio (Sanatsujatiya, Cap. 2).

"Algunos dicen que liberarse de la muerte resulta de la acción; y otros, que la muerte no existe. Oyeme explicar esto, ¡Oh Rey! No tengas dudas acerca de ello."

"Ambas verdades ¡Oh Kshatriya! han sido comúnmente aceptadas desde el principio. Los sabios sostienen que lo que es llamado ilusión es muerte. Yo, verdaderamente, llamo a la inatención muerte y, de igual manera, llamo a la libertad de la inatención, inmortalidad. En verdad, a causa de la inatención, los demonios fueron derrotados y los dioses alcanzan a Brahman por estar libre de ella. La muerte no devora verdaderamente las criaturas vivientes como lo hace un tigre, porque su forma no es percibida. La inatención se desarrolla en los hombres como deseo y después como ira y en forma de ilusión. Entonces, viajando por caminos equivocados, por causa del egoísmo, uno no logra la unión con el Ser. Aquellos que son desviados por ello y quienes se mantienen bajo su influencia, dejan este mundo, cayendo de nuevo en la generación. Entonces, los sentidos los rodean. Y es así como ellos van de muerte en muerte. Estando apegados a los frutos de la acción, cuando ésta se presenta, ellos van detrás de ella y no pasan más allá de la muerte. Y el ser encarnado, por no entender la unión con la entidad real, prosigue por todos los medios apegándose a los placeres. Eso es, verdaderamente, la gran fuente de ilusión para los sentidos, pues el ser encarnado, al contactar las entidades no reales, hace sus migraciones inevitables; porque, habiéndose su ser interno contaminado por medio del contacto con entidades no reales, él se entrega a los objetos de los sentidos en todos los aspectos, pensando en ellos solamente. Esa ponderación primeramente lo confunde e, inmediatamente, el deseo y la ira lo atacan. Esos (confusión, deseo e ira), llevan los niños a la muerte. Pero los hombres conscientes cruzan más allá de la muerte por su buena cordura. Aquel que pondera en el Ser, destruye los elusivos objetos de los sentidos, ni siquiera piensa en ellos con desdén; y quien, poseyendo el conocimiento, destruye los deseos en esta manera, se convierte en la muerte de la Muerte misma."

El segundo capítulo termina con una declaración de cual es la clase de muerte que resulta en unión con lo Divino, impidiendo absolutamente cualquier retorno de encarnaciones en la tierra. La encontramos en esta cláusula:

"Ese hombre quien, alejado por completo de todos los deseos, actúa sin apegos a los resultados, libre de egotismo (orgullo personal) y egoísmo, alcanza la tranquilidad. Esta es la condición del Ser Supremo ¡Oh Hijo de Pritha! Habiendo obtenido esto, uno no es perturbado: y se mantiene en ello, aún en el momento de morir él pasa hacia la extinción (o a la unión con) el Supremo Espíritu."

Esas son las últimas palabras del segundo capítulo.

Cualquier otra actitud mental al momento de morir, seguramente nos hará tomar un cuerpo mortal otra vez.

La declaración de Krishna nos presenta no sólo las prácticas previamente inculcadas, sino también todo el tema de la muerte. Porque, a fin de saber como "pensar en El, al momento de morir" o para tener esa paz interior cual sólo la perfección en la devoción nos da, debemos averiguar que es la muerte; y ya sea sólo eso que vemos suceder cuando fallece un ser humano o más de lo que podemos percibir con el ojo. Una pequeña reflexión muestra que: lo que es visto y notado por los médicos y expectadores, es sólo la salida del alma y la energía de la envoltura llamada "cuerpo". Mientras esto sucede, la persona puede aceptar los ritos de la iglesia o profesar adherencia a cualquier clase de doctrina, hasta con su último aliento hablar del cielo con sus bendiciones, esperando por él. Pero eso es sólo el primer paso. Ello deja una posible expresión calma y feliz en sus facciones; sus familiares le cierran los ojos, ellos le llaman muerte. El, sin embargo, sólo ha comenzado a morir. El alma todavía tiene que pasar por otras envolturas más allá de lo conocido por sus amigos, más allá, aún, del control del moribundo. Ahora todo depende del curso total y de la clase de pensamientos a los cuales él se dedicó durante la vida del cuerpo. Porque el alma tiene que recorrer todo el camino por el cual pasó y ese camino está salpicado con las memorias de toda esta vida; como esas memorias se presentan, afectan a la entidad que parte, ya sea causándole perturbación de concentrarse en el Ser Supremo o ayudándole a una mayor perfección. Si, para entonces, sólo algunos pocos años cerca del final de la vida fueron dedicados a esa clase de prácticas inculcadas por Krishna, las memorias de los años previamente dedicados en seguir tras los deseos, cubrirán el alma con una nube, impidiéndole, absolutamente, lograr ese estado del cual regresar a la tierra es imposible sin nuestro consentimiento. Esto es mejor ilustrado si consideramos la vida como un gran movimiento musical que termina usando, a la vez, todos los tonos sonados a lo largo de la porción integral. El resultado será un sonido combinado que no expresa ni los tonos superiores ni los inferiores, ni los más dulces ni los menos dulces, sino el resultado de todo. Y este último sonido es la vibración fija que gobierna la entidad, sonando a través de ella y lanzándola a un estado al cual el sonido corresponde o del cual es la clave. Es fácil ver que en cada pensamiento yacen las posibilidades de armonía o disonancia para la conclusión de la vida.

"Guíado por la clara luz del alma, nosotros hemos considerado tus enseñanzas, ¡Oh bendito sabio! ¡Ellas han sido eficaces para remover las tinieblas que rodean el lugar en que habita Ishwara en nosotros; nosotros estamos complacidos y refrescados; puedan tus palabras permanecer con nosotros, y, como una fuente refresca la tierra, podamos nosotros ser refrescados por ellas!"

CAPITULO III

Los dos primeros versos de este Capítulo expresan una duda que nace en la mente de Arjuna, y contiene una petición tanto para resolverla, como por un método a través del cual él pueda llegar al conocimiento perfecto – la salvación. Estos versos son:

"Si, de acuerdo a tu opinión, !Oh Tú que das a los hombres lo que ellos piden! El uso de la comprensión es superior a la práctica de las obras, ¿Por qué, entonces, me instas a luchar en una empresa tan terrible como esta?"

"Tú, más bien, confundes mi razón con una mezcla de sentimientos; dime con certeza un método por el cual yo pueda obtener la felicidad y explícamelo."

La duda nació porque el Bendito Señor había declarado que Arjuna debía alcanzar la salvación por el correcto uso de su entendimiento y, al mismo tiempo, debía ejecutar la terrible acción de oponerse y, tal vez matar, a sus amigos, maestros y parientes. Esta petición es la misma que oímos repetir todos los días dentro de la Sociedad Teosófica y para la cual se exige una respuesta.[13] Es tan sólo por medio de *un* método, *una* práctica y *una* doctrina que el estudiante puede obtener aquello que busca, ya sea que lo haya formulado como felicidad o tan sólo como una sed por un conocimiento y poder maravillosos.

La duda de Arjuna es aquella que nace naturalmente en la persona que, por primera vez, es puesta frente a frente con la gran dualidad de la Naturaleza o de Dios. Esta dualidad puede ser expresada metafísicamente por las palabras *pensamiento* y *acción*, puesto que aquí significan la misma cosa que *ideación* y *expresión*. Brahma, como el Dios Inmanifiesto, concibe la idea del Universo y ésta, de inmediato, se expresa en la llamada Creación de los

[13] Véase la revista "Lucifer" de Abril y Mayo de 1888, los artículos "Ocultismo Practico" y "Ocultismo y las Artes Ocultas." (N.E.) Ambos artículos fueron reimpresos en la revista Theosophy en la edición de Enero de 1913 y están disponibles en español. (Los Editores).

cristianos y Evolución de los científicos. Esta Creación o Evolución es la acción de Dios. En lo que a El respecta, no hay diferencia de tiempo entre el surgir de la idea y su expresión en los objetos manifestados. Considerando ahora los objetos "creados" o aquellos planos en los que el pensamiento de Dios se expresa a través de sus propias leyes, encontramos la dualidad expresada como acción y reacción, como atracción y repulsión, como día y noche, como expiración e inspiración y todo lo demás. Estando ahora frente a frente con estos opuestos, uno primeramente se confunde por la multiplicidad de objetos y luchamos en la búsqueda de una sola cosa, de alguna ley o doctrina, una práctica, un dogma o filosofía que, al ser conocida, pueda asegurarle la felicidad.

Aunque, usando un término buddhista, *hay* un sólo vehículo, el mismo no puede ser captado por el estudiante en el comienzo. El ha de pasar a través de la experiencia suficiente para darle una más amplia conciencia antes de que pueda comprender este *Vehículo.* Si esa ley única pudiera ser comprendida por el aprendiz y si fuera posible elevarnos, por medio de una simple palabra, a las resplandecientes alturas de poder y de servicio, es bien cierto que Aquellos que saben, consentirían con pronunciar la palabra y nos darían ese método único; pero, como el único camino posible por el cual podemos lograr la verdadera felicidad, es a través del *venir a ser* y no por la simple comprensión intelectual de un solo sistema o dogma, los guardianes de la lámpara de la verdad tienen, por necesidad, que elevar a los hombres gradualmente de un estado a otro. Arjuna tenía una actitud semejante cuando pronunció los versos iniciales de este capítulo.[14]

---

[14] Ha de notarse que Arjuna y Krishna cambian constantemente los nombres con los cuales se llaman el uno al otro. Cuando Krishna está tratando sobre un tema o sobre algo que tiene que ver con un aspecto particular de la naturaleza de Arjuna, le da a éste un nombre que hace referencia a esa cualidad, tema o asunto al que se está refiriendo; y Arjuna, a su vez, cambia el nombre de Krishna cuando igualmente la situación lo requiere. Por ejemplo, en estos versos, el nombre usado para el Bendito Señor es *Janardana*, que quiere decir: "dador de todo lo que los hombres piden", significando con esto la potencia de Krishna de realizar todos los deseos. –B.

Krishna, entonces, le dice a Arjuna que, siendo imposible permanecer en el mundo sin ejecutar acción alguna, la práctica correcta es la de realizar aquellas acciones (deberes de la vida, ya sean en la guerra o en la paz) que están ahí para ser hechas y hacerlas con un corazón desapegado a los resultados; y debería sentirse satisfecho de hacer lo que se considera como la voluntad del Señor interno, por la sola razón de que hay que efectuarlo. El lo resume con estas palabras:

"Pero aquel que, frenando sus sentidos por medio de su corazón y que, estando libre de apego a los resultados de su acción, emprende la devoción activa a través de los órganos de la acción, ese es digno de encomio."

El ilustra esto refiriéndose a aquellos a quienes llama: "falsos devotos de alma perpleja y aturdida," quienes permanecen inertes con sus cuerpos y frenan sus órganos de acción, mientras que, al mismo tiempo, ponen su atención en los objetos de los sentidos a los cuales ellos han renunciado sólo en la forma. El nos muestra aquí la falsa postura en la que es inútil abandonar el campo externo de acción, mientras que la mente permanece apegada a ello, porque tal apego mental causará que el ego encarne, una y otra vez, sobre la tierra. Un poco más allá en el capítulo, Krishna menciona a un gran Yogi, Janaka, quien, aún siendo un santo que posee el conocimiento perfecto que había obtenido mientras estuvo envuelto en asuntos de estado, seguía ejecutando acciones.

Lo que sigue son estos peculiares versos:

"El creador, cuando de antaño ya había creado los mortales y señalado el sacrificio, les dijo: 'Por medio de este sacrificio seraís propagados. Será para vosotros la vaca de la abundancia. Por este medio apoyareís a los dioses y dejareís a esos dioses que os apoyen a vosotros. Apoyándose mutuamente unos a otros, alcanzareís la suprema felicidad. Porque, siendo nutridos por los sacrificios, los dioses os darán el deseado alimento. El que come del alimento que los dioses dan, sin primero ofrecerle una parte a ellos es, en verdad, un ladrón.'"

A primera vista confieso que estos versos y los subsiguientes no resultan fáciles de explicar a la mente Occidental. Y aun cuando he tenido algún trato con el razonamiento Occidental, basándome en el conocimiento Occidental, parece un caso imposible, en nuestra época, el tratar de explicar gran cosa respecto a este capítulo. Hay numerosos puntos que Krishna considera para los cuales no hallo correspondencias en el pensamiento del Oeste. Entre estos están los versos sobre el sacrificio. Decir todo lo que pienso acerca del sacrificio me expondría sólo a ser acusado de locura, de superstición o de ignorancia; y verdaderamente será recibido, en todas partes, con incredulidad. Y aunque las burlas y la incredulidad no infunden terror, es innecesario seguir señalando ciertos puntos de este capítulo.

Sin embargo, al pasarlos por alto, se siente cierta tristeza de que una civilización elevada sea tan cerrada e ignorante en lo que respecta a estos temas. Aun cuando Moisés estableció sacrificios para los Judíos, los cristianos que les sucedieron han abolido esos sacrificios tanto en espíritu como en la letra, con una curiosa inconsistencia que les permite ignorar las palabras de Jesús de que: "ni una jota ni una tilde perecerá de la Ley, hasta que todas las cosas sean cumplidas." Con la culminación de la edad oscura,[15] era natural que el último vestigio de sacrificio desapareciera.

Sobre las ruinas del altar se ha alzado el templo del yo inferior, el santuario de la idea personal. En Europa, el individualismo está, de algún modo, mitigado por variadas formas monárquicas de gobierno que por ningún medio logran curar el mal; y en América, el individualismo actúa totalmente sin restricción y formando, de hecho, la base de independencia aquí, ha llegado a su culminación. Sus malos efectos, aunque tadavía vagos en el horizonte, hubieran podido ser evitados si las doctrinas de la Religión-Sabiduría hubieran sido creídas por los fundadores de la república. Y después de haber barrido con todos los grilletes forjados por los dogmas sacerdotales y por el poder regio, encontramos una superstición peor aún que aquella a la que estamos acostumbrados a llamar

---

[15] Tal vez, mis lectores no concuerden conmigo de que ésta es la Edad Oscura, siendo el término aplicado a un periodo que ahora pasó. Sin embargo, ese tiempo fue parte de éste, el cual, según pensamos, es aún más oscuro que el anterior. –B.

como tal. Se trata de la superstición del materialismo que se inclina reverente ante una ciencia que sólo conduce a la negación.

Pero aquí hay, sin embargo, muchas mentes dispuestas que tienen cierta intuición que, después de todo, mucho puede extraerse de estos antiguos libros hindúes si se estudian como algo más que el simple balbuceo de una humanidad infante; excusa, ésta, que el profesor Max Müller da al traducir esos textos. Por lo tanto hablo a aquellos teósofos naturales, porque ellos verán que, aun cuando avancemos tan rápidamente en la civilización materialista, necesitamos las enseñanzas filosóficas y religiosas puras que se encuentran en los Upanishads.

La peculiar explicación de los sacrificios mosaicos que nos dio el místico Conde de San Martin, (véase: "El Hombre, su Naturaleza y su Destino" 1802, –B) necesita tan sólo una alusión pasajera. Los estudiantes pueden reflexionar sobre esto y llegar a sus propias conclusiones de la verdad contenida en tal explicación. El sostiene que la eficacia de los sacrificios descansa en las leyes magnéticas, ya que para él, los sacerdotes recogían las malas consecuencias de los pecados del pueblo en su propia persona y entonces, con sólo colocar sus manos sobre una víctima propiciatoria (como se hace en el sacrificio), comunicaban esas influencias dañinas al pobre animal que las exhalaba en el desierto donde no tuvieran efecto sobre las personas. Se ha sugerido, por lo tanto, que Moisés sabía algo de las leyes ocultas, ya que fue educado por los egipcios e iniciado por ellos. Pero el Conde de San Martin va más allá al decir que: "a los judíos se les indicó matar a los animales de la tierra porque la muerte de los animales infectados con las influencias impuras de aquellas naciones guardaban a los judíos de tal veneno; mientras que, en los sacrificios, la muerte de animales limpios atraía influencias preservadoras e íntegras," y que "eran influencias puras y regulares que caracterizaban ciertas especies y animales individuales, y que, al romper *la base en la que estas influencias estaban fijas,* podrían ser de utilidad al hombre; entonces deberíamos de leer de esta manera a Levítico 17, 2: 'Es la sangre la que hace expiación por el alma.'" Aquí él dice que la virtud de los sacrificios viene a través de la concordancia que el hombre tiene con los animales y con la naturaleza; y que: "si los judíos hubiesen observado los sacrificios fielmente, nunca hubieran sido abandonados, sino que hubieran atraído hacia ellos toda cosa buena que eran capaces de recibir. * * Los holocaustos extraordinarios en los tres grandes festivales, se proponían traer sobre el pueblo aquellas influencias activas que corresponden a las épocas; por eso vemos toros, carneros y corderos añadidos siempre a los sacrificios quemados * * Algunas sustancias, minerales y animales, retienen una mayor proporción de las propiedades vivientes y poderosas de sus estados primarios." En estos puntos de vista San Martin tenía cierta razón. Moisés ordenó algunos sacrificios como un deber religioso y por razones sanitarias propias, ya que las tribus no pensantes llevarían a cabo voluntariamente actos devocionales que, si fueran impuestos estrictamente como medidas de higiene, las podrían omitir.[16] Las ofrendas quemadas se basaban, sin embargo, en distintas razones muy parecidas a las que están detrás de todos los sacrificios del Hinduísmo, cuya ley básica está enunciada en las siguientes palabras de nuestro capítulo:

"Los seres son nutridos por el alimento. El alimento tiene su origen en la lluvia. *La lluvia es el fruto del sacrificio.* El sacrificio es ejecutado por la acción."

Ni los Brahmanes ni sus seguidores pretenden afirmar con esto que el alimento no se producirá a menos que la ofrenda sacrificial sea hecha de acuerdo al ritual Védico, sino que el *correcto alimento,* el que produce en el organismo fisico las condiciones apropiadas que capacitan al hombre a vivir a la altura de sus mas grandes posibilidades. Ese alimento sólo es producido en aquella era cuando se ejecutaban los verdaderos sacrificios. En otros lugares y en otras épocas, la comida se ha producido siempre, pero no significa que ese alimento esté a la altura requerida. En esta era tenemos que someternos a semejantes dificultades y tan sólo podemos sobrellevarlas siguiendo las instrucciones de Krishna como nos son dadas en este libro. En el versículo que acabamos de citar se ha hecho la distinción entre el alimento producido

---

[16] En la India hay numerosas observancias religiosas que tienen que ver con efectos sanitarios. Por ejemplo: la Danza del Colera, un asunto religioso en la cual, mientras el alcanfor desinfectante se quema a montones, una curiosa danza de sombrilla en flor es llevada a cabo con cantos y música religiosos. –B.

naturalmente sin sacrificio y el otro debido al sacrificio, puesto que él dice: "Porque, nutridos por los sacrificios, los dioses te darán el *alimento deseado."* Extendiendo todavía más este argumento, llegamos a la conclusión de que si los sacrificios que nutren a los dioses son omitidos, estos "dioses" han de morir o retirarse a otras esferas. Y como sabemos que los sacrificios están totalmente en desuso en nuestra época, los "dioses" de los que se habla deben haber dejado esta esfera hace mucho tiempo. Por lo tanto, es necesario preguntarse quienes son ellos y que son. Ellos no son los simples ídolos y seres imaginarios que tan constantemente son mencionados en las condenaciones contra la India por los misioneros, sino que son más bien ciertos poderes y ciertas propiedades de la Naturaleza que abandonan el mundo cuando el Kali Yuga o era de obscuridad, como se le llama, se ha establecido completamente. Los sacrificios entre nosotros, por lo tanto, serían inútiles al momento presente.

Sin embargo, la "vuelta de la rueda" de la cual habla Krishna, tiene otro significado. El explica muy claramente que se refiere al principio de reciprocidad o de Hermandad. Y declara que esta rueda tiene que ser mantenida en movimiento; o sea, que cada ser debe vivir de acuerdo a esa regla o de lo contrario vive una vida de pecado y sin propósito alguno. Y es muy fácil concluir que en estos tiempos, tal principio de obediencia, aunque se le admire como una hermosa teoría, no es lo que mueve a la gente. A ellos, por el contrario, los anima la idea egoísta y personal de convertirse en algo mejor, más grande y más rico que su prójimo. Si esta tendencia continúa sin freno, terminará haciendo de esta nación una de Magos Negros. Y fue para contrarrestar esto que la Sociedad Teosófica fue fundada originalmente, con el propósito de inducir a los hombres, una vez más, a darle una vuelta a la rueda del Amor Fraternal, puesta primeramente en movimiento por el "Creador cuando, en la antigüedad, creó los mortales."

Krishna, entonces, exhorta de nuevo a Arjuna a cumplir los deberes que le están señalados y lo insta a hacerlo sobre la base de que él, siendo un gran hombre, debía dar un buen ejemplo, de manera que las clases mas bajas pudieran seguirlo; diciendo:

"Aquel que comprende el universo entero no debiera inducir, a aquellos que no lo conocen ni están despiertos, a renegar de su deber."

Sabiendo que bajo las grandes leyes cíclicas que nos gobiernan, llegan periodos en eras aun peores, en los que los buenos ejemplos de vida que quedan impresos en la luz astral causan efectos cada vez más intensos, hasta que, por fin, los "dioses" a que antes se hizo referencia, comienzan a sentir, en distantes esferas, la fuerza de estas buenas acciones y regresan otra vez para ayudar a la humanidad en el advenimiento de una era mejor, él implora a Arjuna a ser el primero en dar un buen ejemplo.

En una era como ésta, el sacrificio rituálistico de una era diferente, que ciertamente tiene un efecto mágico, se convierte en un sacrificio a ser cumplido por cada hombre en su propia naturaleza y sobre el altar de su propio corazón. Y esto es especialmente así entre los teósofos sinceros y de aspiraciones. Nacidos como somos en estos días, en el seno de familias cuyo linaje de ancestros inmaculados es muy limitado, no contamos con la ventaja que nos dan las grandes tendencias espirituales de la naturaleza e igualmente sin ciertas inclinaciones y poderes peculiares que pertenecen a otro ciclo. Pero la fuerza misma y la rapidez de esta era en que vivimos, nos da el poder de hacer y de lograr más, en sólo unas pocas encarnaciones. Hemos, pues, de reconocer este principio y aprender cual es nuestro deber y hacerlo. Esta porción del capítulo termina con el famoso verso:

"Es mejor cumplir con el deber propio, aun cuando careciera de excelencia, que cumplir bien el deber de otro. Es mejor morir en el cumplimiento del deber propio. Porque el deber ajeno está lleno de peligros."

* * *

Krishna ha dicho a Arjuna que una cierta clase de hombres, no teniendo fe, profanan la verdadera doctrina y, al final, terminan pereciendo asombrados y confusos aun de su propio conocimiento; por lo tanto, Arjuna ve de inmediato surgir la dificultad al sólo considerar que es aquello que induce a estos hombres a pecar aun en contra de su voluntad. El ve en esto el funcionamiento de una fuerza desconocida que moldea a los hombres en una forma que ellos no permitirían si estuvieran conscientes de ello. Entonces dice Arjuna:

"¿Y a instigación de qué, incurre este hombre en el pecado, aun en contra de su propia voluntad, Oh descendiente de Vrishni, impelido, como si fuera, por la fuerza?"

A lo que contesta Krishna:

"Es el deseo; es la pasión que surge de la cualidad de Tamas (oscuridad), que es voraz, y pecaminosa. Sabe que ello es hostil al hombre en este mundo. Así como el fuego está envuelto por el humo y un espejo por la herrumbre,[17] como el feto está envuelto en el útero, así este universo se halla envuelto por esta cualidad de Tamas. El conocimiento también está envuelto por ella y es el enemigo constante y continuo del sabio, se trata de un fuego que asume cualquier forma a voluntad, ¡ Oh hijo de Kunti! Y es insaciable. Se ha dicho que su imperio es el reino de los sentidos, del corazón y del intelecto. Por medio de estos envuelve al conocimiento y confunde al alma. Por lo tanto, ¡Oh mejor de los Bharatas! en primer término, frena tus sentidos, arroja de ti este ímpetu pecaminoso que devora el conocimiento y el discernimiento espirituales.

"Se dice que los sentidos son poderosos. El corazón es más poderoso que los sentidos. Pero el intelecto es más poderoso que el corazón y aquello que es más poderoso que el intelecto es esta pasión. Sabiendo entonces que ella es más poderosa que la mente y fortificándote a ti mismo por ti mismo, ¡Oh tú de poderosos brazos! destruye a ese enemigo que asume toda forma a voluntad y es intratable."

[17] Aquí se refiere a un espejo de forma antigua. Estaba hecho de metal muy bruñido y pulido. Por supuesto estaba expuesto constantemente a oxidarse. Igualmente están llamados a oxidarse nuestros espejos de plata, debido a la oxidación metálica. –B.

Una profunda reflexión sobre esta respuesta dada por el Gran Señor de los Hombres nos mostrará que el reino sobre el que se extiende la influencia de la pasión es mucho más amplio de lo que habíamos supuesto al comienzo. Muchos estudiantes creen que la libertad puede ser rápidamente obtenida tan pronto como ellos empiezan a estudiar el Ocultismo o comienzan la investigación de su ser interno, de lo cual lo externo es sólo una revelación parcial. Ellos entran en este estudio llenos de esperanzas, y, al encontrar en ello un gran alivio y entusiasmo, piensan que la victoria ya está prácticamente lograda. Pero el enemigo del cual se ha hablado, esa obstrucción, esa mancha, está presente dentro de un mayor número de factores que componen el ser de lo que parece.

Krishna hace referencia a las tres cualidades o gunas de *Satwa, Rajas*, y *Tamas*. La primera es de la naturaleza de la verdad, pura y luminosa; la segunda participa de la verdad en un grado menor, es de la índole de la acción y tiene también en ella la cualidad del mal; la tercera, *Tamas*, es enteramente mala, y su peculiaridad esencial es la *indiferencia*, correspondiendo a la oscuridad y tinieblas en las que ninguna acción de una cualidad pura es posible.

Estas tres grandes divisiones, llamadas *Gunas* en el idioma Sánscrito, incluyen todas las combinaciones de lo que nosotros llamamos "cualidades," ya sean éstas morales, mentales o físicas.

Esta pasión o deseo de la que se habla en el capítulo está compuesta de las dos últimas cualidades, Rajas y Tamas. Tal como dice Krishna, es indomable. No es posible, como enseñan algunos, el traer un deseo de esta índole a nuestro servicio. Ha de ser matado. Es inútil tratar de usarlo como ayuda, porque su tendencia se dirige más hacia Tamas, o sea, desciende, en lugar de ir más hacia la otra dirección.

Aquí se muestra que envuelve al conocimiento mismo. Está presente, ya sea en un grado mayor o menor, en cada acción. De ahí la dificultad encontrada por todos los hombres que se disponen al cultivo de lo más elevado que hay en ellos.

Al principio estamos inclinados a suponer que el campo de acción de esta cualidad es solamente el de los sentidos; pero Krishna enseña que su imperio alcanza más allá de todo esto e incluye el corazón y el intelecto también. El alma encarnada, deseosa de conocimiento y de libertad, se encuentra continuamente enlazada por *Tamas* que, gobernando también en el corazón y la mente, es capaz de manchar el conocimiento y, por lo tanto, asombrar y desconcertar al luchador.

Esta fuerza tiene preponderancia particularmente entre los sentidos. Y estos últimos incluyen todos los poderes psíquicos tan deseados por aquellos que estudian el Ocultismo. Por lo tanto no implica, necesariamente, que un hombre sea espiritual o que conozca la verdad solo porque sea capaz de ver a través de grandes distancias o de percibir los habitantes que residen en el mundo astral o de oír con el oído interno. En esta parte de la economía humana la cualidad tenebrosa es peculiarmente poderosa. Es más posible que el error esté presente allí que en ningún otro campo y a menos que el vidente sea dueño de sí mismo, no consigue conocimiento valioso, pero es muy probable que caiga, al final, no sólo en errores mucho más grandes, sino también en gran maldad.

Tenemos, pues, que comenzar, tal como nos lo aconseja Krishna, con aquello que está más próximo a nosotros, o sea, nuestros propios sentidos. No podemos matar al enemigo desde el comienzo, porque también reside en el corazón y en la mente. Por lo tanto, partiendo desde lo más inmediato, hasta lo más lejano, avanzamos de manera regular y con la certeza de la conquista final. Por eso El dijo, "En primer lugar, frena tus sentidos." Porque si nosotros descuidamos estos y nos dedicamos enteramente al corazón y a la mente, en verdad no ganaremos nada, porque el enemigo tadavía permanece imperturbable dentro de los sentidos. Por medio de estos, cuando hemos dedicado mayor tiempo y cuidado al corazón y a la mente, él puede arrojar tales oscurecimientos y dificultades en nuestro camino, que todo el trabajo hecho con el corazón y con la mente termine siendo algo inútil.

Por medio de los sentidos externos y de sus contrapartes internas se produce un gran tumulto y desorden dentro de todo el sistema, que se extiende hasta el corazón y de allí hacia la mente, y por tanto, como se ha dicho en otra parte: "El corazón inquieto, entonces, arrebata la mente de su sitio fijo y firme."

Tenemos que continuar el cultivo del alma por etapas regulares, sin descuidar nunca una parte a costa de la otra. Krishna le aconseja a su amigo que controle y frene sus sentidos y entonces, que: "se refuerce a sí mismo por sí mismo."

El significado aquí es que él ha de confiar en la Conciencia Una, la cual, al diferenciarse en el hombre, es su Yo Superior. Por medio de este Yo superior él debe fortalecer el inferior o sea aquello que él está acostumbrado a llamar: "yo mismo,"

No estaría demás el citar aquí parte de una conversación con un amigo.

"Nuestra conciencia es *una* y no muchas, ni es diferente de otras conciencias. No es la *conciencia de vigilia* ni la *conciencia del sueño* ni alguna otra, sino la *conciencia misma.*

"Ahora bien, aquello que yo he llamado conciencia, es *Ser*. La antiquísima subdivisión era:

Sat o Ser; *Chit* o Conciencia, Mente; *Ananda* o Bienaventuranza. A estos se les llama, conjuntamente: *Satchitananda.*

"Pero *Sat* o Ser, el primero de los tres es, en sí mismo, ambas cosas: *Chit* y *Ananda*. El que aparezcan juntas, en completa armonía, se le llama *Satchitananda.*

"Pero la conciencia una de cada persona es el Testigo o Espectador de las acciones y las experiencias de cada estado en que estamos o a través del cual pasamos. Se deduce, por lo tanto, que la condición de vigilia de la mente no es una conciencia separada.

"La conciencia una penetra, por arriba y por abajo, a través de todos los estados o planos de Ser y sirve para sostener la memoria – ya sea ésta completa o incompleta- de las experiencias de cada estado.

"Por lo tanto, en la vida despierta o vigilia, *Sat* experimenta plenamente y conoce. En el estado de sueño, *Sat* conoce y ve lo que sucede allí, al tanto que no parezca haber en el cerebro una memoria completa del estado de vigilia que acaba de abandonarse. En Sushupti, más allá del sueño y sin embargo indefinidamente, *Sat* todavía conoce todo lo que se hace, se oye o se ve.

"Hay que entrar en el camino a la salvación. Dar el primer paso conlleva ya la posibilidad del éxito. Por lo tanto se ha dicho: 'Cuando se obtiene el primer triunfo, *Moksha* (salvación), ya ha sido ganado.'

"El primer paso es el de renunciar a las malas compañías y el de anhelar el conocimiento de Dios; el segundo es el de unirse a buenas compañías, escuchando sus enseñanzas y practicándolas; el tercero es el reforzamiento de los primeros dos logros, manteniendo la fe y continuando hacia adelante. Quienquiera que así muera, establece la base segura para el ascenso al adeptado o salvación.

* * *

Hemos llegado al fin del tercer capítulo, el cual trata de la *Devoción a través de la Acción* o, en Sánscrito, *Karma Yoga*. En estos tres capítulos se ha enseñado claramente que la devoción ha de obtenerse, de buscarse, de ser deseada y cultivada. El discípulo debe aprender a hacer todo acto teniendo lo Divino a la vista, así como lo Divino en todas las cosas. Como se ha dicho en el *Brihad Nundekeshwar Purana:* "Cuando uno toma la medicina debería pensar en Vishnu, el omnipresente; mientras come, en Janârdana, el Dador de Todo;

Mientras descansa, en Padmanabha; mientras se casa, en Prajapati, el Señor de todas las Criaturas; cuando pelea, en Chakradhara; mientras viaja por un país extranjero, en Trivikrama; a la hora de la muerte, en Narayana; al reunirse con los amigos, en Sridhara; después de soñar malos sueños, en Govinda; en la hora del peligro, en Madhusudana; en medio del bosque, en Narsingha; en medio del fuego, en Jalasai o aquel que yace sobre el agua; en medio del agua, en Varaha; cuando en la montaña, en Raghunundana; mientras camina, en Varuna; y en todos los actos, en Madhava." Todos estos son los nombres de Vishnu en sus múltiples poderes y aspectos. Es ver a Krishna en todas las cosas y todas las cosas en él. Al final tendremos que hacer todo esto porque Ishwara, el espíritu en cada uno de nosotros, no es nadie más que Krishna; por lo tanto pensemos en El y luchemos; mientras estamos enredados en este denso bosque de la existencia, pensemos en El, el León nuestro guardián, el Sabio nuestro guía, el Guerrero nuestra segura defensa y escudo.

CAPITULO IV

En el tercer capítulo, Krishna había abordado el tema del Yoga o Unión con lo Supremo y el método para su logro y ahora, en el cuarto capítulo, abiertamente habla de ello. El le ha dicho a Arjuna que la pasión es más grande que ambos, el corazón y la mente, teniendo el poder de vencerlos y le aconseja a Arjuna que refuerce su dominio sobre el Yo verdadero, porque solamente por medio de ello podría él sobrepasar la pasión.

En el comienzo de este capítulo nos encontramos con algo importante: la doctrina de que en los principios de una nueva Creación, llamada Manwantara en el idioma Sánscrito, un gran Ser desciende entre los hombres y les imparte ciertas ideas y aspiraciones que reverberan por todas las edades sucesivas hasta el día cuando llega la gran disolución general, la noche de Brahma. El le dice:

> "Este Yoga inmortal, esta profunda unión,
> Yo la enseñé a Vivaswata, el Señor de la Luz;
> Vivaswata la enseñó a Manú; él
> La enseñó a Ikshwaku; y asi fue descendiendo por toda la línea
> De mis Regios Rishis. Pero entonces, con los años,
> La verdad fue palideciendo llegando a perecer, ¡noble Príncipe!
> Ahora, una vez más, a ti te es declarada –
> Esta ciencia antigua, este supremo misterio –
> Pues veo en ti un devoto y un amigo."

Las autoridades exotéricas están de acuerdo en que Vivaswata es un nombre para el sol; y que, después de él, llegó Manu y su hijo fue Ikshwaku. Este último fundó el linaje de Reyes Solares, que en sus primeros días de la India fueron hombres de supremo conocimiento. Cada uno de ellos fue un adepto y gobernaron la tierra como sólo los adeptos podrían hacerlo, porque las edades más obscuras no habían llegado aún y tales grandes Seres podían naturalmente vivir entre la humanidad. Cada uno de los hombres les respetaban, y no había rebelión ni siquiera en el pensamiento, ya que no había motivo ni ocasión de reclamo. Aunque "Vivaswata", como un nombre para el sol, no significa nada a nuestros oídos occidentales, hay una gran verdad escondida detrás de esto, así como hasta la fecha hay un gran misterio detrás de nuestra órbita solar. El fué el Ser elegido para ayudar a guiar la raza en su comienzo. Edades antes, él había, por sí mismo, pasado por encarnaciones durante otras creaciones y habiendo alcanzado, paso a paso, la larga escalera de la evolución, hasta que por derecho natural llegó a ser como un dios. El mismo proceso está pasando a la fecha, preparando algún Ser para un trabajo similar en edades por venir. Y así ha sucedido en el ilimitado pasado también; y siempre el Espíritu Supremo como Krishna, enseña al Ser, de manera que él pueda sembrar esas ideas necesarias para nuestra salvación.

Cuando la raza ha crecido lo suficiente, el Ser llamado "El Sol" le entrega la sucesión espiritual a Manú, ya sea que lo conozcamos por ese nombre o por algún otro, quien continúa la labor hasta que los hombres han arribado al punto en que ellos proveen, de la enorme masa, uno de entre ellos que sea capaz de fundar un linaje de Regios Sacerdotes Gobernantes; entonces el Manú se retira, dejando la sucesión en manos del Regio Sabio, quien, a su vez, la transmite a sus sucesores. Esta sucesión dura hasta que el curso de la era ya no lo permite y entonces todas las cosas crecen espiritualmente confusas, aumenta el progreso material y la era de obscuridad llega de pleno, trayendo consigo el tiempo que precede a la disolución. Tal es la época presente.

Hasta aquel período que fue marcado por el primer Rey terreno llamado Ikshwaku, el Gobernante era un Ser espiritual que todos los hombres conocían como tal, porque su poder, gloria, benevolencia y sabiduría eran evidentes. El vivió un inmenso número de años, y enseñó a los hombres no sólo el Yoga sino también las artes y las ciencias. Las ideas implantadas entonces, habiendo sido puestas en movimiento por uno que sabía todas las leyes, han permanecido hasta hoy como *ideas inherentes*. Por lo tanto puede verse que no hay base para ningún orgullo en las ideas que son sentidas por muchos de nosotros. Esas ideas no son originales. Nosotros nunca las hubiéramos desarrollado por nosotros mismos, sin ayuda; y si no hubiera sido por la gran sabiduría de esos espíritus planetarios del comienzo de las cosas, andaríamos ahora a la deriva sin ninguna esperanza.

Las historias de todos los pueblos y razas acerca de grandes personajes, héroes, magos, dioses, que existieron entre ellos al comienzo, viviendo largas vidas, son todas debidas a las causas que se han esbozado más arriba. A pesar de todas las burlas y laboriosos esfuerzos de los científicos despectivos empeñados en demostrar que no hay alma y tal vez tampoco un más allá; la creencia innata en lo supremo, en el cielo, en el infierno, en la magia y tantas cosas más, permanecerá incólume. Ellas son preservadas por las masas ineducadas, quienes, al no tener teorías escqlásticas que distraigan sus mentes, mantienen aquello que pudo quedar de la sucesión de las ideas.

Arjuna queda ahora sorprendido al oír a uno de cuyo nacimiento él conocía y que declara aquí que Vivaswata había sido su contemporáneo, y a ese respecto le pregunta a Krishna cómo podía eso ser cierto. Krishna le contesta, asegurándole que él y Arjuna ya habían pasado por incontables renacimientos, los cuales él podía ver y recordar, pero que Arjuna, no estando aun perfeccionado en el Yoga, no podía conocer sus nacimientos ni recordarlos. Tal como en el poema a Arjuna también se le llama *Nara*, que significa *Hombre* y aquí tenemos un antiguo postulado sobre la Reencarnación para toda la familia humana en términos directos e inequívocos.

Entonces, él abre en forma muy natural esta doctrina que es bien conocida en la India, la de reapariciones de los Avatares. Hay disputas menores entre los hindúes en lo referente a lo que es un Avatar; o sea, si él mismo es el Supremo Espíritu o sólo un hombre iluminado por el Supremo en un grado mayor que el del hombre ordinario. Sin embargo, todos admiten que Krishna presenta la verdadera doctrina en estas palabras:

* * "Yo vengo, voy y vengo. Cuando la Justicia
Declina, ¡Oh Bharata! cuando la Maldad
Es fuerte, Yo aparezco, de edad en edad y tomo
Forma visibe, y me muevo como un hombre entre los hombres,

Ayudando a los buenos, rechazando a los malos,
Y reestableciendo la Virtud de nuevo sobre su sitial."

Estas apariciones entre los hombres, con el propósito de restaurar el equilibrio, no son las mismas que el gobierno de Vivaswata y de Manu, del cual se habló anteriormente, se trata más bien del advenimiento a la tierra de los Avatares o Salvadores. El que haya una periodicidad envuelta en ello, queda claramente dicho en estas palabras "de edad en edad." El está aquí hablando de los grandes ciclos de los cuales, hasta ahora, los Maestros han permanecido silenciosos, excepto el que hayan dicho que hay tales ciclos. Hoy es generalmente admitido que la ley cíclica es de la más alta importancia en la consideración de los grandes asuntos de la evolución y del destino del Hombre. Pero el advenimiento de un Avatar debe estar estrictamente en concordancia con la ley natural y esa ley exige que en el momento de tal evento, también ha de aparecer un ser que representa el otro polo, porque, como dice Krishna, la gran ley de los dos opuestos está eternamente presente en el mundo. Y así encontramos en la historia de la India que, cuando Krishna apareció hace tanto tiempo, hubo también un gran tirano, un mago negro llamado Kansa, cuya maldad igualaba, en proporción, la bondad de Krishna. Y a tal posibilidad es que se refiere el poema, cuando dice que Krishna viene cuando la maldad ha alcanzado un máximo desarrollo. El verdadero significado de esto es que el mal Karma del mundo continúa incrementándose con el paso de las edades, produciendo, al final, una criatura que es, por decirlo así, la flor misma de toda la maldad del pasado, a partir del último Avatar precedente. El no solo es malvado, sino que es también sabio y con poderes mágicos de tremendo alcance, porque la magia no es sólo la herencia de los buenos. El número de magos desarrollado entre las naciones de tal época es muy grande, pero uno de ellos sobresale por encima de todos los demás, haciendo que el resto le pague tributo. Esto no es cuento de hadas, sino más bien una sobria verdad y la presente prevalencia del egoísmo y el amor al lucro es exactamente el tipo de entrenamiento de ciertas cualidades que los magos negros ejemplificarán en eras por venir. Entonces, Krishna o como quiera que se le llame, aparece "en forma visible, un hombre entre los hombres." Su poder es tan grande como el del maligno, pero él tiene a su favor lo que los otros no tienen: el espíritu, las fuerzas preservadoras y conservadoras. Con éstas él es capaz de entrar en batalla con los magos negros y en ello está asistido por todos nosotros que somos realmente devotos de la Hermandad, el resultado es la victoria para los buenos y la destrucción de los malvados. Estos últimos pierden toda oportunidad de salvación en ese Manwantara y son precipitados a los planos inferiores en los cuales emergen al comienzo de la próxima nueva creación. Por lo tanto, ni siquiera ellos se pierden y de su salvación final habla Krishna en esta forma:

"Quienes así me adoran,
A ellos exalto; *pero hombres por todas partes*
Caerán a mi paso; a menos que esas almas
Que tanto buscan recompensas por sus obras, hagan sacrificio
Ahora, a los dioses menores."

El también declara que la justa y completa comprensión del misterio de sus nacimientos u obras sobre la tierra nos confiere el Nirvana, con lo cual el renacer ya no vuelva a ocurrir. Esto es porque no es posible para un hombre el comprender ese misterio a menos que él no se haya liberado completamente de la cadena de la pasión y haya adquirido la concentración total. El ya ha aprendido a mirar detrás de la mascara de las apariencias que engaña a una mente no pensante.

Esto nos trae hasta a un arrecife sobre el que muchas personas, ya sean teósofos o no, quedan hechos pedazos. Se trata de la personalidad. La personalidad siempre es una ilusión, una imagen falsa ocultando la realidad interior. Ninguna persona es capaz de hacer que su ambiente corporal corresponda exactamente a lo mejor que hay dentro de él y por lo tanto, los otros continuamente lo juzgan por el espectáculo externo. Si intentamos, como lo señala Krishna, encontrar lo divino en todas las cosas, muy pronto aprenderemos a no juzgar por las apariencias, y si seguimos el consejo que se nos da en este capítulo, de hacer nuestro deber sin esperanza de recompensa y sin el sólo deseo de resultados que tenemos a la vista, entonces el fin será la paz.

Krishna menciona varios sistemas de práctica religiosa y le muestra a Arjuna que al final todos ellos conducen a El, pero sólo después de muchos nacimientos, en razón de las tendencias puestas en marcha. Las diferentes escuelas son todas mencionadas en unas pocas líneas. El dictum de El es de que ellas "destruyen los pecados", significando que una cierta purificación de la naturaleza es lograda, a lo que le sigue, después de la muerte, una larga estadía en Devachan, sin embargo es solamente a una práctica que él le atribuye la prerrogativa de ser eso que traerá la unión con el Espíritu Supremo. Después de enumerarlas todas, no sólo en la ejecución sino también en la omisión del sacrificio, él le muestra a Arjuna que el conocimiento espiritual incluye todas las acciones y vuelve cenizas a los enlazadores efectos de toda obra, confiriendo sobre nosotros el poder de tomar el Nirvana por la sola emancipación de la ilusión en la cual el yo inferior fue el actor. La perfección de este conocimiento espiritual se alcanza por el fortalecimiento espiritual, por el fortalecimiento de la fe y la expulsión de la duda que surgen de la devoción y del freno. Entonces tiene lugar un verso, que es casi idéntico a uno del Nuevo Testamento, "el hombre de mente dubitativa no goza ni de este mundo ni del otro, ni de la bendición final."

> Aquel que, ¡mi Príncipe!, dominando a sí mismo, ha vencido la duda,
> Separando el yo del servicio, el alma de las obras,
> Iluminado y emancipado,
> ¡Ya las obras no lo esclavizan más! Corta entonces de un tajo
> Con la espada de la sabiduría, ¡Hijo de Bharata!
> ¡Esta duda que ata los latidos de tu corazón! Corta el lazo.
> ¡Nacido de tu ignorancia! ¡Sé intrépido y sabio!
> ¡Entrégate conmigo al campo de batalla! ¡Levántate!

Estas intensas palabras terminan el capítulo. Ellas están dirigidas a aquellos que pueden ser fuertes y no a los que siempre dudan y que no creen ni en sus propios pensamientos ni en las palabras de los otros, sino a quien está siempre pidiendo más y más. Pero allí no puede haber incertidumbre acerca de la causa de la duda: pues, como dice Krishna: "Esto surge de la ignorancia y todo lo que tenemos que hacer es tomar la espada del conocimiento y cortar de inmediato todas las dudas." Muchos dirán que ellos han estado siempre buscando por esto con la intención de poder encontrar paz y de que son tantos los sistemas que les han sido presentados a su consideración, que se encuentran incapaces de llegar a conclusión alguna. Esto parecería muy cierto considerando las mil y una filosofías que nos son presentadas por sus exponentes con variados grados de claridad. Sin embargo, nos parece que todas ellas pueden ser fácilmente divididas y clarificadas en dos categorías que las pondrían bajo dos grandes encabezamientos: aquellas que no permiten que nada sea creído hasta que la masa miserable de mentes mediocres haya dicho al fin que acepta esto a aquello; y esas filosofías quienes tienen, cada una, un poco de lo que podría ser verdad y una gran dosis que es sin duda puro desatino. Aquel que duda es un devoto de la primera escuela o es un adherente parcialmente de una y parcialmente de la otra; y en el segundo caso queda casi despedazado por las innumerables ideas convencionales que llevan impresas el sello de autoridad y que lo constriñen a una aceptación de aquello que se revela contra su juicio cuando él le concede libre ejercicio. Si usted le dice a él que la tan alabada mente no es el juez final y que hay facultades superiores que pueden ser ejercitadas para la adquisición del conocimiento, él argumentará sobre las bases establecidas por los profesores eruditos de una escuela o de otra, negando la validez de las pruebas que se le ofrecen con el argumento de que éstas son situaciones de "elucubración cerebral" y otras cosas más. A tales personas este capítulo no le será atractivo, pero hay muchos estudiantes que tienen dudas sinceras y con ellos la dificultad nace de la ignorancia. Ellos temen admitir ante si mismos que los hombres de la antigüedad pudieran haber encontrado la verdad; y la razón parece ser que ese juicio se hace sobre la consideración del puro estado material de esos pueblos o de las naciones contemporáneas que en algún grado sostienen esa postura filosófica. Nuestra civilización glorifica el progreso y las posesiones materiales y aquellos que no poseen esos dones no pueden ser los poseedores ni de la verdad ni del camino a ella. Pero los guardianes de la verdad nunca han dicho que nosotros seremos ricos o civilizados si seguimos el sistema de ellos. Por el contrario, en los días en que Krishna vivió y enseñó su sistema, había mucho más gloria y poder material que ahora y más conocimiento de todas las leyes de la naturaleza que ningún científico nuestro haya logrado alcanzar en sus investigaciones. De aquí que, si algún teósofo enseña que el reinado de las doctrinas de los Maestros de la Sociedad podrá ser el golpe de gracia a todo progreso y comodidad material, él yerra y siembra las semillas de futuros problemas para sí mismo y para sus amigos. ¿Por qué, entonces, no sería sabio admitir, de una vez, que pueda haber verdad en esas doctrinas y, arrojando toda duda, disfrutar de la luz que nos llega del Oriente?

Mientras quede la duda no habrá paz, ni certeza, ni esperanza de encontrarla en este mundo o en las próximas vidas, ni tampoco en las grandes vastedades de otros universos en los que podríamos vivir en edades futuras; pues el que está inclinado a la duda hoy, será también dudante entonces y así seguirá mientras la rueda gire por millones de años que están aún delante de nosotros.

Si seguimos el consejo del gran Príncipe, nuestro próximo paso será asumir, en vista de los hechos patentes de la evolución, que existen ciertos grandes Seres que hace mucho tiempo deben haber hollado el mismo camino y que poseen, ahora, el conocimiento y el poder de impartir todo lo que nosotros seamos capaces de captar. A eso Krishna se refiere en estas palabras:

"Busca este conocimiento rindiendo honor, postrándote, por la intensa búsqueda y por el servicio; a aquellos que están dotados de este conocimiento, que perciben la verdad de las cosas, te enseñarán esta sabiduría."

Y tales son las palabras exactas de los Maestros de nuestra Sociedad. Ellos no gratifican ni enseñan simplemente porque así nosotros lo deseamos, ni tampoco porque nosotros nos sobrevaluamos a nosotros mismos; pues nuestra valoración de nosotros mismos no es la de Ellos. Ellos nos valúan en la medida real y justa y no son movidos por lágrimas ni por súplicas que no son seguidas por las acciones y las acciones que a Ellos les deleitan son esas que son ejecutadas en servicio Suyo y no de otro.

¿Cuál es, entonces, la labor en la cual Ellos quieren ser servidos?

No es ni con el cultivo de nuestros poderes psíquicos, ni con la habilidad de producir fenómenos, ni ningún tipo de labor para sí mismo cuando esa es la única motivación.

Ese servicio y ese trabajo han de ser rendidos en favor de la causa de la Humanidad, por quienquiera que sea el que los ejecute, ya sea un miembro de la Sociedad Teosófica u otros fuera de ella. Y todos los miembros de esta última, que están ahora con sus bocas abiertas a la expectativa de lo que ellos quieren llamar alimento, mas vale que sepan, de una vez, que no obtendrán nada a menos que la obra sea hecha o intentada.

Que tomemos esta actitud correcta y lo que sigue está descrito en este capítulo:

"Un hombre que se perfecciona a sí mismo en la devoción encuentra, creciendo dentro de sí, en el curso del tiempo, ese conocimiento espiritual que es superior a toda acción, abarcándola sin excepción alguna."

El cuarto capítulo ha terminado. ¡Dejen que todas nuestras dudas lleguen a su final!

"¿Qué espacio hay para la duda y cuál para el pesar, en aquel que sabe que todos los seres espirituales son lo mismo en clase, difiriendo sólo en grado?

CAPITULO V

El nombre de este capítulo en Sánscrito es: "Karmasanyasayog," que quiere decir: "El Libro de la Religión mediante la Renunciación del Fruto de las Obras." Este capítulo siempre me ha parecido uno de los más importantes en todo el Bhagavad-Guita. Como el poema está dividido en dieciocho partes, este capítulo se encuentra más allá de la primera división, porque el número total ha de ser dividido en seis grupos de tres capítulos y nosotros acabamos de terminar cuatro.

Arjuna ha traído a colación los argumentos, las objeciones y los puntos de vista que pertenecen a dos grandes escuelas Indas llamadas Sankhya y Yoga, una de las cuales recomienda a sus devotos renunciar a todas las obras y no hacer nada en absoluto, mientras que la otra llama a la ejecución de obras. Estas visiones divergentes causan naturalmente grandes diferencias en la práctica, porque a los seguidores de un sistema se les encontrará en continua labor y, a los del otro, en continua inacción. Por lo tanto, en la India encontramos, aún en nuestros días, un gran número de ascetas que permanecen inertes, mientras que, por otro lado, nos encontramos con aquellos que continúan creando Karma teniendo en perspectiva la salvación.

Tan sólo una pequeña reflexión le mostrará al estudiante que el único resultado de una acción, como tal, será la continuación de esa acción y, por lo tanto, que ninguna cantidad de meras obras conferirá por, sí misma, el Nirvana o el descanso del Karma. El único producto directo del Karma es Karma y esta dificultad se alza delante de Arjuna en esta quinta conversación. El dice:

"Tú encomias, Oh Krishna, la renunciación de las obras; por otra parte, la devoción a través de ellas. Dime, entonces, con precisión, cual de estas dos es el mejor camino."

A lo que Krishna contesta:

El cesar de obrar
Está bien y hacer las obras por santidad
Está bien; y ambos conducen a la bienaventuranza suprema;
Pero de estos dos el mejor camino es el de

Quien, obrando piadosamente, no se abstiene.
Ese es el verdadero Renunciante, firme y fijo,
Quien, buscando nada, rechazando nada, vive a prueba
Contra los "opuestos."

El significado de las palabras del maestro ha sido interpretado por algunos así: en tanto que la vida del asceta es muy dura y casi imposible para la mayoría de los hombres, es más sabio hacer acciones buenas, ahora, con la esperanza de que ellas conducirán más adelante hacia un nacimiento favorable en ambientes tales que la renuncia completa de la acción, en lo externo, será entonces una tarea fácil. Por lo tanto, no se intentó presentar estas dos clases de prácticas ante el estudiante para que él eligiera, ni se le pone en un dilema obligándole a escoger. Yo no creo que éste sea el significado, sino que, por el contrario, la aparente alternativa fácil de ejecutar acciones apropiadamente es, en realidad, la más difícil de las empresas. Y, no importa todo lo que nosotros querramos esperar por un nacimiento favorable, por un muy esperado ambiente, que no sólo nos permitirá el nuevo estilo de vida, sino que de hecho, nos lo imponga, ello nunca nos llegará hasta que hayamos aprendido cuál es la recta forma de acción. Este aprendizaje no puede ser adquirido por una renunciación a las obras ahora mismo. En verdad, se puede tomar por un hecho que ninguna persona podrá renunciar al mundo a menos de que haya pasado ya a través de la otra experiencia en alguna otra vida. Es posible encontrar unas cuantas personas que intentan hacerlo, pero si ellos no han pasado por toda acción y obra, no pueden seguir adelante. El carácter del hombre interno mismo es la verdadera prueba. No importa cuántas veces y durante cuántas vidas él haya renunciado al mundo, si su naturaleza interior no ha hecho la renuncia, él será el mismo hombre durante todo el período y, cuando quiera que sea, en una de sus vidas ascéticas, se presente la nueva y apropiada tentación o circunstancia, el caerá de su elevado y externo ascetismo. El hecho de que nuestra visión, en cuanto a la extrema dificultad de la *recta renunciación a través de la acción*, es correcta, podemos referirnos a lo que Krishna dice más adelante en el capítulo:

Pero semejante abstracción, Jefe!
Es difícil de conquistar sin gran santidad.

Krishna alaba a ambas escuelas, diciéndole a Arjuna que los discípulos de cada una llegarán a un fin similar; pero él dice que la recta ejecución de la acción es mejor. Nosotros tenemos entonces que reconciliar estas dos. Si una es mejor que la otra y, no obstante ambas conducen a la misma meta, entonces debe haber alguna razón para hacer tal comparación o, de lo contrario, el resultado será una confusión desesperante. Actuando sobre su aparente conclusión de ambos sistemas, muchos buscadores han abandonado la acción esperando con ello ganar la salvación. Ellos han ignorado el sexto verso que dice: "Oh tú de poderosos brazos, es difícil alcanzar la verdadera renunciación *sin la recta ejecución de la acción*; el devoto que *rectamente ejecuta la acción, alcanza la verdadera renunciación* en poco tiempo." Aquí, otra vez, un alto sitial es asignado a la ejecución de la acción. Parece bien claro que lo que Krishna quiso decir fue que la renuncia a la acción en cualquier vida, seguida por la misma conducta en todas las vidas sub-siguientes, que son así afectadas, al fin conducirán al renunciante a llegar a considerar cómo es que él ha de empezar el abandono de ese tipo de renuncia a los frutos de ellas. Muchos ocultistas consideran que ésta es la perspectiva correcta. Es bien conocido que el ego, volviendo a la regeneración, es afectado por las acciones de sus nacimientos previos, no sólo circunstancialmente, en las variadas visicitudes de la vida, sino también en la tendencia de la naturaleza hacia cualquier tipo particular de práctica religiosa y este efecto opera por largo tiempo o número de nacimientos exactamente proporcionado con la intensidad de la práctica previa. Y naturalmente, en el caso de uno que deliberadamente renunció a todo en el mundo, dedicándose al ascetismo por muchos años, el efecto sería sentido por muchas vidas y mucho tiempo después que las otras impresiones temporales se han desvanecido. Siguiendo en esta forma por muchos nacimientos, el hombre adquiere, al fin, esa claridad de visión interna que le induce a percibir el método que realmente debe seguir. Además del desarrollo natural, él será asistido por esas mentes que de seguro ha de ir encontrando, que han pasado por toda la experiencia necesaria. Apoyo adicional para estas sugerencias pueden ser encontrados en el sexto capítulo, en los versos que se refieren al renacimiento de tales discípulos:

> Así tiene él detrás aquellas cumbres del corazón
> Que él logró, y así se esfuerza de nuevo
> Hacia la perfección, con mayor esperanza, ¡querido Príncipe!
> *Porque por el viejo deseo él es inducido*
> *Inadvertidamente.*[18]

Aquello por el cual debemos esforzarnos comprender, es como renunciar al fruto de nuestras acciones y qué es lo que Krishna quiere decir cuando nos habla de ejecutar acciones como una forma de renunciación. El efecto contaminador de una acción no se halla en la naturaleza misma de la cosa que se hace, ni el resultado purificador resulta de cual labor podemos hacer, sino que, en ambos casos: el pecado o el mérito se encuentra en el sentimiento interior que acompaña a la acción. Un individuo puede donar millones en limosnas y sin embargo no beneficiar su carácter verdadero en lo más mínimo. Es verdad que él cosechará la recompensa material, tal vez en otra vida, pero eso aún no traerá ningún beneficio, ya que él continuará siendo el mismo ser. Y sin embargo, otro puede dar solamente palabras amables o muy pequeñas sumas, ya que eso es todo lo que él tiene para dar, pero saliendo con ello mucho más beneficiado por el sentimiento que acompaña cada acto a lo largo de su progreso acelerado por el ascendente arco hacia la unión con el espíritu. En el Testamento Cristiano encontramos a Jesús de Nazareth aplicando este punto de vista en la parábola acerca de la limosna de la viuda, que él consideró de mayor valor que todo lo que habían dado los otros. El no pudo haberse referido al valor intrínseco de la moneda, ni tampoco a la acción que allí se evaluaba, pues esa cantidad era fácilmente determinable; él sólo vio el sentimiento interior de la pobre mujer cuando ella dio todo lo que tenía.

---

[18] Las letras bastardillas son mías. –B.

No importa cual sea la dirección en que actuamos, podemos percibir cuán difícil es ser un renunciante verdadero. Y no podemos esperar alcanzar la perfección de esta mejor forma de renunciación por la acción en esta vida, sea ésta la vida que hemos comenzado o sea el veinteavo de tales esfuerzos. Sin embargo podemos *intentarlo* y tal es nuestro deber; si perseveramos, la tendencia hacia la recta comprensión aumentará con cada vida, más rápidamente de lo que sería posible de otra manera.

Y aún en la alta meta que es la aspiración al discipulado bajo un maestro y hasta en el mismo Adeptado, nos encontramos con la misma dificultad. Esta aspiración es loable por encima de la mayor parte de las cosas que podemos formularnos, pero cuando friamente nos preguntamos, después que la aspiración ha sido formada: "¿Por qué tengo esta aspiración; por qué quiero estar próximo al Maestro?", nos vemos obligados a admitir que el motivo impulsador para la adquisición de la aspiración estaba manchado por el egoísmo. Podemos fácilmente probar esto con sólo inquirir dentro de nuestra propia conciencia si tuvimos esa aspiración para nosotros mismos o para la gran masa de la humanidad, ya sean ricos o pobres, despreciables o nobles; y si seríamos capaces de sentirnos contentos si nos dijeran súbitamente que nuestro hondo anhelo le ha dado beneficio a otros y que nosotros hemos de esperar unas diez vidas más. Podríamos estar seguros de quc la respuesta es que estaríamos muy apesadumbrados. En el doceavo verso del poema encontramos el remedio a esta dificultad, así como con la dificultad misma, porque claramente dice allí: "El recto ejecutante de la acción, abandonando el fruto de la misma, logra el descanso a través de la devoción; el errado ejecutante de la acción, apegado al fruto de aquello, permanece atado por causa del deseo."

Estas instrucciones resultarán bien difíciles para todos aquellos que viven para sí mismos y que en ningún grado menor han comenzado a creer que ellos no están aquí por sus propios beneficios. Pero cuando sentimos que no hay separación entre nosotros y ninguna otra criatura y que nuestro Yo Superior nos conduce a través de todas las experiencias de la vida hasta el final de que nosotros habremos de reconocer la unidad de todo, entonces, en vez de actuar continuamente en modo contrario a los objetos de ese Yo Superior, tratamos de adquirir la recta creencia y aspiración. Ni debemos tampoco ser detenidos, como son algunos, por la extrema dificultad de eliminar el deseo egoísta por el progreso. Esa será la labor durante muchas vidas y debemos comenzarla voluntariamente tan pronto como nos es conocida, en vez de esperar a que se nos imponga forzosamente a través del sufrimiento y de múltiples derrotas.

El error común cometido por los estudiantes de Teosofía, así como por los estudiantes que están fuera del movimiento, es rectificado en este capítulo. Es el hábito de muchos decir que, si estas doctrinas son seguidas al pie de la letra, el resultado sería un ser a quien no le importa nada sino la calma que viene con la extinción en el Supremo Espíritu, esto es: el egoísmo extremo. Y los escritores populares contribuyen a esta ridícula impresión, como lo podemos ver en los numerosos artículos sobre el tema. Entre esos escritores, el sólo seguir de la "idea del engrandecimiento personal," es el veneno de la era actual, tal como lo piensan los ocultistas, pero que resulta ser la principal belleza a los ojos de aquellos a quienes me estoy refiriendo. Krishna lo pone bien claro en el verso veinticinco:

"La disolución en el Espíritu Supremo es ganada por el sabio de recta visión cuyos pecados han sido agotados, que ha cortado de un tajo todas las dudas, cuyos sentidos y órganos están bajo control, y *que es devoto al bienestar de todas las criaturas.*"

Si falta esta última calificación, entonces él no es un "sabio de recta visión" y no puede lograr la unión con el Supremo. Hemos de concluir entonces que el más humilde imitador y cada uno que desee llegar a esta condición, ha de tratar, de la mejor manera posible, de imitar al sabio que lo ha logrado. Tal es la palabra del Maestro; porque El dice en varios lugares que, si esperamos tener Su ayuda, hemos de aplicarnos al trabajo de ayudar a la humanidad en la medida de nuestras capacidades. No se exige nada más que esto.

CAPITULO VI

Más de un tema es tratado en este capítulo, el cual termina lo que yo llamo la primera de las tres series, pues el total de los dieciocho capítulos del poema deberían dividirse en tres grupos de seis cada uno.

La renunciación, la ecuanimidad, la verdadera meditación, la regla de oro en acción, la Unidad de todas las cosas, la naturaleza del renacimiento y el efecto de la devoción sobre ello y el devachan, todos son aquí tocados.

Es un capítulo muy práctico que beneficiará inmensamente a los teósofos si fuese plenamente captado y llevado a cabo. Los errores cometidos hace miles de años por los discípulos fueron los mismos como los del día de hoy. Actualmente, tal como entonces, hay quienes creen que la verdadera renunciación consiste en no hacer nada excepto para sí mismos, en retirarse de las labores activas y en dedicar su atención a las cosas que les complace llamar auto-desarrollo. Por otra parte, están aquellos otros que confunden la acción incesante por la verdadera devoción. El verdadero sendero se extiende entre estos dos.

El abandono de la acción mundana, llamado sannyas, es eso que en Europa se conoce como la vida monástica, especialmente en algunas órdenes muy ascéticas. Adoptado egoístamente bajo una noción equivocada del deber ello no puede ser verdadera devoción. Es meramente un intento de salvarse a uno mismo. El curso adoptado por algunos estudiantes Teosóficos se parece mucho a este método erróneo, aún cuando es practicado en la libertad del mundo y no detrás de los muros monásticos.

Para ser un verdadero renunciante a la acción y un verdadero devoto, uno tiene que plantear el problema sobre otro plano. Sobre el plano del cerebro físico no hay manera de reconciliar una contradicción tal como parece existir en la dirección de ejecutar acciones y renunciar al mismo tiempo a su ejecución. Es exactamente aquí que muchos lectores del Bhagavad-Guita se detienen confusos. Ellos han estado acostumbrados por largo tiempo a pensar en lo físico y a vivir en ello y los términos usados en su manera de pensar son tan materialistas en su aplicación que, viendo esta contradicción, ellos dicen que el libro no les beneficiará. Pero, considerando la dificultad desde el punto de vista de que el actor real es la mente, que las acciones no son la externa y muerta expresión de esos actos, sino que son los pensamientos mismos, podemos ver aquí como uno puede ser ambos un renunciante y un devoto, como podemos externamente ejecutar cada acción, multitudes de ellas y permanecer así tan activos como cualquier otro que está envuelto en la búsqueda de cosas mundanas, en tanto que permanecemos desapegados y no afectados.

El deber y el imperativo final: "lo que yo debo de hacer", entra aquí en acción y viene a ser parte del proceso. Las acciones a ser ejecutadas no son cualquier acción o cada acción. No es que vayamos descabellada e indiscriminadamente a hacer cualquier cosa que se nos sugiera. Nosotros tenemos que descubrir cuáles acciones tienen que ser ejecutadas por nosotros y hacerlas por esa razón y no por algún resultado que esperemos a continuación. El hecho de que nosotros podamos estar perfectamente ciertos del resultado, no es razón para permitir que nuestro interés se ate a ello. Aquí, otra vez, es donde ciertos teósofos creen encontrar una gran dificultad. Ellos dicen que con sólo conocer el resultado, uno sin duda se va a interesar en ello. Pero ésta es la labor misma que hay que poner a prueba: frenar la mente y los deseos de uno como para no apegarse al resultado.

Al perseguir esta práctica, se comienza la verdadera meditación y pronto se hará permanente. Porque uno que vigila sus pensamientos y actos, en cuanto a ejecutar aquello que ha de ser ejecutado, adquirirá con el tiempo una concentración que aumentará el poder de la meditación real. No es meditación el contemplar un punto en la pared por un período determinado de tiempo o permanecer por otro espacio de tiempo en un perfecto vacío mental que pronto se convierte en sueño. Todas estas cosas son meras formas que, al final, no traerán un bien duradero. Pero muchos estudiantes se han ido detrás de estos engaños, ignorando la verdadera senda. La verdad es que el método real no es fácil; y que ello requiere pensamiento y esfuerzo mental, con persistencia y fe. El sólo contemplar un punto en la pared y las erróneamente llamadas prácticas ocultas, son todas muy fáciles en comparación con lo anterior.

Sin embargo, somos humanos y débiles. Por lo tanto necesitamos ayuda, porque el yo externo no puede salir victorioso de la batalla. Por eso Krishna señala de que el yo inferior ha de ser elevado con la ayuda del yo superior; que el inferior es, por así decirlo, el enemigo del superior y no podemos permitir que prevalezca en nosotros lo peor. Todo dependerá del dominio de sí mismo. El yo inferior de continuo arrastrará hacia abajo al hombre que no ha conquistado a sí mismo. Y esto se debe a que el inferior está tan próximo a la densa oscuridad que se mantiene en los peldaños inferiores de la escala de la evolución, que es parcialmente demoníaco. Como un gran peso, él arrastrará hacia las profundidades a aquel que no trate de conquistarse a sí mismo. Pero, por el otro lado, el yo está próximo a la divinidad y cuando se le ha conquistado, se convierte en el amigo y el ayudante del conquistador. Los Sufis, esa mística secta Mahometana, simbolizan esto en su poesía refiriéndose a la hermosa mujer que aparece sólo por un momento en la ventana y entonces desaparece. Ella rehusa abrir la puerta a su amante, en tanto que él cree que están separados; pero cuando él reconoce la unidad entre ellos, ella se convierte en su firme amiga.

Los próximos versos del *Guita* bosquejan aquella cosa que es extremadamente difícil: la ecuanimidad y la atención asidua hacía el Ser Supremo, tanto en el calor como en el frio, en el placer como en el dolor, en el éxito y en el fracaso. A esto no podemos llegar fácilmente, tal vez no en muchas vidas, pero sí podemos intentarlo. Cada esfuerzo que hacemos en esta dirección será preservado en la naturaleza interior y no lo perdemos al morir. Esto es una ganancia espiritual, los tesoros acumulados en el cielo a los que se refería Jesús. El describir la perfección de la ecuanimidad es hacer el retrato de un Adepto del más alto grado, uno que ya ha pasado más allá de todas las consideraciones mundanas y que vive en planos superiores. El oro y la piedra son lo mismo para él. Los objetivos que el trata de lograr no pueden ser logrados a través del oro y es por eso que el oro y las piedrecillas tienen el mismo valor. El es también tan calmado y libre de las ilusiones de la mente y del alma, que permanece siendo el mismo con amigos o enemigos, con los rectos o con los pecadores.

Esta elevada condición es, por lo tanto, presentada ante nosotros como un ideal hacia el cual hay que esforzarse con resolución y constancia de manera que, en el transcurso del tiempo, podamos irnos aproximando a ello. Pero si no comenzamos, nunca llegaremos a tal logro y es mejor adoptar este altísimo ideal, aún cuando constantemente vamos cayendo, que el no tener ningún ideal de ninguna clase.

Pero muchos están inclinados a cometer el error antes mencionado. Y en realidad así lo han hecho. Ellos establecen el ideal, pero de una manera demasiado materialista y humana. Han pensado en hollar el sendero escogido observando lo externo, pretendiendo considerar el oro y las piedras como la misma cosa para ellos, mientras que en sus corazones ellos siguen prefiriendo el oro. Su ecuanimidad la limitan a los asuntos ajenos, en tanto que fueron disgustando y alarmando a los parientes y a las amistades por la manera de llevar a cabo este entretenimiento y por la equivocada negligencia del obvio deber. Realmente ellos buscaron la ecuanimidad, pero fracasaron en ver que la misma sólo puede ser adquirida a través de la recta ejecución del deber y no por la voluntaria selección de deberes y de los ambientes que nos son placenteros.

CAPITULO VII

Este capítulo está dedicado al asunto de aquel discernimiento espiritual por el cual el Espíritu Supremo puede ser discernido en todas las cosas, mientras que su ausencia causa una ilusión que constantemente reaparece y que es la productora del dolor. Krishna dice que este tipo de conocimiento no deja nada más por ser conocido, pero que, para lograrlo, el corazón –o sea, cada parte de la naturaleza- ha de ser puesto fijamente en el Espíritu, la meditación ha de ser constante y el espíritu ha de hacerse un refugio o una morada permanente. El entonces procede a mostrar que: haber logrado semejante cumbre equivale a ser un Mahatma.

"Entre miles de mortales, tal vez uno sólo se esfuerza hacia la perfección y, entre esos que así se esfuerzan, tal vez *uno sólo me conoce a mí como Yo Soy.*"

Esta enseñanza señala la dificultad que ha de ser encontrada en una vida cualquiera, pero no debe ser causa de desánimo. Ello simplemente pone en claro este hecho y de esta manera, también desactiva los reclamos pretenciosos de aquellos que pretenden haber alcanzado la perfección, pero no lo demuestran en sus acciones.

Entonces, Krishna da una división óctuple de su naturaleza inferior o sea de esa parte del Uno Universal que se puede llegar a conocer. Esta no es la naturaleza del hombre y no se opone al sistema septenario teosófico de los principios humanos. Ninguna clasificación teosófica específica ha sido dada en cuanto a las divisiones de toda la naturaleza; porque, por un lado, la misma no sería comprendida y por el otro, el único producto serían las disputas que no conducen a buen fin. Krishna pudiera haber presentado hasta a la división en veinticinco aspectos, que es sostenida por alguna que otra escuela. Esta "naturaleza inferior" es inferior sólo relativamente. Es lo fenoménico y lo transitorio que desaparece dentro de lo superior al final de un kalpa. Es esa parte de Dios o del Yo que escogió asumir la posición de lo transitorio y de lo fenoménico, pero que en esencia es tan grande como la naturaleza superior. La inferioridad es sólo relativa; tan pronto como el mundo material y lo subjetivo espiritual aparecen, el primero ha de ser denominado inferior con respecto al otro, porque lo espiritual, siendo la base permanente en ese sentido, resulta superior: sin embargo, en un sentido absoluto todo es igual.

Incluídos en la naturaleza inferior están todos los mundos visibles, tangibles, invisibles e intangibles; se trata de lo que nosotros llamamos Naturaleza. Lo invisible y lo intangible son, todavía, reales; pues nosotros sabemos que los gases venenosos, aún siendo invisibles e intangibles son igualmente fatales y poderosos. El experimento y la inducción nos conferirán una gran dosis de conocimiento acerca de la naturaleza inferior de Dios y, a lo largo de ese sendero, camina hoy la ciencia del mundo occidental moderno, sin embargo, antes de conocer los reinos y las fuerzas ocultos, que son escondidos e intangibles y que a menudo llamamos espirituales, pero que no lo son de hecho, hay que desarrollar y usar los sentidos astrales internos y sus poderes. Este desarrollo no puede ser forzado, como podría hacerse en la construcción de una máquina para la ejecución de alguna operación, sino que vendrá a su propio tiempo como todos nuestros sentidos y poderes que se han desarrollado en nosotros. En realidad, es cierto que un gran número de personas está hoy tratando de forzar ese proceso, pero al final ellos descubrirán que la evolución humana es universal y no particular; un hombre no puede ir muy lejos más álla de su raza, antes del tiempo.

Krishna le señala a Arjuna el gran golfo que existe entre lo inferior y lo superior. Este último es el Conocedor y aquello que sostiene todo el universo y la fuente de la cual la naturaleza inferior surge. Así es que ni el investigador materialista y científico, ni el mero alquimista y ni el hombre que hurga en lo oculto movido por el deseo de ganancia para sí mismo, será capaz de cruzar este abismo, porque ellos no admiten al Espíritu que habita en lo interior, al Conocedor.

La naturaleza superior puede ser conocida porque en realidad es el Conocedor que reside en cada ser humano que no se ha degradado totalmente. Y tal cosa ha de ser admitida antes de que alguna aproximación hacia la luz pueda hacerse. Pero pocos son los que realmente están dispuestos; y muchos son incapaces de admitir el carácter universal del Yo. Ellos algunas veces piensan que sí lo admiten cuando aceptan al Yo como algo que está presente, que está contiguo, como una especie de co-habitante. Pero esta no es la admisión de que se habla y los deja todavía separados de ese Yo. Todas las apariciones fenoménicas, todos los distintos nombres, vidas y los innumerables seres, todos cuelgan suspendidos, por así decirlo, de ese Yo. Por lo tanto:

"Y todas las cosas cuelgan y penden de mí, como las gemas preciosas cuelgan de un hilo."

Un número de cosas y poderes preeminentemente grandes y valiosos son aquí numerados y declarados ser el Yo; al paso que se incluyen las grandes ilusiones e imperfecciones de la vida y del hombre. Nada es dejado fuera. Esto es ciertamente superior a una religión ilógica que separa a Dios de las ilusiones y las crueldades de la naturaleza y después se inventa una tercer cosa, en la persona del diablo que es la causa de todas las maldades humanas. Todo esto no hace más que acentuar las dificultades en el camino. Krishna declara que la ilusión es difícil de trascender, pero que el éxito puede ser logrado tomando refugio en el Yo, porque él es el Yo. La congregación entera de devotos que son rectos encuentran favor en el Yo, pero aquellos que son espiritualmente sabios están en el sendero que conduce a lo supremo, que es el Yo.

Esto quiere decir, como lo dice Krishna, que ésos que con el ojo de la sabiduría espiritual ven que el Yo es todo, comienzan a reencarnar con esa creencia inculcada e integrada en ellos. Hasta ahora ellos habían vuelto de regreso a la tierra careciendo de esa particular idea y más bien poseídos de muchos deseos y de ideas que los mantenían separados del Yo. Ahora ellos comienzan a retornar plenamente afincados en el Yo, enfrentando su karma acumulado por mucho tiempo. Y al fin se convierten en lo que se dijo en los versos primeros, en un Mahatma o gran alma.

Hay sin embargo un gran número de personas que están en una categoría que los ha privado del discernimiento espiritual "a través de una diversidad de deseos", o que no han logrado todavía el discernimiento por la misma razón. El verso se lee de la manera siguiente:

> "Aquellos que, a través de la diversidad de deseos están privados de la
> sabiduría espiritual, adoptan ritos particulares que están subordinados
> a sus propias naturalezas y adoran a otros Dioses."

Aún cuando estas palabras, al igual que todo el resto del coloquio, fueron proferidas en la India y a un Hindú, ellas son enteramente aplicables en el Occidente. Cada forma de pensamiento y de vida puede ser llamada un rito a través de los cuales cada uno va pasando, como su religión consciente o inconsciente. Un hombre adopta aquello que está en conformidad o subordinado a su propia naturaleza y, estando lleno de deseos, él adora o sigue a otros Dioses que no son el Yo Supremo. En la India, las palabras particularmente significan adoración, que es muy común, de los ídolos entre gentes que no han sido educadas, emancipándolas de la idolatría; pero ellas también significan lo que se dijo anteriormente. En Occidente, estos "otros dioses" son los varios placeres, objetos, objetivos y estilo de vida y de pensamiento, ya sean religiosos o no, que la gente adopta. Ellos, en verdad, no tienen los muchos miles de dioses del panteón Hindú, cada dios teniendo un propósito particular, pero al final todo resulta en la misma cosa. El idólatra se inclina ante el dios visible de manera que él pueda alcanzar el objetivo de su corazón, el cual ese dios se supone que controla. El hombre occidental adora su objeto y lucha tras él con todo su corazón y su mente, por lo tanto adora otra cosa que no es el Uno Supremo Imperecedero . El dios de algunos de ellos es el logro político, el de los otros –que son la mayoría- es la posesión de riquezas. Un gran dios es aquel del progreso social, el cual resulta el más tonto, vacío e insatisfactorio de todos; al cual se le agrega, en América, el dios del dinero, porque sin dinero no hay preeminencia social posible, excepto en aquellos casos en que la posición oficial confiere una gloria temporal. Por ejemplo, una madre puede que pase noches sin dormir inventando maneras para hacer avanzar a su hija hacia el éxito social; mientras que el padre permanece despierto calculando nuevas maneras de hacer dinero. Los herederos de las riquezas se bañan en la luz radiante que viene de su propio oro, mientras se siguen esforzando por encontrar nuevas maneras de ganar, si es posible, otro paso más por ese camino, fundado sobre las cenizas y terminando en la tumba, a la cual se le llama la grandeza social. Y de todo este esfuerzo y lucha surgen muchos y varios deseos de manera que la multiplicidad y diversidad de estos esconden y obstruyen completamente todo desarrollo espiritual y de discernimiento.

Pero muchos que no son arrastrados por estas insensateces, se adhieren a alguna religión que ellos han adoptado o por lo menos la recibieron por educación. En muy pocos casos, sin embargo, la religión es adoptada, nace más bien con el niño; ha sido encontrada dentro de la familia y es regularmente prendida como una vestidura. Si dentro de esta religión o culto hay fe, entonces el Yo Supremo, imparcial y caritativo, hace esa fe fuerte y constante, de manera que se logren los objetivos. Cualquiera que sea la forma que el devoto elija adorar con fe, no es sino el Supremo quien, aunque ignorado, trae a la luz los resultados de esa fe.

Aquí surge una curiosa especulación; la cual puede ser verdadera o puede que no lo sea. Podemos notar que millones de oraciones son recitadas cada mes y dirigidas al Dios Uno, a través de toda la cristianidad, con la petición de varios favores. Una suma de millones de dinero fue ofrecida para la conversión a una mejor vida del Príncipe de Gales, pero el intento fracasó. Cesa la lluvia y plegarias son ofrecidas, pero la sequía continúa. Velas son encendidas y oraciones son ofrecidas para detener el terremoto que está destruyendo la ciudad; pero los terremotos continuarán hasta que su impulso haya terminado y la ciudad quedado en ruinas. Resulta perfectamente imposible probarle a un pensador reflexivo que hay respuestas a las oraciones en la mayor parte de los casos. Ahora, la especulación mental es que, tal vez, las oraciones ofrecidas a un Dios inmanifiesto no tienen efecto, porque para ser efectivas el Ser a quien se apela ha de tener por fuerza una existencia separada como para poder ser capaz de intervenir en cosas manifiestas de una manera separada. Los cristianos no poseen las estadísticas de los resultados de las oraciones que se han ofrecido a Dioses en los países Orientales. Los casos que se traen a colación en el Occidente son a menudo los asilos de huérfanos, para los que nada es pedido excepto en oración. Pero en la India ellos tienen instituciones similarmente mantenidas, aunque no suntuosamente, pero sin ninguna petición excepto al particular dios patrón. Es un asunto de fe constante e intensa que lleva los pensamientos de la oración hacia las mentes receptivas de otras gentes, quienes, a su vez son movidas, por el pensamiento inconscientemente inyectado, a responder la petición. Ahora, si la oración es ofrecida a un Dios que es invisible e inconocido, la fe de la persona no es firme, aunque, en otras circunstancias, como es el caso del idólatra o del católico romano que se dirige a la Madre de Dios y con la imagen delante de él, la presencia misma de lo representado es una ayuda a la constancia y a la fe del orante. Todo aplica, desde luego, a las oraciones para fines personales y egoístas. Pero aquella oración o aspiración que es hecha por luz espiritual y por sabiduría, es la más alta de todas, no importa a quien esté dirigida. Todas las religiones enseñan ese tipo de oración; y todas las demás son egoístas y espiritualmente inútiles.

* * *

Aun cuando la fuerza devocional y la fe del devoto por cualquier Dios u objeto es debida enteramente al Yo Supremo; no importa si esa fe es tonta y el Dios es falso; sin embargo la recompensa obtenida se dice que es temporal, transitoria, segura de llegar a un final. Pero distinto al sistema religioso occidental esto se declara ser un asunto de ley más bien que algo determinado por el sentimiento o la arbitrariedad. Los renglones en los cuales yo encuentro esto son los siguientes:

"Pero la recompensa del hombre con tan corta visión es temporal. Aquellos que adoran a los Dioses, van a los Dioses; y aquellos que me adoran a mí, a mí vienen."

El hombre, hecho de pensamiento, de tiempo en tiempo sólo es el ocupante de muchos cuerpos y está eternamente pensando. Sus cadenas son debidas al pensamiento y su liberación no se deberá nada más que a eso. Su mente queda inmediatamente teñida o alterada por cualquier objeto al cual es dirigida. Por este medio el alma es enmadejada en el mismo pensamiento o serie de pensamientos en que está la mente. Si el objetivo es cualquier cosa que no sea el Ser Supremo, entonces la mente queda de inmediato vuelta hacia eso, se convierte en eso y es teñida en tal forma. Esta es una de las capacidades naturales de la mente. Pues la mente es naturalmente clara e incolora, que es algo que nosostros podríamos ver si pudiéramos encontrar a uno que no hubiese pasado por tan numerosas experiencias. La mente es móvil y rápida, con una disposición a saltar desde un punto al otro. Ciertas palabras podrían describirla. Como un camaleón cambia de color, como una esponja absorbe aquello a lo que se aplica y, como sedazo, ella de inmediato pierde su color y forma previos al momento que considere un objeto diferente. Por lo tanto, llena de gozo por una causa apropiada, puede súbitamente volverse triste o áspera con la aproximación de aquello que es doloroso y sombrío. Y bien podríamos decir que se convierte en aquello hacia lo cual es devota.

Ahora, "los Dioses" aquí representan no sólo los ídolos de los idólatras, sino también todos los objetos y deseos tras de los cuales la gente corre. Porque los ídolos no son más que los representantes de los objetos deseados. Pero todos estos Dioses son transitorios. Si nosotros admitimos la existencia de Indra o de cualquier otro Dios, aún él es impermanente. En otro sitio, el poema dice que todos los Dioses están sujetos a la ley de la muerte y el renacimiento; cuando llega la gran disolución ellos desaparecen. Las cosas vanas en las que los hombres fijan sus mentes y tras de las cuales corren, son del carácter más ilusorio y transitorio. Por lo tanto, ya sean Dioses imaginarios o los deseos y objetos sobre los que la mente se fija, aquellos que así actúan, solamente tienen un resultado temporal porque el objeto que se ha tomado es, en sí mismo, temporal. Esta es la ley y no sentimiento.

Penetrando más y más en los detalles, se ha dicho que, a la muerte de una persona, hasta entonces compelida por los pensamientos de una vida, ella va quedando fija en uno u otro objeto o estado. Esta es la razón por la cual la condición intermedia de Kama-loka es una necesidad. En ese estado ellos se convierten en eso en que pensaron. Si fueron fanáticos y torturaron a otros: esos mismos pensamientos les servirán de torturas.

Fuegos interiores los consumirán hasta que se hayan purificado. Las variedades de sus diferentes condiciones y apariencias son tan vastas en número, como lo son la inmensa variedad de pensamientos posibles. Y simplemente yo no podría describirlos.

Pero aquellos que rinden culto o creen en el Yo como el todo en el todo, que no está separado de nada, que es supremo, que es el contenedor, el todo, va hacia Eso, y, convirtiéndose en Eso, todo lo conoce por ese conocimiento y cesa de estar sujeto al cambio porque Eso es incambiable. Esto también es ley, no sentimiento.

El capítulo concluye mostrando cómo es que el ignorante que cree en el Ser Supremo que tiene forma, cae en el error y en la oscuridad al momento de su nacimiento, por el poder que los recuerdos de su vida pasada tienen sobre su mente. Esto incluye el poder de los Skandhas o agregados de sensaciones y deseos que fueron acumulados en vidas anteriores. A la hora del nacimiento y siendo ellos una parte natural de nosotros, se precipitan hacía nosotros y nosotros hacia ellos, de manera que una nueva unión queda hecha para una nueva vida. En la otra vida, no habiendo visto el Yo como al todo en el todo, y habiendo adorado muchos Dioses, las sensaciones de gustos y de disgustos son tan fuertes que la oscuridad del renacimiento resulta irresistible. En cambio, el sabio murió, en su vida anterior, con un conocimiento pleno del Yo a la hora de su muerte, lo cual impidió que se imprimieran sobre su naturaleza toda una multitud de sensaciones y deseos que, de otra manera, al reencarnar, lo conducirían al error.

Este es el capítulo sobre la Unidad, cuya enseñanza es que el Yo es todo o, si usted prefiere, Dios. Un Dios que lo es todo y que no está fuera de la naturaleza y hemos de reconocer esta gran unidad de todas las cosas y todos los seres en el Yo. Este y el siguiente capítulo están basados sobre el mismo tema y divididos tan sólo por una pregunta puesta por Arjuna.

CAPITULO VIII

El Bhagavad-Guita tiene un sub-título: "Libro de la Devoción". Cada uno de sus capítulos, con la excepción del primero, trata de la devoción por algún medio particular; por lo tanto, los capítulos precedentes pueden ser considerados como conducentes a la más alta forma de devoción a través de variadas formas adoptadas por la humanidad.

El octavo Capítulo se intitula: "Devoción al Espíritu Omnipresente llamado OM."

Este título es una clave a lo que sigue en este capítulo, como también es un sumario de lo que está contenido allí.

La mente occidental puede encontrar difícil de captar esa idea de devoción hacia aquello que está en todas partes, porque la aceptación común del término implica un objeto al cual uno puede dedicarse a sí mismo; sin embargo, aquí a la devoción se le muestra como una cualidad inherente dentro de aquel que percibe y no en ningún objeto visto y es, por lo tanto, aplicable universal así como también particularmente.

Los más profundos pensadores antiguos y modernos sostienen que Aquello que razona es más alto que la razón; y similarmente, Aquello que percibe formas y que adquiere conocimiento, está más allá de toda forma y no está limitado a ningún o por ningún grado de conocimiento. Estos sabios declaran y muestran que todas las limitaciones son *auto-impuestas* e impermanentes; por lo tanto hablan del universo manifestado como la "Gran Ilusión" producida por un sentido de separatividad general y temporal de todos los seres envueltos. Los esfuerzos de estos sabios, en todo momento, han sido dirigidos hacía la ayuda de la inteligencia progresiva de la humanidad, hacía una realización más y más verdadera de la naturaleza esencial de todos los seres, la única de la cual puede derivarse la perfección en el conocimiento y por lo tanto la suprema felicidad.

"El Espíritu Omnipresente llamado Om" se refiere al Espíritu Uno que anima a todos los mundos y todos los seres. Otra expresión para la misma idea es: "El Yo de todas las criaturas"; y en el presente capítulo Krishna comienza su respuesta a Arjuna diciéndole: "Brahman, el Supremo, es lo inextinguible". Estos términos y muchos otros que son usados, no son más que diferentes formas de comunicar la misma idea. Una ayuda para la comprensión de esto puede ser lograda si realizamos que: "ese poder o habilidad de percibir es común a todas las criaturas" y que él mismo incluye todo aquello que implican esos términos abstractos, como Espíritu, Vida y Conciencia. En efecto, el Bhagavad-Guita no puede ser comprendido a menos que sea estudiado sobre la base de que: "Eso que vive y piensa en el Hombre es el Eterno Peregrino" y que realmente es sabio aquel que ve y que sabe que todos los seres espirituales son de la misma clase y difieren sólo en grado."

Como se dijo anteriormente, Krishna representa el Yo Superior de todos los seres; por lo tanto, todos esos discursos recibidos en su nombre debemos interpretarlos como siendo dirigidos a todos los hombres y no simplemente como de un personaje a otro. Entonces, comprenderemos que, cuando El habla en términos de: "mi ser manifestándose como el Yo Individual"; "Purusha, la Persona Espiritual" o "yo mismo en este cuerpo", El se está refiriendo a los constituyentes de cada ser humano.

"El Karma es la emanación que causa la existencia y la reproducción de las criaturas". Tal vez esta sentencia pueda parecer más clara si el estudiante toma en consideración el antiguo aforismo de que: "No hay Karma a menos que haya un ser que lo haya creado o que siente sus efectos"; Karma significa acción y cada ser o criatura actúa de acuerdo a su propio grado de percepción y siente la reacción o efecto en ese mismo sentido, Karma como un todo, en lo que respecta a un mundo o a un sistema de mundos, es la interacción de todos los seres de cada grado que constituyen o que están conectados con semejantes mundos o sistemas. El Karma, por lo tanto, es inherente en todos los seres y no es auto-existente como tal, o impuesto por ningún imaginado originador de mundos.

Krishna muestra que la realización de la inmortalidad debe de ser lograda durante la vida en el cuerpo si es que el estado más elevado ha de ser alcanzado. Y una vez alcanzado, la necesidad de reencarnar cesa. Aquellos, sin embargo, cuyas creencias están fuertemente fijadas en alguna particular forma de existencia después de la muerte, logran una realización de éso a lo que ellos aspiraron y entonces, cuando el tiempo se ha cumplido, renacen en la tierra.

La meditación de la que se habla como necesaria para el más alto logro, es a veces llamada: "la meditación de una vida" y significa que la inmortalidad del hombre tiene primero que ser asumida; y entonces, rígidamente adherirse a ella como la base para cada pensamiento y acción, pues es sólo de esta manera que una realización de la inmortalidad puede ser obtenida por los seres encarnados. Porque siendo del Espíritu del Hombre, que toda ley y todo poder procede, cada ser humano crea sus propias limitaciones en cada plano o nivel de ser; él puede transcender esas limitaciones sólo al revertir y manteniendo su inmortalidad, como el observador y experimentador de todos los cambios pasajeros, el cual queda inalterado e inalterable. A través del diálogo, Krishna habla de varios senderos de devoción que son tomados por los hombres. La mayoría de estos senderos son seguidos con el propósito de obtener alguna deseada recompensa, tales como son la liberación del renacimiento, el disfrute del ideal de felicidad del individuo después de la liberación del cuerpo, la salvación individual. Krishna nos demuestra aquí que todas las recompensas pueden ser obtenidas por un esfuerzo constante, pero que todas ellas son de duración temporal, necesitando un retorno a la existencia terrenal en algún período posterior, no importa cuán remoto sea. "El Brahmacharya, laborando por la salvación", labora solamente para sí mismo; él "va hacia la meta suprema", pero en semejante estado él está más allá del poder de auxiliar a sus semejantes. Aun cuando él puede permanecer en ese estado de éxtasis por un período inmenso de tiempo, los deberes hacia su prójimo que él ha dejado a un lado con el propósito de obtener la salvación para sí mismo, inevitablemente lo colocarán, un día, en el lugar donde esos deberes han de ser cumplidos. El caso de tal individuo es muy diferente de "aquellas grandes almas que han logrado la perfección suprema" en conocimiento y en deber universal.

"Todos los mundos, hasta el de Brahma, están sujetos al renacimiento, una y otra vez". En la sección que comienza con estas palabras Krishna, está señalando la Ley de Periodicidad que prevalece en cada departamento de la Naturaleza. Esto está explicado en una forma más completa en la Doctirna Secreta de H.P. Blavatsky, Vol. I, en esa parte que se refiere a los Tres Principios Fundamentales. Brevemente explicados: nuestra presente existencia sobre la tierra es el resultado de vidas previas; la tierra actual es el resultado de mundos anteriores; el actual sistema solar es el resultado de otros previos. Todos estos ejemplos implican algún tipo de progreso, porque la esencia del progreso es el cambio. Todos los seres han evolucionado hacia su presente estado, ya sea éste alto o bajo y todos continúan, todavía, evolucionando; pues un universo infinito presenta infinitas posibilidades . "Pero", nos dice Krishna, "hay eso que a la disolución de todas las cosas no es destruido; que es indivisible, indestructible y de una naturaleza distinta a la visible". Esta es la Divina Chispa del Espíritu, la Vida y la Conciencia en cada forma y ser. En el Hombre se le ha llamado "El Percibidor", Eso que ve, que aprende y que conoce, aparte de todos los objetos, las circunstancias o las condiciones a través de las cuales Eso pasa. "Este Supremo, Oh hijo de Pritha, dentro de lo que todas las criaturas están incluídas y por quien todo esto está penetrado, puede ser logrado por una devoción que está dirigida a él solamente". El "actuar por y como el Yo" en cada estado, bajo todas las condiciones y en cada circunstancia, es el supremo sendero que conduce a la meta suprema; es el sendero del deber en su aspecto supremo.

"A ti ahora te declararé, Oh mejor de los Bharatas, en qué momento los yogis murientes obtienen la liberación del renacimiento y la sujeción a ello". Los yogis son aquellos que luchan por la unión con el Yo Superior. No todos tienen éxito en una sola vida, por lo tanto algunos son sujetos al renacimiento. Krishna señala la condición de los planetas y de las estaciones en varios casos de partida y salida de este mundo. Bien parecería que, de lo específicamente dicho arriba, estas indicaciones mencionadas no aplican a aquellos cuyos pensamientos están basados en la existencia material y que en tales casos aplican otras reglas. Pero sería interesante considerar, en este caso, la declaración de los antiguos sabios de que todas las Almas no parten del cuerpo en la misma forma. Ellos sostienen que hay siete grandes plexos que gobiernan otros menores, estos representan canales a través de los cuales se reciben y se dan influencias. Cada uno de estos canales tiene su propia relación directa con una de las siete divisiones del sistema y por lo tanto, muestran que el Hombre tiene la posibilidad de relación consciente con todas esas divisiones. De aquí se concluiría que la idea que ha sido predominante durante una vida cualquiera requeriría, para su salida, algún canal particular que condujera a su apropiado reino ya sea de liberación o de esclavitud. Por lo tanto, el Hombre se ata a sí mismo o se libera a sí mismo en razón de su poder espiritual y su conexión con cada departamento y división de la gran Naturaleza. Krishna concluye el Capítulo diciendo, "El hombre de meditación que conoce todo esto, alcanza más allá de cualquier recompensa que le haya sido prometida en los Vedas o que resulte de los sacrificios, o de las austeridades, o de las dádivas de caridad, pues va hacia lo supremo, al más alto lugar". Este lugar máximo es llamado, a veces: "Omni-sapiencia," la perfección del conocimiento, la posesión de lo cual confiere poder de acción sobre cualquier departamento de la Naturaleza manifiesta. Para alcanzar ese "sitial supremo" el más alto motivo ha de permanecer en todo pensamiento y acción y, probablemente, a través de muchas vidas. La idea de esa intención o motivo máximo puede ser comunicada por la reflexión sobre este antiguo juramento:

"NUNCA BUSCARE NI RECIBIRE LA SALVACION INDIVIDUAL Y PRIVADA. NUNCA ENTRARE SOLO A LA PAZ FINAL; PERO POR SIEMPRE Y POR TODAS PARTES VIVIRE Y ME ESFORZARE POR LA REDENCION DE CADA CRIATURA EN TODO EL MUNDO."

CAPITULO IX

El título del Noveno Capítulo es: "Devoción por Medio del Regio Conocimiento y del Regio Misterio". El término "Regio" significa, desde luego, "lo Supremo", de manera que, si el título hubiese sido escrito en nuestra época, se hubiera leído de esta forma: "El Supremo Conocimiento y el más Profundo Misterio."

El hecho de que un libro o sistema de pensamiento pretenda dar los medios por los cuales tal conocimiento universal pueda ser ganado, es un asunto que demanda la atención de cada mente inteligente. Un reclamo tan grande no puede ser ligeramente puesto a un lado como inmerecedor de una profunda consideración.

Pensadores en todas partes admiten que lo que se necesita en este mundo es una autoevidente y verdadera base para el pensamiento y la acción; ellos han comprendido que nuestras ciencias, filosofías y religiones son sólo intentos, más o menos sinceros, de obtener semejante base; sin embargo siguen siendo confrontados de una manera continua con el hecho de que ninguna de éstas proveen un fundamento seguro para la paz, la felicidad y el verdadero progreso de la humanidad. Se comprende, por ejemplo, que nuestros modernos métodos de pensamiento están basados y aplicados a la existencia material y a las apariencias externas, pero que todos no son más que *efectos* de causas invisibles y que, dondequiera que se hace un intento de sondear lo invisible, la existencia material es tomada como la causa y a lo invisible como el efecto; sin que haya ninguna ganancia que pueda ser perceptible en la dirección de comprender la Vida o su propósito.

Es interesante observar que la moderna base de pensamiento y acción es lo opuesto de las de los sabios antiguos y que, mientras nuestros modos de pensamiento nos dejan en las tinieblas, los métodos de los antiguos arrojan una clara luz sobre todos nuestros problemas. Hagamos pues un estudio de la sabiduría del pasado, de manera que podamos ir hacia adelante con un propósito mas claro y más definido del que ahora tenemos.

En este capítulo, Krishna se dirige a su discípulo, Arjuna, en estos términos: "A ti que no juzgas, ahora te haré conocer el conocimiento más misterioso, junto con una realización de ello y, al haberlo conocido, te liberarás de todo mal." Las palabras: "A ti que no juzgas" significan que Arjuna es reconocido como uno que comprende que la Ley rige en todas y cada una de las circunstancias y que nada, bueno o malo, puede acontecerle, sino aquello del cual él mismo fue la causa; es por eso que él aceptó el bien sin exaltación y el mal sin quejas; en otras palabras, Arjuna se mantuvo ecuánime en el dolor o en el placer, en la alegría o en el sufrimiento, permaneciendo listo a sufrir o a gozar lo que fuera que el Yo Superior le tuviera preparado para él a modo de experiencia o disciplina. Es por eso que, desde el comienzo mismo, Krishna propone y Arjuna acepta la regla de la Ley como un paso necesario para una mayor iluminación.

El término "conocimiento", como ha sido usado aquí, tiene un significado más amplio que del que estamos acostumbrados a darle; pues nosotros consideramos como "conocimiento" a una amplia y completa familiaridad con todas las religiones, filosofías, artes, ciencias y las historias, por lo menos lo que se ha registrado junto con aquello que nuestros sentidos nos dan con relación al mundo material exterior. Por ejemplo: se sostiene generalmente que uno no puede conocer los constituyentes o las propiedades de un guijarro de piedra sin que las necesarias ayudas mecánicas o químicas sean aplicadas directamente a ese objeto y que nada puede ser conocido de los pensamientos o sentimientos de otro ser, a menos que sean expresados en palabras o en actos; mientras, el conocimiento del que habla Krishna, implica una completa identificación de la mente o el poder pensante, con cualquier sujeto u objeto al que sea dirigido, siendo ésta una concentración tal que permita al percibidor conocer todas las cualidades inherentes del sujeto u objeto, así como también todas las peculiaridades incidentales y conocer todo lo referente a su naturaleza.

La posibilidad de tal "omni-conocimiento" no es admitida por los líderes del pensamiento y por los hombres de hoy día, cuyo procedimiento está basado enteramente en el razonamiento que parte de las cosas particulares hacia las universales, desde los efectos hasta la causa probable y quienes están contentos con elaborar sus siempre cambiantes hipótesis. Su proceso de razonamiento es uno que, aun siendo más refinado y expandido, es el mismo que fue usado por nuestras razas salvajes. Los sabios de la antigüedad, a través de experiencias ganadas de muchas civilizaciones, ya habían aprendido a comenzar con principios universales, el plano de la causalidad, y habían logrado llegar finalmente a ver, a comprender y a usar el verdadero proceso después de un sinnúmero de pruebas y verificaciones. Es el resultado de esta sabiduría adquirida lo que Krishna le imparte a Arjuna tan rápidamente como su avanzante inteligencia le va permitiendo. Es esta sabiduría y sus resultados lo que está delineado en la Doctrina Secreta o Teosofía. Puesto que, si el estudiante ha de comprender el Bhagavad-Guita, él debe comenzar con principios universales y, con lo universal siempre en mente, expandirse hacia todos los particulares.

Tómese, por ejemplo, la primera oración del segundo párrafo de este capítulo. "Todo este Universo está penetrado por mí en mi forma invisible; todas las cosas existen en mí pero yo no existo en ellas"; aquí Krishna está hablando como el Espíritu Omnipresente que está en todos los seres, el cual, sin embargo, está totalmente realizado en seres tales como Krishna, Cristo y otros que han aparecido en el mundo de los humanos.

Cuando Krishna usa el pronombre personal a través del Guita, no se está refiriendo a su propia personalidad, sino al Yo de Todo. Por lo tanto, la sentencia mencionada puede ser leída: "Todo este Universo está penetrado y sostenido por el Yo Uno, el Espíritu Omnipresente; puesto que ese es el Yo y el Percibidor en todas las formas, no puede ser visto externamente. Por razón de Eso, todas las formas existen; pero Eso no depende de la forma o formas; sino que éstas dependen de Eso." En esta oración está contenida una expresión del Principio Universal básico, la causa y el sostén de todo lo que fue, es, o jamás será y sin la cual nada existe. Siendo Universal u Omnipresente e Infinito, ninguna forma de pensamiento puede definir Eso; sin embargo la humanidad ha tratado siempre de definir lo infinito por sus conceptos finitos de la Deidad. De aquí que haya los muchos dioses de diferentes épocas y diferentes pueblos; todos ídolos y cada uno de ellos hechos por el hombre, ya sean mentales o físicos. Son estas concepciones producidas por el hombre acerca de la Deidad que han tendido siempre a erigir muros y divisiones entre los pueblos; los dioses tribales y nacionales niegan y frustran una realización de la Hermandad Universal.

La antigua enseñanza que Krishna enuncia una vez más es que todas las formas de todo tipo proceden de Una Fuente Universal; la vida de cada cual está escondida y sostenida por esa Fuente, la Vida Una. El poder de percibir y de expandir su campo de percepción y de expresión es el mismo en todos los seres y en todas las formas; los grados de percepción y de expresión están manifestados en las innumerables clases de seres; éste es el poder que se encuentra detrás de toda evolución del desarrollo que procede de adentro hacia afuera.

Krishna procede a enunciar la Ley bajo la cual todos los seres evolucionan, en las palabras: "Oh hijo de Kunti, al final de un kalpa todos los seres retornan al interior de mi naturaleza y entonces, de nuevo, en el comienzo de otro kalpa, Yo causo que ellos evolucionen otra vez". Un kalpa significa una gran era o período y la ley a la que se hace referencia es aquella de que se habla en la Doctrina Secreta como la Ley de Periodicidad, o la ley de ciclos. Por todas partes en la naturaleza encontramos esta ley en operación, como día y noche, como verano e invierno, como vida y muerte, como el aspirar y el expirar, como la sístole y la diástole del corazón y así como el sembrar y el cosechar. El nombre general para esta Ley universal es Karma, lo cual significa Acción y Reacción, Causa y Efecto; la misma aplica a todos los seres y a todos los planos. Dice un antiguo aforismo: "No hay Karma a menos que haya un ser que lo cree o que sienta sus efectos." Por lo tanto toda manifestación es el resultado de la acción kármica por seres de todo grado en su mutua interacción e inter-relación.

La frase: "Yo causo que ellos evolucionen otra vez" lleva consigo el significado de que cada período de manifestación, grande o pequeño, va seguido por otro sobre la base de la experiencia ya ganada. Eso que causa "que ellos evolucionen otra vez" es el Yo de Todo lo que es, al mismo tiempo, el yo de cada uno o como ha sido poéticamente llamado: "el Gran Aliento" con su gran "expirar e inspirar", que son periódicos y recurrentes; la pulsación incesante puede decirse que es Su único atributo. Esta naturaleza esencial es eso de lo cual se habla en la frase que dice: "Yo emano una y otra vez todo este montaje de seres, sin la voluntad de ellos, por el poder de la esencia material". La sentencia: "sin la voluntad de ellos", puede ser comprendida si consideramos que ningún ser humano está en un cuerpo porque él, como tal, así lo deseara; ni tampoco abandona su cuerpo porque así él lo desee; la fuerza impulsante procede del yo interno, del hombre real. La oración: "Por el poder de la esencia material", podemos comprenderla si consideramos la declaración de que el Espíritu y la Materia son co-existentes y co-eternos. Por la palabra "materia" se indica substancia primordial de la cual son producidas todas las diferenciaciones en la materia por acciones conscientes de seres de todos los diferentes grados.

"Y yo soy como uno que permanece indiferente", significa que el Yo Uno no está envuelto en ninguna forma particular ni colectiva de manifestación, pero por siempre permanece como el espectador, como el amonestador, el sostenedor, el que disfruta y también como el Alma Suprema. Igualmente, cada uno puede siempre decir: "Yo estuve en un cuerpo de niño y tuve experiencias pertinentes a ese estado; pasé a través de todos los cambios del cuerpo y circunstancias hasta el presente y pasaré por los cambios futuros; pero permanezco la misma incambiante identidad a través de todas las condiciones."

"Los ilusos me desprecian en mi forma humana, por ser desconocedores de mi naturaleza real como Señor de todas las cosas". El Yo Uno es el yo de todos los seres. En los Upanishads se dice que: "el Yo brilla en todos; pero en todos no resplandece." Krishna dice que los ilusos fallan en reconocer este Yo y, juzgando por las apariencias y por las clasificaciones arbitrarias, mantienen la separatividad. Y así actuando, ellos ponen en movimiento causas que producen efectos similares en otras palabras, mal karma.

El resto de este capítulo presenta la recta comprensión del Yo y de sus resultados, e igualmente a los resultados de una falsa e imperfecta comprensión.

Las enseñanzas integrales de Krishna enfatizan la declaración de que hay sólo Un Espíritu y no varios, el mismo Espíritu animando a todos los seres y sosteniéndolo todo. El mismo poder de percibir es poseído por todos igualmente. Las diferencias entre los seres consisten en el ámbito de la percepción adquirida a través de la evolución. Esto aplica a todas las vidas por debajo del Hombre, al Hombre mismo y a todos los seres superiores al Hombre. "La Voz del Silencio" dice que: "La Mente es como un espejo que acumula herrumbre mientras refleja," y que en otros escritos se habla de la Mente como "el espejo del Alma". No podemos fallar y dejar de ver el hecho de que nosotros actuamos de acuerdo a las ideas que sostenemos sobre la vida; que lo que nosotros llamamos: "nuestra mente", es un cúmulo de ideas sostenidas por nosotros como una base para pensamiento y acción; y que nosotros vamos cambiando de tiempo en tiempo a medida que encontramos ocasiones para tales cambios; pero que, en todo momento actuamos sobre la base de las ideas que sostenemos en ese preciso momento. Las razones para la diferencia entre los seres humanos son tan sólo las falsas, las imperfectas o las verdaderas ideas que forman la base del pensamiento y de acción.

Estamos inclinados en aceptar y a sostener sólo aquellas ideas que están de acuerdo con nuestros deseos personales. Krishna presenta aquí un ejemplo de aquello que, entre nosotros, sería llamado un buen deseo, es decir: "aquellos que están versados en los Vedas, cuyo deseo es por un goce personal del cielo; ellos, él dice, obtienen y gozan de ese cielo por un período de tiempo proporcional al de sus méritos y entonces se hunden de regreso a un nacimiento mortal. El concluye diciendo: "por lo tanto, aquellos que anhelan el logro de sus deseos, siguiendo los Vedas, obtienen una felicidad que viene y se va. Pero para aquellos que, pensando en mí como idéntico con todo y que constantemente me adoran, Yo cargo el peso de la responsabilidad de su felicidad". Las palabras: "constantemente me adoran", tienen una explicación más adelante, en el capítulo en donde él dice: "Lo que sea que hagas Oh hijo de Kunti, cualquier cosa que comas, cualquier cosa que sacrifiques, cualquier cosa que des, cualquier mortificación que ejecutes, encomiéndamelas todas a mí". La "devoción" verdadera es la devoción a un ideal. Aquí, "el Yo de Todo" es el ideal y la acción indicada es la de pensar y actuar a nombre de y como si fuera el Yo Uno en todas las cosas, sin auto-interés en los resultados . Nosotros no estamos apegados a los resultados por nuestras acciones, sino por nuestros pensamientos; la libertad viene de la renunciación al auto-interés en el fruto de esas acciones.

Todo lo dicho anteriormente está incluido en el mandato final de Krishna: "Habiendo tú obtenido este mundo finito y triste, adórame. Sírveme, fija tú corazón y tu mente en mí. Sé mi servidor, mi adorador, póstrate ante mí y así, unido a mí, en reposo, vendrás a mí."

CAPITULO X

El título dado es: "Devoción Por Medio de las Divinas Perfecciones Universales".

Las palabras: "Divinas Perfecciones Universales" tienen una significación que no es usualmente captada por el lector. Los hombres hablan de perfección desde el punto de vista de la imperfección y siempre en relación a las formas, las condiciones y las apariencias que están constantemente cambiando; al punto de que para la humanidad en general, el modelo de lo perfecto es una idea que está siempre alejándose y es elusiva, como igualmente ilusoria. Y aquí, otra vez, tal como nuestra ciencia moderna, nosotros razonamos partiendo desde lo particular a lo universal, en vez de desde lo universal a lo particular, sin percibir nunca que nada menos que *la causa misma* podrá conocerse *a sí misma.*

Las disertaciones de Krishna no hacen más que repetir aquello que había sido conocido antes, a los hombres perfeccionados de todos los tiempos y aquello que todas las divinas encarnaciones ya han declarado: el Hombre es idéntico con el Absoluto inmanifiesto y también con la Deidad, como lo vemos manifiesto en la Naturaleza. Nuestras doctrinas y nuestra educación nos llevan a pensar que somos *inherentemente imperfectos*; y si así lo fuéramos, nunca podríamos, por ningún medio, llegar a ser perfectos; pero si fuéramos inherentemente perfectos, podríamos ver, comprender y corregir algún conocimiento imperfecto y hacer uso de todas las fuerzas, porque es de fuerzas que estamos aquí tratando, no con formas; es con ideas, no con personas. Entonces, comenzaremos a comprender que hay sólo una fuerza o poder: lo Espiritual; y que todos los variados efectos de ese poder o fuerza que vemos y experimentamos son debidos a la dirección dada a ese poder por entidades conscientes que son de muchas clases en sus diferentes grados. Para comprender las "perfecciones divinas", hay que aplicarlas universalmente, desde el punto de vista del Yo Uno, el Yo de cada uno, el Yo de Todo.

Mientras el Guita es planteado en la forma de un diálogo entre Krishna y Arjuna, así como entre un divino maestro y su discípulo y puede ser así entendido, el poema puede ser aplicado en otra forma; Krishna es el Yo Superior en cada uno y Arjuna, la mente, el espejo de las impresiones externas; de tal manera, el diálogo puede tomarse provechosamente como el medio hacia la realización del Yo, y a Su ajuste y control de los componentes inferiores y fuerzas. La nota-clave de la antigua enseñanza es que el poder creativo y sostenedor de todas las cosas y seres no es para ser buscado externamente; y tan sólo puede ser encontrado en la raíz misma de la naturaleza de cada y todo ser. Como aparece en los Upanishads, "El Yo-Ser perforó las aberturas hacia fuera, por tanto uno mira hacia fuera, no dentro de sí mismo." Los sabios, que buscan lo Eterno, miran hacia dentro, porque "eso que vive y piensa en el Hombre es el Eterno Peregino" (la D.S.). Entonces, para el estudiante es necesario reflexionar sobre las ideas de que él actúa por y como el Yo de Todo; que el poder de verlo todo y de conocerlo todo está potencialmente presente en él, es de hecho su Yo verdadero. Entonces, por lo menos comprenderá que, cuando Krishna dice: "Ni la asamblea de los Dioses ni la de los Reyes Adeptos" conocen mi origen porque Yo soy el origen de todos los Dioses y de mí proceden los Adeptos; "soy el origen de todo; todas las cosas proceden de mí"; él está hablando aquí del Yo de Todo y de cada uno; y que el origen de eso que es Eterno e incambiable no puede ser descubierto, porque es ambos Ser y No-Ser. Como lo señala Patanjali, "El Alma es el Percibidor; es la visión misma, pura y simple y ésta mira directamente las ideas". Esto quiere decir que cada ser humano tiene el poder de ver y de conocer todas las cosas, no importa cuán restringido pueda ser ese poder en cualquier ocasión; y que la restricción yace en las ideas más o menos estrechas a las que él se adhiere, las cuales forman la base para sus acciones. Este auto-limitado ámbito de percepción, no sólo previene el ejercicio completo de sus poderes como Yo, sino que actúa como una barrera al correcto entendimiento de su observación y experiencia; en consecuencia que, aún el hombre de hoy puede decir: "Yo soy el origen de todas las cosas; todas las cosas proceden de mí", porque en lo que a él concierne, las ideas que él ha adoptado y la naturaleza que él ha adquirido, forman la base para todas las causas que él ponga en movimiento, mientras que, al mismo tiempo, constituyen su campo de observación y de experimentación de los efectos. Por el mismo poder que reside en el Yo, el Hombre crea el bien y el mal, la ilusión de la separatividad y todas las imperfecciones. Las perfecciones Divinas son universales; y ellas pueden solamente ser alcanzadas actuando por y como el Yo en todas las cosas. Este estado puede ser obtenido por una eliminación gradual de todas las bases de acción que crean la separatividad.

Arjuna comienza diciéndose a sí mismo (a Krishna), las características que, de acuerdo a él, pertenecen al máximo poder y sitial. "Tú eres Parabrahm" (más allá de Brahma), "Tú eres la Presencia Eterna, el Divino Ser; todo penetrante; sin comienzo." "Sólo tú puedes conocerte a ti mismo por medio de tu Yo". "Solamente tú puedes declarar plenamente tus poderes divinos." "¿Como puedo yo, que pienso constantemente en ti, ser capaz de conocerte?" "¿En qué particulares formas habré de meditar sobre ti?"

La respuesta comienza con: "Te voy a familiarizar con mis principales manifestaciones divinas, *porque la extensión de mi naturaleza es infinita*. Yo soy el Ego que se asienta en los corazones de todos los seres; Yo soy el comienzo, la mitad y el final de todas las cosas existentes." El prosigue, entonces, a declarar que, entre los dioses, el Yo es lo supremo; entre las esferas planetarias, el Sol es su expresión; entre los espíritus del aire, el jefe de estos es una expresión de Eso; entre las escrituras sagradas, Eso es la esencia de aquellas, la canción o el sonido que todo lo impulsa; y así sucesivamente a través de una larga enumeración de formas, poderes y cualidades que ya son conocidas por Arjuna. El termina diciendo: "Yo soy, Oh Arjuna, la simiente de todas las cosas existentes y no hay nada, ya sea animado e inanimado, que esté sin mí". Mis divinas manifestaciones no tienen fin, las muchas que Yo he mencionado han sido dadas sólo como ejemplo. También sabe que cualquier criatura que sea permanente, de buena fortuna o poderosa, nace de una porción de mi energía. ¿Pero qué, Oh Arjuna, haz de hacer tú con tanto conocimiento como esté? Yo he establecido este universo con una sóla porción de mí mismo y sin embargo, permanezco separado.

Arjuna le ha preguntado a Krishna bajo qué forma particular debería el Yo ser adorado. La respuesta de Krishna fue: "bajo todas las formas", porque no hay nada en el universo, animado o inanimado, que esté desprovisto de YO. El buscador de la Verdad y del conocimiento debe ver al Yo Uno en todas las cosas y todas las cosas en el Yo, y entonces actuar por y como el Yo de Todo. Todas las escrituras sagradas están dirigidas al individuo porque es desde dentro del individuo, y sólo del individuo, que la reforma puede comenzar y ha de ser llevada a cabo. El estudio y la aplicación del Guita tiende a derribar todas las ideas que están basadas en la separatividad, e inculca en el estudiante la idea de que el camino hacia el conocimiento de las divinas perfecciones yace en el servicio universal, sin distinción de castas, credo, sexo, color o raza. "El Auto-Conocimiento es la criatura de la acción benévola".

CAPITULO XI

Intitulado: "La Visión de la Divina Forma como incluyendo a Todas las Formas," este capítulo, al igual que todos los demás, ha de ser aplicado al individuo mismo, pues, no obstante que aquí se haga constante referencia a muchas clases de seres, con sus variados grados de conciencia y de poder, se presenta una clara indicación de que cada Ego Divino es, primeramente, el Yo y contiene, dentro de su ser, cada elemento que existe en el Universo.

En este capítulo, Arjuna comienza diciendo lo siguiente: "Mi ilusión ha sido despejada por tus palabras, que tú, para la paz de mi alma has ido pronunciando en lo que concierne al misterio de Adhyatma, el Espíritu." El había percibido que el Yo Uno anima todas las formas de todo tipo; que el poder sostenedor, igual que el poder percibidor, está dentro de cada forma existente; pero él deseaba ver y comprender la forma o contenedor del Yo; en otras palabras, los medios por los cuales el Yo Uno se enfocaba, por así decirlo, en las innumerables formas de existencia.

Krishna le da la clave a la respuesta en una sentencia: *"Aquí, en mi cuerpo,* contempla ahora, Oh Gudakesha, todo el universo animado e inanimado reunido aquí en uno y también todo lo demás que tú deseas ver. Pero como con tus ojos naturales no eres capaz de verme, te daré el ojo divino." Aquí, se hace evidente que el cuerpo del que hablaba Krishna era un *cuerpo* espiritual, ya que requería el uso de un ojo divino para verlo y también que Arjuna no podía percibir la más alta forma, a menos que él mismo poseyera semejante visión. La palabra *cuerpo* implica forma y sustancia y en esta relación habrá de significar la más alta y concebible materia o sustancia primordial, la que para nosotros ha de ser comprendida como "luminosidad y energía," la fuente de toda luz y de todo poder.

Las palabras: "la Divina forma como incluyendo todas las formas", implica que no hay más formas que las incluídas en la Divina forma, de lo cual puede deducirse que el sustrato de cada forma es la misma sustancia primordial de la que se habla en este capítulo como: "la forma divina" y de que cada ser posee una forma divina la cual contiene dentro de sí potencialmente todo poder y todo elemento. En esta antigua enseñanza puede encontrarse la verdadera base de la evolución o sea un desenvolvimiento de adentro hacia afuera.

Las porciones descriptivas de éste capítulo pueden ser mejor comprendidas si el estudiante lleva en mente que el Guita, como lo tenemos hoy en nuestro idioma, es una versión del Sánscrito, siendo, este último, un idioma científico cuyas letras tienen un valor numérico, con un correspondiente sonido y significado; mientras que nuestro idioma es el de un pueblo guerrero y mercader, con una gran pobreza de términos para todo lo que esté más allá de lo físico. Uno no cometerá, por lo tanto, el error de pensar que tales descripciones son debidas a infantilismos o a una imaginación ignorante, sino que en realidad son debidas a un conocimiento de poderes, fuerzas, seres y estados de conciencia.

Sanjaya (el registrador del diálogo) nos dice: "Hari (Krishna) el poderoso Señor de la fuerza misteriosa, le mostró al hijo de Prita (Arjuna) su forma suprema, con multitud de bocas y ojos, numerosos ornamentos divinos y muchas armas celestes levantadas; adornada con guirnaldas y mantos celestiales, ungida con perfumes y unguentos, llena de toda cosa maravillosa, el eterno Dios cuyo rostro está vuelto en todas direcciones."

"El eterno Dios" es el Percibidor dentro de la divina forma; el "rostro [...] vuelto en todas direcciones es la "forma divina," que, como un espejo esférico, refleja todas las cosas. Todas las diferenciaciones de substancias ocurren dentro de la forma divina y cada diferenciación necesita su propio modo peculiar de expresión y sus apariencias, correspondiendo así a las "bocas," "ojos," y "formas maravillosas."

Se ha dicho de muy antiguo que "la Deidad geometriza." Todas las formas evolucionan de adentro hacia fuera. Desde el "punto" cuyo centro está en todas partes y cuya circunferencia no está en ninguna parte, una radiación empieza idéntica en todas direcciones y establece una circunferencia; una esfera dentro de la cual la actividad del "punto" está particularmente confinada. Dicho "punto", extendiéndose horizontalmente, se convierte en un diámetro, dividiendo la esfera en dos hemisferios, positivo y negativo, estableciendo así una base para acción y reación. Una extensión más del punto verticalmente a la circunferencia, divide la esfera en cuatro partes, representables en una superficie plana como una cruz dentro del círculo. Recordando que estas extensiones del "punto" o centro, son líneas de fuerzas procedentes del centro y tendientes a retornar a él, podemos concebir, entonces, el comienzo de una revolución de la esfera en donde los extremos de las líneas verticales y horizontales se extienden, la una sobre la otra, formando, primero, la cruz con asas y, finalmente, el cuadrado dentro del círculo, en realidad un cubo o una figura de seis lados dentro de la esfera. Si al cubo se le mira de cualquiera de los lados, nos dará la apariencia de cuatro ángulos que, si pudiéramos concebir como siendo puntos luminosos equidistantes del centro brillante, podrían verse como una estrella de cuatro puntas, el signo y símbolo del reino animal. Si pudiéramos imaginar a Arjuna como viendo dentro de la "divina forma" todas las líneas vivientes de fuerza y las formas por ellas producidas, la estrella de cuatro, cinco y seis puntas y las figuras poliédricas, todas en movimiento y de una maravillosa brillantez luminosa con muchos colores y representando las actividades de cada ser de todo grado dentro del universo, podríamos tal vez obtener una leve concepción de las partes descriptivas que hay en este capítulo.

"Yo soy el Tiempo que ha llegado a maduración, manifestándose para la destrucción de todas estas criaturas." "Tiempo llegado a maduración" significa la consumación de todos los ciclos; porque todo lo que comienza en el tiempo, termina en el tiempo; cada acción tiene su propio ciclo o período de retorno, o sea de reacción; porque es la acción y las acciones las que producen los ciclos y estas últimas varían desde una duración momentánea hasta aquella de una "gran era"; ya que esas acciones han sido producidas por entidades separadas, por clases enteras de seres o por la colectividad de las acciones de muchos seres de todo grado concernientes a cualquier sistema particular de evolución. La referencia general que aquí se hace es a la impermanencia de todas las formas o combinaciones de ellas. El cambio es necesario para el progreso, porque sin cambio sólo habría estancamiento; de aquí la constante desintegración y también re-integración de elementos en las siempre cambiantes relaciones y formas, todas traídas a la existencia por los requerimientos del Percibidor, el Hombre Real dentro de uno, quien es el único sobreviviente a través de todos los cambios.

"Tú eres el Ser uno indivisible y también el no-ser, eso que es supremo." Esta declaración sólo puede ser comprendida por cada uno aplicándola a sí mismo. Ya sabemos que no somos nuestros cuerpos, porque estos constantemente cambian, en tanto que nosotros permanecemos siendo la misma identidad a través de todos los cambios. Tampoco somos nuestras "mentes", nosotros cambiamos de opiniones dondequiera que encontramos la ocasión de hacerlo; si fuéramos nuestras mentes, no podríamos llevar a cabo nuestros cambios de opinión y, aún más, resulta muy claro que el "cambio" no puede ver el "cambio"; solamente aquello que es permanente puede ver el cambio. Esa permanencia es lo Real, el Hombre inmortal o, como dice la Voz del Silencio: "El Hombre que fue, que es y que será, para quien la hora nunca suena." Cada uno es el Yo, el Percibidor; el no-ser y sin embargo, es la causa y sostén del ser; tal como lo dice el Guita en este capítulo, "tú eres el Conocedor y aquello a ser conocido," "tú eres el receptáculo real y supremo de este Universo", el recogedor de toda experiencia cuando este Universo se disuelva. Porque al final del Gran Ciclo, que incluye todos los ciclos menores, los seres retornan al estado primordial, pero con la adición de la experiencia ya ganada. La próxima gran oleada de evolución procederá sobre la base del conocimiento adquirido por todos los seres envueltos.

"Habiendo sido ignorante de tu majestad, te tomé por un simple amigo y te he llamado a ti: '¡Oh Krishna, Oh hijo de Yadu, Oh amigo!' y, cegado por mi afecto y mi presunción, te he tratado, a menudo, sin el debido respeto en el juego, en el recreo, en el reposo, en tu sillar, en tus comidas, en privado y en público; por todo esto yo te pido, Oh ser inconcebible, que me perdones."

Krishna ha de ser considerado no sólo como el representante del Yo en todos los seres, sino como al Ser Divino encarnado en una forma humana. Arjuna había pedido ver "la divina forma" y, al haberla visto, cayó en congoja ante su grandeza y gloria, percatándose de que se había comportado con Krishna como si fuera un ser humano igual a él, aunque mucho más sapiente; por lo tanto busca el perdón de este último por su presunción, pidiéndole a Krishna que reasuma la forma a la cual él estaba acostumbrado.

Aquí, en esta antigua escritura sagrada, se describe el fatal error que repite, una y otra vez, la humanidad al fallar en reconocer a un maestro divino cuando éste aparece dentro de ellos en el aspecto humano. Buddha, Jesús y muchos otros antes y después de ellos, fueron tratados por sus contemporáneos como seres humanos ordinarios, movidos por intenciones similares a la del resto de los humanos. Ellos fueron antagonizados por los intereses establecidos, ya fueran religiosos o de cualquier otro tipo, porque las doctrinas que ellos enseñaron eran destructivas de las netas y rígidas conclusiones sobre las que esos intereses habían sido establecidos; sus discursos y obras llamados a instruir, a iluminar y a beneficiar, fueron siempre interpretados como violaciones a la ley, a las costumbres y a las tradiciones y fueron frecuentemente caracterizados como de naturaleza criminal. Aún entre sus más inmediatos discípulos, pudo ser encontrada la sospecha, la duda, los celos, el miedo, el resentimiento y el interés propio, ninguno de los cuales hubiera podido existir si es que la naturaleza real del maestro hubiera sido comprendida. Estas condiciones impidieron una legítima relación entre maestro y discípulo, que es tan necesaria al último si es que él ha de beneficiarse plenamente de esa relación. Es verdad que todos los discípulos aprendieron algo a pesar de sus defectos, pero, es también verdad que la falta de percepción intuitiva de la naturaleza divina de sus maestros, fue el factor más importante en el fracaso de esos discípulos de verdaderamente transmitir las enseñanzas que ellos habían recibido; porque esa carencia cerró la puerta dentro de ellos mismos a través de la cual habría de venir la iluminación divina. Aun el mismo Arjuna, el leal y devoto discípulo como siempre lo fue, había fallado en percibir la naturaleza maravillosa de su maestro. Y no fue hasta que el maestro, por su propio poder y favor, causó que se abriera "el divino ojo" en Arjuna, que la habilidad de ver dentro de ese plano de sustancia fue ganada. Es lógico suponer que Arjuna había arribado, por su inconmovible confianza y devoción constante, a ese estado de desarrollo donde semejante ayuda era merecida.

Estaría bien que los estudiantes de Teosofía consideraran si es que ellos no habrían hecho un error similar con Aquellos que trajeron el mensaje de la Teosofía al mundo Occidental y, como tal, mantuvieron cerrada la única puerta a través de la cual la ayuda directa podía haber venido.

En la última porción del capítulo Krishna dice: "Yo no soy visible ni siquiera como me he mostrado a ti, ni por el estudio de los Vedas (escrituras sagradas), ni por las mortificaciones, ni por las limosnas que se dan, ni por los sacrificios. Yo soy sólo alcanzable y visible y conocible, en verdad, por medio de esa devoción que me tiene a mí sólo como el objetivo."

Lo siguiente, que fue escrito por uno de los Maestros, puede servir de explicación para el párrafo anterior. "Ishwara, que es el espíritu en el hombre, permanece intocado por todo problema, obra, fruto de las obras o por los deseos, cuando una firme posición ha sido asumida, teniendo en vista como fin alcanzar la unión con el espíritu, a través de la concentración, El (ese espíritu) viene en ayuda del yo inferior y lo eleva gradualmente a planos superiores." Esa "firme posición" y concentración son una y la misma cosa; ello significa la devoción de toda una Vida, un actuar por y como el Yo de todas las cosas.

"Aquel cuyas acciones son para mí sólo, que me estima a mí como la meta suprema, que es mi solo servidor, sin apegos a los resultados de la acción y es libre de animosidad hacia toda criatura, ése ciertamente viene a mí, Oh hijo de Pandu."

CAPITULO XII

La palabra "fe", como se le usa en este capítulo, tiene un significado mucho más profundo que el que se le da usualmente. Tener fe, es el de mantener una convicción de la verdad de aquello sobre el cual uno ha fijado su fe. En el mundo hay muchas "fes", algunas han sido adoptadas debido a la ignorancia, a la credulidad y a la superstición; otras, porque ellas son atractivas a los deseos de sus seguidores; otras, igualmente, por las verdades parciales que contienen. Pero eso que falta en todas ellas es "conocimiento," porque una convicción mantenida en la ignorancia no hace más que perpetuar la ignorancia y los resultados de ésta; una convicción mantenida por el deseo, sólo perpetúa los deseos y sus resultados; y una convicción mantenida por las verdades parciales perceptibles, indica un poco de conocimiento, pero no lo suficiente para distinguir el error que está siempre entremezclado con las verdades parciales. La "fe" de que habla Krishna es aquella que está fundamentada en el auto-conocimiento o el conocimiento del Yo como siendo Todo y estando en Todo. Una confianza puesta sobre ese Yo Supremo y una identificación del Yo de uno con Eso, presenta una base incambiante e incambiable de la cual puede ser percibida la Verdad en relación al Hombre y a toda la Naturaleza. "La verdadera fe" puede sólo existir cuando está fundada sobre el recto saber y conocimiento.

En la respuesta de Krishna, con la cual cierra el capítulo once, encontramos estas palabras: "Yo soy para ser alcanzado, visto y conocido, en verdad, por medio de esa devoción que me tiene a mí sólo como su objetivo." Pero en el capítulo doce, Arjuna le sigue con esta pregunta: "Entre esos de tus devotos que siempre en esa forma *te* adoran, ¿quién sigue el mejor camino, aquellos que adoran lo indivisible y lo inmanifiesto o aquellos que te sirven como tú te vés ahora?"

La respuesta de Krishna incorpora lo siguiente: "Para esos, cuyos corazones están fijos en lo que es inmanifestado, la labor es mucho más grande, porque el sendero hacia lo inmanifiesto es difícilmente alcanzado por seres con cuerpos." Aquí, una nota al pie explica que: "La dificultad a que se hace mención es aquella causada por la personalidad, que causa que veamos al Supremo como diferente y separado de nosostros." La tendencia de los seres humanos es la de pensar y actuar como personas en sus relaciones con otros seres humanos y con la naturaleza manifiesta en general y, aún cuando pueden desear ardientemente actuar "por y como el Yo," se encuentran continuamente cayendo bajo la influencia del *sentimiento* puramente personal de separatividad.

En cuanto a las palabras: "O aquellos que te sirven como eres ahora," se refieren a esa forma de Krishna que Arjuna mejor conocía. El que esto fue una forma humana queda indicado en el capítulo previo, en donde Arjuna dice: "Habiendo sido ignorante de tu majestad, te tomé por un amigo y te he llamado: '¡Oh Krishna, Oh hijo de Yadu, Oh amigo!' y, cegado por mi afecto y presunción, en ocasiones he llegado a tratarte sin respeto, en el juego, en el recreo, en tu sillar así como en las comidas, en privado y en público; y todo esto, a Ti ruego, Oh ser inconcebible, que perdones." En esta oración, Arjuna reconoce a Krishna como una encarnación divina, como un ser que ha alcanzado la perfección y que había encarnado voluntariamente con el propósito de ayudar a aquellos que todavía luchan en "este océano de encarnaciones y muertes." El que tales encarnaciones divinas no han sido infrecuentes, tanto antes como después de la época de Krishna, queda demostrado por un estudio de las grandes religiones del mundo; la razón de ser y el significado de tales encarnaciones se halla claramente en "La Doctrina Secreta."

El Sendero de cada Arjuna y de cada uno de nosotros, no es mas que eso; es primeramente un reconocimiento de que el verdadero conocimiento tiene que existir y un deseo ardiente de obtener ese conocimiento. Entonces, viene una búsqueda por la fuente de tal conocimiento; en esa búsqueda yace el peligro para el buscador. El encontrará muchos maestros, cada uno con una pretensión de poseer ese conocimiento. Al paso que no tiene aún los medios para determinar lo verdadero de lo falso, aceptará ignorantemente ese maestro o enseñanza que estén de acuerdo con sus propias ideas y deseos. Este, desafortunadamente, es el curso de la mayor parte de los buscadores. Pero también habremos de encontrar a otros que examinan cuidadosamente las bases fundamentales de las enseñanzas ofrecidas y que aceptarán sólo aquellas cuyas proposiciones fundamentales pueden ser aplicadas, universalmente, de manera que su verdad se hace auto-evidente.

Un resumen de los capítulos anteriores mostrará que Krishna le señaló a Arjuna las varias formas de creencias y prácticas o de devoción seguidas por los hombres, y que todas éstas, aunque sólo parciales y erróneas, al final conducirán todas a la Verdad Una, si es que el buscador fue sincero y devoto en su búsqueda de ella. Al mismo tiempo, la Realidad o Verdad Una fue declarada ser accesible a todos los hombres y ser el sendero supremo, el más directo y más noble, el que conduce a la comprensión, a la sabiduría y a la verdadera felicidad.

"Pero en caso de que fueras incapaz de fijar firmemente *a la vez* tu corazón y tu mente en mí, esfuérzate, entonces, Oh Dhananjaya, en encontrarme por la constante práctica de la devoción." La constancia se gana por un empeño persistente de llegar a ser constante, firme y determinado.

"Y si después de una práctica constante, eres todavía incapaz, sígueme por las acciones hechas por mí; porque haciendo obras por mí, lograrás la perfección." Las obras a las que se refiere esto son especiales, diseñadas y ejecutadas a nombre del Supremo y todas tendientes hacia la eliminación de "la idea personal" de separatividad.

"Pero, si aún no estás a la altura de esto, entonces, por auto-restricción, ofréceme a mi todo lo que hagas, tanto tus éxitos como tus fracasos, abandonando así en mi el fruto de cada acción. Pues, el conocimiento es mejor que la práctica constante, la meditación es superior al conocimiento, la renunciación del fruto de la acción es superior a la meditación; y la emancipación final es el resultado inmediato de tal renunciación." Se ha dicho que la Fuente de todos los seres es Una; que el objetivo es Uno; pero que el Sendero varía con cada peregrino. Por lo tanto, cada peregrino se encuentra en un punto de su evolución o desarrollo en el que uno u otro de los pasos aquí presentados está al alcance. Cada uno de estos pasos es aquí mostrado como conducente a la dirección de la meta, pero el aspirante ha de verlos solamente como pasos, siendo la condición para su éxito de que él por siempre mantenga a la vista su meta: la unión con el Yo Superior.

"Dominar a sí mismo", significa mantener bajo control el yo personal. "Ofrece todas tus obras, tus fracasos y éxitos igualmente, en mí, abandonando en mí el fruto de cada acción," esto no necesita mayor explicación; porque esa misma instrucción ha sido dada tan frecuentemente en los capítulos anteriores del Guita, por ejemplo: "La libertad viene de la renuncia al propio interés en el fruto de las acciones de uno." El propio interés es siempre un asunto del modo de pensar; es imposible que tengamos apegos por una cosa acerca de la cual no pensamos; ni sentir antipatía hacia una cosa en la cual no pensamos, por lo tanto, si nos encontramos a confrontar cosas que requieren ser hechas, debemos hacerlas, sin importarnos que ellas prometan triunfo o fracaso para nosotros. Krishna dice que la emancipación es el resultado inmediato de tal renunciación y, por lo tanto, coloca la completa renunciación como el logro de la meta. La renunciación es superior a la meditación, porque es por meditación sobre el fin que se tiene en vista que la renuncia nos llega; la meditación es superior al conocimiento, porque el recto conocimiento produce recta meditación; el conocimiento es mejor que la constante práctica, porque la práctica genera conocimiento.

El resto del capítulo debería ser leído en relación con estos comentarios, porque allí Krishna habla de las cualidades poseídas por aquellos que siguen el sendero que él muestra. El capítulo termina con estas palabras: "Pero aquellos que buscan esta ambrosía sagrada, la religión de la inmortalidad, tal como yo la he explicado, llenos de fe, atentos a mí sobre todo lo demás y unidos a la devoción, son mis bien amados."

CAPITULO XIII

En la revista "The Path" de Octubre de 1890, William Q. Judge publicó este Treceavo Capítulo cuyo prefacio decía:

"En nuestros días hay muchos profesores de ocultismo, tal como, hace años, numerosos eran quienes pretendían conocer sobre la piedra filosofal. Sin embargo, ambos estaban y están instruidos, principalmente, en la repetición de lo que habían oído como ocultismo, sin que hubiera sustancia ni realidad debajo de tal posición. Ahora, como entonces, las cosas más incidentales de la verdadera práctica del ocultista son consideradas, comentadas y buscadas. Lo fenoménico o el poder de producirlo constituyen el fin y objetivo de los esfuerzos de estos buscadores. Pero busquemos lo que busquemos, no encontraremos, entre ellos, un conocimiento real, una experiencia real, ni la verdadera iniciación. Estando en el sendero equivocado e ilusionados por una falsa luz, ellos no pueden hacer más que confundir, frustrar y engañar a aquellos que han puesto toda su confianza en ellos. Durante los días de fama de todo Rosacruz, existía una cierta excusa para la masa de buscadores, pero desde que las viejas obras hindúes han llegado gradualmente a ser conocidas a todos, esa disculpa llegó a su final; porque ya ha llegado a todas las manos la nota de advertencia que ha sido sonada y, por doquiera, hay signos que muestran en cual dirección yace el verdadero sendero. Particularmente en ese libro maravilloso, el *Bhagavad-Guita.* En esta obra, sin embargo, estando carente de lo fenoménico y sin importar la falta de atractivo y de carnada por la emoción psíquica, encontramos con que nos señala el camino, declara la ciencia mística, la verdadera devoción y la recta acción."

De este Capítulo se ha dicho que contiene la totalidad del ocultismo; por lo cual se quiere significar que el ocultismo omniabarcante que comienza con el supremo punto de percepción y de realización: el Yo Interior; y que considera la acción y la reacción en cada plano de manifestación, como el proceso por el cual el poder y la sabiduría individual y universal son logrados.

Aquello que cierra el paso en el camino al conocimiento es la ignorancia y, desde el punto de vista del verdadero ocultismo, la raíz de toda ignorancia yace en los conceptos erróneos de nuestra propia naturaleza esencial.

En este capítulo, Krishna trata de la devoción por medio de la discriminación entre el cuerpo y el alma, significando pensamiento y acción basado en el conocimiento de lo que es el cuerpo y de lo que es el alma. El habla, entonces: "este cuerpo perecedero" como incluyendo no solamente la forma física, sino tales elementos como los siguientes: *Ahankara,* egoísmo; *Buddhi,* intelecto o juicio, el espíritu inmanifestado e invisible; los diez centros de acción, la mente y los cinco objetos de sensación, el deseo, la adversión, el placer y el dolor, persistencia de la vida y firmeza, el poder de cohesión. En esta declaración está incluído todo aquello que concibe la mente ordinaria como existencia consciente, cosa que está hecha a propósito, porque si hemos de arribar a una comprensión de lo que es permanente, debemos, primero, ver claramente todo lo que es impermanente y perecedero.

En las divisiones dadas por Krishna, a *Ahankara* se le da el primer lugar porque en él ha de ser encontrada la causa principal de todas las diferencias. *Ahankara* es la tendencia de identificarnos con las formas y las condiciones; de ese apego de auto-identificación proceden todas las variantes; el intelecto o juicio se basa sobre esa autoidentificación, como son todas las simpatías y las antipatías, las modalidades y los canales de acción.

Si tan sólo pudiéramos captar la idea de la naturaleza perecedera de *Ahankara,* egoísmo, la naturaleza perecedera de los demás elementos pudiera ser entendida. Es un hecho que nosotros nos identificamos con el siempre cambiante y perecedero cuerpo, con sus condiciones y relaciones, que también están por siempre cambiando. Podemos decir, "Soy feliz, o estoy triste," "estoy enfermo o estoy bien", "estoy contento o estoy insatisfecho," todas estas expresiones se deben, sólo, a alguna forma o condición que es cambiable. Nosotros hemos de observar que el apego de auto-identificación se concierne primeramente con la forma *presente* y sus condiciones, aún cuando nosotros nos damos cuenta de que otras formas y condiciones han existido en el pasado a las cuales hemos estado apegados por gustos y disgustos y que aún otras existirán en el futuro.

Nosotros hemos pasado por todos los cambios del pasado y también habremos de ir a través de todos los cambios del futuro. Los cambios pasados ya han perecido, los cambios presentes están pereciendo, los cambios futuros también perecerán, sin embargo, "nosotros" permanecemos a través de todos ellos, incambiados e incambiantes. Si podemos captar esta idea y aferrarnos a ella, habremos tomado un primer paso hacia el recto conocimiento y hacia la libertad, porque, como lo dijo un antiguo sabio: "El alma es el Percibidor; es, sin duda, la visión misma, pura y simple no modificada; y contempla directamente las ideas." En este capítulo están las declaraciones siguientes de un tono similar: "Yo soy el conocedor en cada cuerpo mortal;" "Así como el sol ilumina todo el mundo, igualmente ilumina el Espíritu Uno cada cuerpo;" "Aquel que ve igualmente el Ser Supremo existiendo imperecedero en todas las cosas perecederas, ese ve en verdad;" "Percibiendo al mismo Señor presente en todo y por todas partes, él no destruye su propia alma en razón del yo inferior (*Ahankara),* sino que va hacia el fin supremo."

Ha de hacerse aparente, a cada uno que piensa, que para ser inmortal se requiere ser incambiante, porque aquello que cambia no tiene estabilidad. No podría haber una continuidad de la conciencia, ni siquiera a través de una existencia física, a no ser que haya allí una identidad permanente; el mismo "Yo" ha observado tales condiciones, ideas y sentimientos desde la infancia hasta el presente y las seguirá observando a través de todos los años por venir.

Esta mente Occidental nuestra encuentra dificultad en reconciliar la "incambiabilidad" con el "progreso;" esto es debido a *Ahankara,* la tendencia a identificarnos con las formas y las condiciones. Las formas y las condiciones sí cambian, pero no por sí mismas; porque hay Eso que hace que al cambio le siga el cambio y Eso es el espíritu interno, el que continuamente impele los instrumentos que ha evolucionado hacia una mayor perfección. Por lo tanto, el progreso y la evolución significan un desarrollo de adentro hacia afuera, un impulso constante hacia un mejor y mejor instrumento para el uso del Espíritu: el Yo interior.

"El espíritu en el cuerpo es llamado *Maheswara*, el Gran Señor, el espectador, el amonestador, el sostenedor, el disfrutador, y también *Paramatma*, el alma suprema." Esta oración dice realmente toda la historia completa; el Espíritu ve, rectifica, sostiene y disfruta *a través de Su instrumento* o vehículo; el ideal de progreso es un vehículo perfeccionado que hará contacto y reflejará, en el sentido máximo, todos los mundos y todos los seres.

El término cuerpo ha sido usado en todo este capítulo, pero no debe suponerse de que se trata solamente del cuerpo físico. El cuerpo físico está incluído dentro de ese término, porque en sí mismo es el producto de involución y evolución desde más elevados estados de sustancia y materia. Krishna dice: "Sabe que *Prakriti* o la naturaleza (sustancia) y *Purusha,* el espíritu, no tienen comienzo. Y sabe que las pasiones y las tres cualidades, o gunas, surgen de la Naturaleza. Se ha dicho que la Naturaleza o *prakriti* es lo que opera en producir causa y efecto en todas las acciones." No puede haber acción a menos que haya algo sobre lo cual actuar; ese algo es la substancia suprema; es eso que llena todo el espacio y de lo cual todas las formas más densas de sustancia o de materia han sido evolucionadas y dentro de lo cual ellas están contenidas. Por lo tanto, en este plano, el cuerpo representa todos los demás estados de sustancia desde los cuales él ha evolucionado; por los cuales está rodeado y con los cuales está conectado. Un estudio de los Siete Principios del Hombre dará una comprensión de esta afirmación, si se ha de recordar que el Hombre, el Pensador, no es ninguno de sus principios; pues son sus vehículos o instrumentos.

"Se ha dicho que el espíritu individual o *Purusha* es la causa de la experiencia del placer y del dolor" (a través de la conexión con la naturaleza, que ha de hallarse en el instrumento); "porque el espíritu, cuando es investido con la materia o *prakriti,* experimenta las cualidades que proceden de *prakriti*; que es su conexión con estas cualidades" (y su auto-identificación con ellas) "es la causa del renacimiento en matrices buenas y malas."

Krishna dice aquí que: "las pasiones y las tres cualidades surgen de la naturaleza" (*prakriti*). Y estas tres cualidades o gunas, representan apegos a la existencia corporal a través del amor de todo lo que es bueno y placentero (*Sattva*); a través de una propensión por la pasión y el deseo (*rajas*); a través del descuido y la negligencia, la que destruye el poder del discernimiento o juicio.

Todas éstas son debidas a la auto-identificación con una forma u otra de existencia corporal.

Aquello que informa y que mueve toda manifestación es el Espíritu Uno. Ese Espíritu es lo Real y lo Permanente en todas las formas y seres; como dice Krishna: "es la sabiduría misma, el objeto de la sabiduría y aquello que se gana por medio de la sabiduría;" es "el receptáculo y la simiente;" es el poder de percibir, la conciencia, la vida en todas las cosas. Es la causa de la manifestación y el poseedor de todo el conocimiento así ganado. Causa y percibe el cambio, pero Eso queda inalterado. Todo poder y toda ley proceden de Eso y son inherentes a Eso. Este es el significado de "Espíritu", en donde Krishna dice en conclusión: "Aquellos que, con el ojo de la sabiduría, perciben cual es la diferencia entre el cuerpo y el Espíritu y la destrucción de la ilusión de los objetos, van hacia lo Supremo." La expresión: "ilusión de los objetos", significa ver los objetos como diferentes del Espíritu. Cada objeto puede ser llamado una expresión del Espíritu a través de varios vehículos evolucionados, así le llamemos a estos: átomos, moléculas o las formas compuestas por ellos.

En la "La voz del Silencio," una declaración de igual importancia puede ser tomada en cuenta; "El ojo del Espíritu, el ojo que nunca se cierra, el ojo para el cual no hay velo en todos los reinos (de la Naturaleza)."

Y todas la criaturas, siendo esencialmente Espíritu, luchan (conscientemente o inconscientemente) por realizar su ser espiritual a través del contacto psíquico y físico con toda la naturaleza manifestada; algunos por meditación; otros por servicio; algunos, erradamente, por el egoísmo de la separatividad. Y mientras todos los senderos conducen al Supremo, es sólo cuando se ha realizado la distinción de lo Permanente con lo Perecedero, que los erróneos senderos son abandonados y el Sendero verdadero es seguido.

CAPITULO XIV

Este capítulo, como todos los demás del Guita, trata de una sola Devoción Suprema, a la cual todas las demás formas de devoción humana habrán de dar paso, eventualmente, a medida que el peregrino lucha hacia la perfección.

"El gran Brahma," aquí se refiere a *prakriti* o sea materia o naturaleza, porque la materia o la naturaleza es la causa de toda acción a través del universo, siendo la base por medio de la cual la acción puede tener lugar. No hay acción a menos que no haya algo sobre lo que actuar; por lo tanto, se ha dicho que el espíritu y la sustancia no han tenido comienzo, o sea, son co-eternos y co-existentes.

Como hay grandes períodos de no-manifestación y de manifestación, igualmente para el Espíritu o Conciencia, y la Sustancia o materia, debe haber períodos de latencia y períodos de actividad que están sincronizados los unos con los otros.

Prakriti o substancia es "la matriz" en la cual el Yo o Espíritu coloca "la simiente" de pensamiento o idea; y de ello, la acción y la evolución comienzan.

La siguiente clasificación y discusión acerca de las tres cualidades o *gunas,* ilustran la diferencia vital entre la antigua y verdadera psicología del Oriente y a lo que ha sido llamado psicología Occidental. Ambas abundan en clasificaciones; las del Oriente son mucho más numerosas que las clasificaciones de Occidente y cubren un campo muchísimo más amplio. En sus clasificaciones, la psicología Occidental se refiere solamente a estados mentales; mientras que la psicología del Guita y de los antiguos sabios clasifica los estados *morales,* tratando los estados mentales como simples efectos producidos por condiciones morales. Y aquí yace el secreto de la presa que el Guita ha guardado a través de las edades y que crecientemente continúa teniéndola. Presenta al desnudo, insospechadas bases de error; y descubre las más sutiles formas de auto-ilusión; marcando el verdadero curso en una forma tan cuidadosa que la mente más torpe no puede fallar en captar la clara percepción del sendero hacia el verdadero conocimiento.

"Las tres grandes cualidades o gunas llamadas: *sattva, rajas* y *tamas,* que significan luz o verdad; pasión o deseo; e indiferencia u oscuridad, *nacen de la naturaleza,* atando el alma imperecedera al cuerpo. La atadura es por apego del yo o alma a esas cualidades como se les percibe en la naturaleza. La cualidad de *sattva* ata al renacimiento a través del apego al conocimiento y a aquello que es placentero; el fruto de las rectas acciones pertenece a *sattva.*

Rajas es de la naturaleza del deseo, y produce sed y predisposición; ella ata el alma a través de la acción y sus consecuencias. Siendo separativa y compulsiva en su cualidad, su fruto se recoge con dolor.

Tamas es de la naturaleza de la indiferencia u oscuridad; y como dice el capítulo, es la engañadora de todas las criaturas; ella aprisiona al Ego en un cuerpo a través de la insensatez atolondrada, del sueño y la vagancia; la ignorancia, la ilusión y la insensatez existen cuando *tamas* prevalece.

Estando cada ser humano apegado a la existencia física a través de estas cualidades; no debe suponerse, por ello, que cada una de estas cualidades está presente en un individuo y ausente en los otros, pues estas tres cualidades o gunas pertenecen a la naturaleza y cada ser viviente las comparte. Las diferencias entre los seres humanos se encuentran en los grados de atracción que cada uno tiene por una u otra de las cualidades. Como relata el capítulo: "Cuando tamas y rajas sucumben, sattva prevalece"; "cuando sattva y tamas están escondidas, entonces rajas prevalece." "cuando sattva y rajas disminuyen, entonces tamas es la que predomina".

Una vez que el estudiante comprende la naturaleza de estas tres cualidades o atracciones que se encuentran en la existencia física, él está preparado para examinar su propia disposición en relación a ellas. ¿Tiene él una claridad de percepción? ¿Es él de una naturaleza pacífica y tranquila? ¿Esta él apegado al conocimiento y a aquello que es agradable? Si es así, la cualidad de Sattva está allí en algún grado, aún si fuera por un momento. Para el individuo, Sattva es aquello que le parece bueno a él, aún cuando su cualidad prevaleciente sea Rajas o Tamas; e igualmente la abeja busca y aprecia la dulzura en la flor, aunque ella es ignorante de la naturaleza de la flor o de su propósito. En tanto que cada forma en los tres reinos de la naturaleza tiene su propia cualidad peculiar, ya sea conscientemente o inconscientemente expresado, aún las percepciones de estas cualidades dependen de la naturaleza del percibidor, de su comprensión y conocimiento. El bien y el mal son relativos; la Naturaleza no puede ser clasificada como parte buena y parte mala. La bondad, la pasión y el deseo, la ignorancia, la indiferencia y la insensatez están dentro de nosotros mismos. El sendero hacia la percepción y la perfección Sattvica comienza con el sentimiento de responsabilidad por todo pensamiento, palabra y hecho y termina en el altruismo.

Las características de Rajas son el amor a las ganancias y la actividad en la acción,significando el mantener la acción externa como un fin en sí mismo; es la iniciativa de obras; la inquietud y el deseo desordenado; produciendo sed y propensión por posesiones de cualquier y cada clase; el hablar fuerte; modales y acciones burdas y la afirmación de sí mismo en sus múltiples formas.

Tamas se muestra a sí misma en "la indiferencia o la oscuridad," como denota el capítulo. Aquí parecería como si "indiferencia" y "oscuridad" son términos sinónimos; porque aquello que nosotros llamamos indiferencia se alza de la ignorancia de la verdadera naturaleza de las cosas, de los eventos y de los seres; y bien podría ser llamado el egoísmo de la ignorancia. Hay, desde luego, muchos grados de Tamas, de hecho hay tantos como hay mentes, porque Tamas queda señalada donde quiera que hay ignorancia, torpeza, vagancia e ilusión en cualquier grado.

En tanto que uno puede expresar las cualidades Sáttvica-Rajásica o Sáttvica-Tamásica; Rajásica-Tamásica o Rajásica-Sáttvica; Tamásica-Sáttvica o Tamásica-Rajásica, en variables y variantes grados en diferentes ocasiones de acuerdo a como uno se haya dejado llevar por los sentimientos personales.

Aún el mismo Sattva puede ser de la clase que representa una forma inofensiva de egoísmo; el amor por el conocimiento, por la bondad y por lo agradable para uno mismo, o la ejecución de acciones rectas por el beneficio que les sigue a éstas; al paso que traen una existencia placentera y de bienestar, los resultados obtenidos de ellas son, sin embargo, temporales, mientras que, al mismo tiempo, atan a uno a la existencia física.

El más alto sendero y aquel que conduce a la emancipación, es "el apartarse de las tres cualidades." Desde luego no hay en realidad un apartamiento posible en el sentido ordinario de la palabra; "apartarse" significa aquí el no identificarse con ellas.

Es Ahankara, el auto-identificante apego con las siempre cambiantes formas, condiciones y relaciones de la existencia física, lo que hace la verdadera "separación" y ata a los hombres al renacimiento en un mundo como éste, que ellos hacen de infinitamente mayor sufrimiento que de gozo. "Aquel, oh hijo de Pandu, que no odia estas tres cualidades: la iluminación, la acción y la ilusión, cuando éstas aparecen, ni las añora cuando ellas desaparecen; es quien, como uno que no pertenece a ningún partido, se asienta como el que es indifernte a las tres cualidades y no es perturbado por ellas y que, habiéndose persuadido ya, de que las tres cualidades existen, no está movido por ellas; y es ecuánime en el dolor y en el placer con aquellos que tienen gustos y disgustos, es el mismo, si lo alaban o lo culpan; permanece ecuánime en el honor o la desgracia; y es él mismo, hacia el lado amistoso o el lado inamistoso; que se envuelve solamente en las acciones que son necesarias; semejante ser es uno que ha superado las tres cualidades."

CAPITULO XV

"Dicen los hombres que el *Ashwattha,* el eterno árbol sagrado, crece con sus raíces arriba y sus ramas abajo y que sus hojas son los *Vedas;* aquel que conoce esto conoce los *Vedas."*

Con estas palabras Krishna nos presenta un símbolo usado por los hombres para indicar el Universo como una corriente evolucionaria eterna, procedente de una Fuente incambiante. Esa Fuente, aunque incambiante en sí misma, produce el cambio en las siempre crecientes diferenciaciones, a través del gran período de manifestación. Cuando el límite de esa diferenciación es alcanzado, ese mismo impulso, gradualmente, se retira y absorbe todas las diferenciaciones hacia la homogeneidad. Este proceso evolucionario está graficamente simbolizado, en la Doctrina Secreta, como el Gran Aliento, con su periódico expirar e inspirar. Ni la "expiración" ni tampoco la "inspiración," ni las dos juntas, describen o constituyen el Gran Aliento, porque estas son acciones hechas por Eso que tiene el poder de actuar así. Como Krishna lo dice en este capítulo: "Del Espíritu Primario fluye la corriente interminable de la existencia condicionada."

"Las hojas de este árbol son los Vedas", se refiere específicamente a las sagradas escrituras de la época; al mismo tiempo debe darse por entendido como aplicable a las sagradas escrituras de todos los tiempos, pues éstas no son sino formulaciones que presentan, en forma concreta, tales ideales espirituales, filosóficos y éticos como existen entre los hombres en el tiempo durante el cual se elaboraron. Estas formulaciones están aquí propiamente simbolizadas por las "hojas", porque ellas brotan de las ramas (las tres cualidades o gunas), tienen su periodo de manifestación y son reemplazadas por otras "hojas".

"La forma de ese árbol no es comprendida por los hombres; porque no tiene principio, ni puede, su presente constitución, ser entendida, ni tampoco tiene un final." Esta sentencia puede ser comprendida mejor si se lee en conexión con el segundo párrafo del capítulo: "Es tan sólo una porción de mí mismo que, habiendo asumido vida en este mundo de existencia condicionada, atrae hacia sí los cinco sentidos y la mente, de manera que pueda obtener un cuerpo y pueda dejarlo de nuevo." Este poder de atraer y también de dispersar, es un poder del Espíritu Supremo; es el Yo, lo Real en el Hombre, "una porción de mí mismo" en cada forma humana, así como también en todas las formas. Por lo tanto, esto no es comprendido por los hombres que están atados por Ahankara, la tendencia auto-identificante del capítulo treceavo, pero que puede ser realizada por "aquellos que están libres del orgullo del yo y cuya discriminación es perfeccionada, y que han prevalecido sobre la falla del apego a la acción, que están constantemente ocupados en la devoción a la meditación sobre el Espíritu Supremo, que han renunciado al deseo y están libres de influencia de los pares de opuestos conocidos como placer y dolor." El conocimiento del Espíritu Supremo viene de la identificación con Eso; la realización viene de morar y reflexionar sobre la cosa a ser realizada. El "poder de percibir" es la esencia misma de nuestro ser, nuestras percepciones no son ese poder, ellas son el ejercicio de tal poder; nuestras percepciones son la base de nuestras acciones; es precisamente porque nosotros nos identificamos con nuestras percepciones que somos engañados y atados por las acciones que fluyen de ellas.

"Hay dos tipos de seres en el mundo: uno divisible y otro, indivisible; el divisible es todas las cosas y todas las criaturas", eso es: todas las formas y objetos de toda especie, ya que cada forma y objeto esta compuesto de formas menores o expresiones de la vida o de conciencia. Nuestros cuerpos, por ejemplo, están compuestos de vidas y sustancias, mineral, vegetal, y animal; éstas han sido tomadas de los tres reinos inferiores a nosotros y son retornadas a ellos; de allí, el término "divisible". "El indivisible es llamado *Kutastha* o aquel que permanece en lo alto inalterado". En cada forma compuesta; y todas las formas son eso, hay una conciencia de síntesis que ha evolucionado y sostiene esa forma; ese poder de síntesis es inalterado por cualquiera de los cambios en la forma. En el Hombre, *Kutastha* parecería indicar el Ego Divino, cuya divinidad y naturaleza espiritual permanece la misma a través de todas las formas y cambios.

"Pero hay otro espíritu designado como el Espíritu Supremo, Paramatma, que penetra y sostiene los tres mundos. Como Yo estoy por encima de lo divisible y soy superior a lo indivisible, por lo tanto, ya sea en el mundo que en los *Vedas,* soy conocido como el Espíritu Supremo. Aquel que, no estando ilusionado me conoce como el Espíritu Supremo, conoce todas las cosas y me adora bajo cada forma y condición."

La devoción a través del Conocimiento del Espíritu Supremo comienza con un reconocimiento de que hay sólo un Espíritu, la fuente y sostenedor de todo lo que existe. Como dicen los Upanishads: "el Yo brilla en todo, pero no en todo resplandece". El Yo está en todas las cosas y todas las cosas están en el Yo. Lo que sea que pueda haber de "brillante" a través de cualquier forma o bajo cualquier condición, esa "brillantez" es del Yo y procede del Yo. Si esto se reconoce y se admite, hemos de comenzar a considerar todas las cosas y todos los seres bajo esa luz y actuar hacia ellos sobre esa base; en esta forma actuamos por y como el Yo, al paso que nos atenemos y seguimos esa práctica, todas las ideas, hábitos y deseos conflictivos llegarán a vencerse poco a poco, hasta que, al fin, tengamos el poder supremo por el bien que procede del altruismo.

CAPITULO XVI

En este capítulo, Krishna comienza con una enumeración de las cualidades "de la naturaleza divina". Como se observará, estas cualidades o virtudes son tan numerosas como comprensivas y complementarias y que, tomadas en conjunto, expresan plenamente el título bajo el cual son agrupadas la naturaleza divina.

Cuando empezamos a examinar estas cualidades desde el punto de vista moderno y a comparar una con otra, pueda que encontremos difícil el reconciliar las unas con las otras, como por ejemplo: "poder" e "intrepidez," con "libertad de todo engreimiento". Nuestras tendencias individualistas nos inclinan a pensar que, un sentido de superioridad está necesariamente presente con el poder y la ausencia de miedo. Pero, de nuevo, si tomamos la más simple, más definida y la más fácilmente comprendida de estas cualidades: la de "no hablar de las faltas ajenas", apenas vemos una virtud pálida que expresa una negativa. Sin embargo el hallar faltas es lo más universal y la más insidiosa expresión de presunción y prepotencia. El señalar y hablar de las faltas de los demás es un vicio que se enmascara bajo muchas formas de virtud, pero que, en realidad, es usado para esconder nuestras propias faltas y presentar la apariencia de una rectitud que no poseemos un vicio que perpetúa la auto-ilusión y niega cada aparente virtud. San Pablo, el Iniciado, nos dice a este respecto en I. De Corintios, capítulo XIII:

> "Y si yo hablase lenguas humanas y angélicas y no tengo caridad, vengo a ser como metal que resuena o címbalo que retañe. Y si tuviese el don de profecía y entendiese todos los misterios y toda ciencia y si tuviese toda la fe de tal manera que pudiera mover montañas y no tengo caridad, nada soy. Y si repartiese todos mis bienes para dar de comer a los pobres, y si entregase mi cuerpo para ser quemado y no tengo caridad, de nada me servirá."

La caridad implica la posesión de todas las virtudes, pues todas están incluídas en ello; lo cual implica ausencia de hallar faltas y condenación. Pero la caridad no es negativa; lo que hace a la caridad efectiva es el conocimiento, no el sentimiento; de aquí la necesidad de discernir entre las que aquí se llaman las naturalezas "divinas" y "demoníacas."

Debemos inquirir, por lo tanto, en el significado de Discernir. Esta es una facultad o un poder cuyo ámbito y valor dependen enteramente del conocimiento y la comprensión del individuo que la use. Todos los hombres emplean esta facultad pero lo hacen en muchos grados tan diferentes como existen entre la más densa ignorancia y la más alta inteligencia y sabiduría. Bien podría llamársele la habilidad de hacer la cosa correcta, en el momento correcto, en el lugar correcto, en cada plano de acción. Esto requiere y necesita un punto de vista universal, una comprensión que abarque la totalidad de la naturaleza y una aplicación universal de ambas.

La sabiduría antigua del Guita comienza con principios universales y desciende hacia particulares, siendo éste el curso de la evolución. Ella propone Un Espíritu como lo que anima a todos los seres y a todas las formas y muestra al universo que consiste de una agregación de seres evolucionados de grados innumerables, cada uno de ellos con su propia forma y tendencias y cada uno actuando de acuerdo a su propia *naturaleza adquirida*. Todo lo que esté de acuerdo con la naturaleza adquirida de cada ser, le parecerá como cosa buena; cualquier cosa que obstruye o se le opone, parecerá como mal; siendo esto verdad, se hace evidente que el bien y el mal no son cosas inherentes, sino apariencias debidas a las actitudes del que percibe las cosas, las formas, las condiciones y las circunstancias.

Ninguna de las consideraciones arriba mencionadas pueden ser dirigidas a ningún ser inferior al Hombre, porque sólo él, de todos los que tienen forma física, ha alcanzado ese punto de desarrollo de su naturaleza adquirida que le permite captar lo que está arriba, así como también lo que está abajo, permitiéndole extender el campo de sus percepciones en toda dirección. El ha alcanzado ese punto en el cual puede conocerse como un ser Inmortal y puede, si lo quiere, poner su naturaleza adquirida en acorde con su propia naturaleza espiritual. Todas sus percepciones son de los "pares de opuestos"; sin los cuales él nunca podría encontrarse a sí mismo, ni comprender las naturalezas de aquellos que están luchando por liberarse de la fuerza atadora de auto-identificación con formas y condiciones.

Aquí debe de ser entendido que el Hombre, el Eterno Peregrino, no es sus percepciones, pues ellas son siempre relativas. En todas las percepciones se encuentran "los pares de opuestos", porque ninguna percepción podría existir sin ellos. Sin oscuridad, no podría haber percepción de la luz; sin dolor, no podría haber percepción del placer; sin pesar, no podría haber percepción del gozo; sin el pecado, no podría haber percepción de la santidad. De que todas estas percepciones son relativas al Percibidor, queda demostrado en el hecho de que, lo que es luz para algunos, es oscuridad para otros; lo que es placer para algunos, es dolor para otros; lo que es gozo para algunos, es pesar para otros; y lo que es santidad para algunos, es pecado para otros.

Es la falta de comprensión de estos hechos de la naturaleza que produce toda clase de "naturalezas demoníacas," y de éstas hay muchas clases. Hay muchos que: "no conocen la naturaleza de la acción, ni el cesar de la acción"; aquellos que "niegan que el Universo contenga alguna verdad, diciendo que no está gobernado por la ley, declarando que el mismo no tiene Espíritu"; aquellos que: "buscan por medio de la injusticia y la acumulación de las riquezas para la gratificación de sus propias lujurias y apetitos"; y hay aquellos que se estiman "muy altamente a ellos mismos, voluntariosos y llenos de orgullo, están siempre en pos de las riquezas, ellos practican todo culto con hipocresía y ni siquiera de acuerdo al ritual (aquello de lo que se conoce) sino sólo para la exhibición externa; y gratificándose en el orgullo, egoísmo, ostentación, poder, lujuria el enojo; ellos me detestan (al Espíritu Uno) que estoy en sus cuerpos y en los cuerpos de los demás." !Qué procesamiento es éste de las religiones y de los sistemas de pensamiento en nuestros días! Todas las sectas presentan fórmulas que deben de ser aceptadas por fe, pero que no pueden ser probadas como verdaderas. Muchos sistemas de pensamiento afirman lo improbado y lo improbable, negando los hechos que son obvios de la experiencia, por tanto ignorando ley y justicia en el Universo; ellos niegan los efectos que ellos perciben por un lado de la naturaleza, mientras que afirman, como auto-existentes, los efectos que ellos perciben de una clase opuesta, engañandose ellos mismos al compensar un efecto contra otro efecto y jamás percibiendo la Causa de ambos efectos. Ninguna de estas religiones y sistema de pensamiento como son presentados por sus seguidores, tienen la más mínima sospecha de que ellos son sólo repeticiones de los errores de pueblos y tiempos pasados; y sin embargo tal hecho es conocido a cada estudiante de las antiguas literaturas, religiones y ciencias, que haya ganado discernimiento por medio de "los pares de opuestos."

Como se dijo anteriormente, el verdadero discernimiento procede del punto de vista universal, una comprensión que abarca la totalidad de la naturaleza y una aplicación universal de ambos. El punto de vista universal es que: toda la naturaleza manifestada, incluyendo todas las cosas por debajo del Hombre, al Hombre mismo y a todos los seres por encima del Hombre, así como todas las formas, grados de sustancia y elementos, han procedido de una Fuente: el Espíritu Uno. La comprensión viene de la realización que: desde el átomo, hasta el ser más elevado, cada uno es una expresión del Espíritu Uno; y que, desde el más tenue vislumbre de percepción dentro de los reinos inferiores, hasta las cumbres del Conocimiento Divino, el sendero es el mismo para todos, bajo la Ley. Entonces viene la aplicación del conocimiento que se ha ganado.

El estudiante ha de alzarse a sí mismo más allá de "la influencia de los pares de opuestos." El ha de ver que estos son sólo los medios y modos necesarios para darle una más y más amplia percepción y él tiene por fuerza que realizar que él es el Percibidor y ninguna de sus percepciones. Y a medida que él se eleva por encima de esas influencias, encontrará otros como él mismo y todavía otros más adelantados que son de una naturaleza divina que aman y que comprenden; que poseen lo que aparece a otros como virtudes, pero que para ellos son sólo las acciones con el conocimiento espiritual que las dirige; que comprenden que los vicios de los hombres son debidos a la ignorancia y no a una maldad innata; y que, por tanto, tienen paciencia, poder y fortaleza, compasión universal, modestia y mansedumbre. Ellos saben que eso que crea la maldad puede ser convertido en aquello que hace el bien; que eso que crea la destrucción, puede ser convertido en aquello que es constructivo; que aquello que crea la separatividad y el egoísmo, puede ser convertido en eso que crea la unidad y el altruismo. Y sabiendo esto, toda la naturaleza es de ellos, cada poder y elemento en ella no son sino sus instrumentos; y no es que las relatividades del bien y del mal puedan o deban ser destruídas, sino que la identidad espiritual de todos los seres habrá de ser realizada en cada nivel o grado, concentrándose sólo en ese tipo de pensamiento y de acción capaz de producir un progreso armonioso hacia la perfección.

El verdadero discernimiento distingue entre el bien, y el mal, y las naturalezas entremezcladas. Sabe que todos los seres humanos son *inherentemente* perfeccionables y que las imperfecciones existen sólo en la naturaleza inferior adquirida; que mientras esta naturaleza *adquirida* se exhibe en acciones, su raíz yace en tendencias estimuladas por conceptos limitados y erróneos. El esfuerzo, por lo tanto, no ha de ser gastado en clasificaciones de bien y mal relativos, ni tampoco ha de haber condenación de ningún ser por cualquiera que sea el estado en que ese ser se encuentre; pero las causas que han conducido a cada estado son mostradas, la base correcta para el pensamiento y las acciones es dada; y las marcas sobre el "pequeño sendero antiguo" que conducen más allá del bien y del mal relativos, son señaladas; y el peregrino es pacientemente ayudado en cada paso del camino.

CAPITULO XVII

El capítulo doceavo trata de la Devoción a través de la Fe fundada en el conocimiento del Espíritu Supremo; el presente capítulo explica la naturaleza de la fe de aquellos que, mientras descuidan los preceptos de las Escrituras (el registro del sagrado conocimiento), sin embargo adoran con fe.

Krishna dice que la fe de los mortales es de tres clases y nace de su propia disposición y que esta fe participa de las cualidades de *Sattva,* verdad; *Rajas,* acción; y *Tamas,* indiferencia. Estas tres cualidades son tratadas de manera específica en el capítulo catorce, mostrando la necesidad, para el buscador de la verdad, de elevarse por encima de las influencias de las cualidades. Los capítulos doce, catorce y diecisiete deberían de ser estudiados en conjunto, como estando íntimamente relacionados.

"La fe de cada uno proviene de la cualidad *sattva* [...] estando el alma encarnada dotada de fe y siendo cada hombre de la misma naturaleza de aquel ideal en que su fe ha sido puesta." Aquí, a la palabra *sattva* debería dársele su más alta definición: "el poder de comprender", que toda alma que ha tomado un cuerpo posee, en contraste con las limitaciones impuestas sobre ese poder por aquellos que han fijado su fe sobre algún ideal de bondad aparente.

"Aquellos que son de la disposición que se alza del predominio de *sattva* o la cualidad buena, adoran a los dioses". "Dioses" es un término genérico que cubre muchas clases de seres invisibles; la referencia que aquí se hace, es de aquella clase de ser que el adorador cree como dotado con poderes y virtudes sobrenaturales y de la cual se busca una guía y los favores.

"Aquellos en que predomina la cualidad de *rajas,* adoran a los poderes celestes, los Yakshas y Rakshasas." Esto es, aquellos en los que el deseo por las posesiones y logros personales y egoístas prevalece, buscan la ayuda y atraen seres elementales que, en una forma irresponsable, ayudan en tales logros; en otras palabras, en donde la cualidad de *rajas* prevalece, toda fuerza externa que pueda ayudar en la ejecución de los deseos es buscada y bien recibida, sin importar cual sea su naturaleza o el mal efecto que pueda tener sobre otros. Tales fuerzas o seres pertenecen al lado separativo y destructivo de la naturaleza.

"Otros hombres, en quien la oscura cualidad de indiferencia o de *tamas* predomina, adoran los poderes elementales y los fantasmas de las personas muertas." Aquí, los poderes elementales son aquellos de las clases más bajas y entre ellos se encuentran los llamados "espíritus" de la *sesión* espiritista, galvanizados en una ficticia representación de vida y de inteligencia dada por los mediums y los que allí se han reunido. Esta más baja clase de elementarios y elementales pertenece a la parte más grosera de la naturaleza invisible, la que está más próxima a lo físico y la más fácilmente activada. La apertura de las puertas a esta clase surge de la ignorancia de la verdadera naturaleza del hombre y hace posible esa ilusión que fija la fe sobre influencias impermanentes, irresponsables y vampirizantes. *Tamas,* también predomina en "aquellos que practican la severa automortificación [...] están llenos de hipocresía y orgullo, añorando cosas del pasado y deseando que venga más; ellos, llenos de ilusión, torturan los poderes y las facultades que están en el cuerpo y a mí tambien, que estoy en el receso más recóndito del corazón; sabe que ellos son de una tendencia infernal."

Es un asunto de conocimiento común el que muchas clases de torturas y castigos auto-infligidos prevalecen entre ciertos devotos en el Oriente como una forma de desarrollo y que, aun entre los pueblos occidentales, una idea similar en un tiempo prevaleció extensamente y probablemente aún existe en algunos ámbitos. No hay duda que éstas prácticas tuvieron su origen en una mala interpretación de una frase frecuentemente usada en las antiguas escrituras: "la mortificación del cuerpo." Y en este capítulo Krishna establece claramente el verdadero significado de esta frase con las siguientes palabras: "Honrando a los dioses (seres más elevados que el Hombre), los brahmanes (aquellos que tienen el divino conocimiento), los maestros (del conocimiento) y los sabios; la pureza, la rectitud, la castidad y la inofensividad son llamadas *mortificaciones del cuerpo."* Que ésta sea la verdadera definición de la frase es demostrado en el hecho de que el cuerpo en sí es incapaz de acción, siendo meramente un agregado organizado de materia física usado y controlado por el pensador y actor interno;

es este pensador y actor el que necesita cambiar el modo de pensamiento y acción. Al cambiar de un modo de pensamiento y acción, a otro de una clase opuesta, el hombre se encuentra a sí mísmo en guerra con hábitos que él mísmo estableció; estos tienen que ser desestablecidos por la institución de hábitos que estén de acuerdo con sus cambiadas bases. En un sentido verdadero, ésta es la mortificación del cuerpo, pero hecha de adentro afuera, no por ningún medio externo.

Igualmente: "las austeridades del hablar" no consisten de una severidad en el tono y en la conducta; y un desprecio puritánico para el mortal común y corriente y sus intereses, lo cual sería sólo un estado resultante de una arrogancia que crece desde lo interno, sino que son disciplinas practicadas y que se muestran en: "un hablar manso que no causa ninguna ansiedad, que es veraz y amistoso, y con diligencia en la lectura de las Escrituras Sagradas."

"La mortificación de la Mente" no es efectuada por penitencias y oraciones que son impuestas, ni tampoco por ofrendas a ninguna supuesta deidad, sino por la "Serenidad de mente, el suave carácter, el silencio, el dominio de sí mismo y una conducta absolutamente recta y sincera."

El capítulo continúa diciendo lo siguiente: "Esta triple mortificación o austeridad, practicada con una fe suprema y por aquellos que no anhelan recompensa, es de la cualidad de *sattva.*"

"Pero esa austeridad que es practicada con hipocresía, con el objeto de obtener respeto para uno mismo o por fama o favores y que es incierta y perteneciendo enteramente a este mundo, es de la cualidad de *rajas.*"

"Aquellas austeridades que son practicadas simplemente para herir a sí mismo o como resultado de un falso juicio o para herir a otros, son de la cualidad de *tamas.*"

La idea que prevalece entre los pueblos Occidentales es de que el valor de un regalo subyace en su valor intrínseco; Krishna presenta el hecho contrario, que el valor de un regalo yace enteramente en la actitud mental que acompaña al regalo; esto aplica a los regalos y beneficiencias de toda clase, ya sea en ciertos periodos o no; ya sea para amigos, parientes, conocidos o pobres desconocidos; bién valdría la pena el recordar esto en la estación de las Fiestas Navideñas y festividades.

Krishna especifica y califica las distintas actitudes de la manera siguiente: "Esos regalos que son dados en el momento propicio a la persona apropiada y por hombres que no están deseosos de recompensas, son de la cualidad de *sattva,* que es buena y de la naturaleza de la verdad.

"Pero aquel regalo que es dado con la expectativa de una recompensa del beneficiario o con miras a algún beneficio espiritual que de allí fluya, o con renuencia, es de la cualidad de *rajas,* que es mala y participa de lo falso.

"Los regalos que son dados fuera de lugar y de estación y a personas no merecedoras, sin la debida atención y con desdén, son de la cualidad de *tamas,* enteramente malos y de la naturaleza de la oscuridad."

Que gran comentario es éste sobre nuestras ideas Occidentales acerca de la caridad como se dispensa ordinariamente y particularmente sobre nuestras organizaciones caritativas. ¿Cuántos regalos o caridades han sido brindados sin tener en vista el beneficio espiritual que surge de tal regalo? ¿Cuántas personas envían dinero a las organizaciones caritativas con reluctancia o deseando parecer generosas a los ojos ajenos? ¿Cuánto ha sido dado "fuera de lugar y tiempo y a personas que no lo merecen, sin la propia atención y con desdén?" Cada uno debe contestar ésto por sí mismo. Hace falta un hombre muy sabio para hacer buenas obras sin peligro de hacer daños incalculables; un tal sabio, por sus grandes poderes intuitivos, sabría a quien ayudar y a quien dejar en el fango que constituye su mejor maestro. Los pobres y desamparados les dirían a cualquiera quien es capaz de ganarse la confianza de ellos, los errores desastrosos que son hechos a menudo por aquellos que vienen de una clase diferente e intentan ayudarles. La bondad y el tratamiento dulce sacará a la superficie, a veces, las peores cualidades de un hombre o de una mujer que ha llevado una vida regularmente presentable, cuando han sido sujetados por el dolor y la desesperación. El Guita enseña que la causa de la miseria no yace en las condiciones ni en las circunstancias, sino en las ideas erradas y las acciones del hombre mismo; él cosecha lo que sembró en la ignorancia. Un mejor conocimiento de la naturaleza del hombre y del propósito de la vida es necesario; y a medida que esto es adquirido, las causas de la miseria son gradualmente eliminadas. No hay caridad más grande que se le pueda conceder a la humanidad sufriente, que el recto conocimiento que conduce a la recta acción. El poseedor de este conocimiento estará lleno de simpatía divina por los sufrientes; él aliviará sólo aquellas angustias que debieran ser aliviadas en cada caso específico, mientras que, al mismo tiempo, él impartirá tanto de su mayor conocimiento como el sufriente puede recibir y aplicar. Pero no dejará que su mano izquierda sepa lo que su mano derecha hace; no tendrá ningún pensamiento de recompensa; ni siquiera de gratidud; él simplemente hará todo lo que él pueda y lo mejor que sabe hacer para elevar al sufriente a un plano superior de pensamiento y de acción, mientras él provee suficiente ayuda física para darle por donde sostenerse.

Este es el penúltimo capítulo del Bhagavad-Guita y, tal vez, como capítulo, sea el más comprensivo de todos, porque presenta la Verdadera Fe Una fundamentada en el conocimiento del Supremo Espíritu, el Yo interior, El Conocedor en cada cuerpo mortal y tres clases de falsas fes fijadas en externalidades. El capítulo considera que las prácticas verdaderas son el resultado natural de la verdadera fe, en contraste con prácticas erróneas basadas en falsas fes. Y muestra claramente que la confianza espiritual puesta sobre cualquier ser, cosa o práctica externos, impide el recto conocimiento y el verdadero progreso y no puede fallar en traer sino resultados perjudiciales kármicos.

El conocimiento de la acción por el Yo de todo, el Yo interno, es necesario en todo pensamiento, palabra y acción, aún en el mantenimiento de alimento para el cuerpo. Krishna no prescribe ningún tipo particular de alimento, simplemente dice que lo mejor para cada uno es: "esa comida que aumenta sus días, el vigor y la fuerza, que mantiene a uno libre de enfermedad, la mente tranquila y satisfecha y que es sabroso, nutritivo, de beneficio permanente y congenial con el cuerpo, es eso que es atractivo a aquellos en quienes la cualidad de *sattva* prevalece."

Hay muchas personas que han fijado su fe en un tipo particular de alimentos y que se empeñan en convertir a otros a esa particular clase de fe. Ellos, como los otros que fijan su fe sobre lo externo, son "falsos piadosos de almas desatinadas." El asunto que se debate en este capítulo del Guita no es necesariamente el tipo de comida, sino más bién la adaptabilidad a cada caso particular; porque cuando todo está dicho y hecho, cada cuerpo extrae la clase de alimento que está de acuerdo a la naturaleza del poseedor del cuerpo; y esa naturaleza está sujeta al cambio desde adentro. La cosa principal a ser observada es mantener el cuerpo eficiente como un instrumento para el alma que lo habita, y esto por cualquier medio y cualquier alimento que sea necesario para ése propósito. Aquí, lo que a uno le gusta o le disgusta se deja a un lado, considerando sólo el propósito del alma.

"El alimento que es agradable por aquellos de la cualidad de *rajas* es muy agrio, demasiado ácido, excesivamente salado, caliente, picante, seco y ardiente y causa desagrado, dolor y daño." La fe, estando fijada en el deseo por posesiones y logros personales, el deseo se hace acumulativo; cada objeto obtenido, sólo excita el deseo en grado mayor; esto produce tendencias correspondientes y acumulativas en el cuerpo.

"Cualquier alimento que fue preparado el día anterior, que es sin gusto o en putrefacción e impuro, lo prefieren aquellos en quienes la cualidad de *tamas* o indiferencia predomina." "En donde la cualidad de *tamas* prevalece, hay una tendencia a afiliarse con los elementales y elementos inferiores de la naturaleza; la parte destructiva y desintegrante.

La última sección de este capítulo se refiere a la triple designación del Espíritu Supremo como: Om, Tat, Sat, la Deidad trina en su triple aspecto, que corresponde a la creación, la preservación y la destrucción mientras que recrea o a fin de re-crear. La palabra Om o Aum es una invocación de lo más elevado en nuestro interior, es una bendición, una afirmación y una promesa; su uso apropiado se dice que lleva a la realización del Yo interno. El Aum contiene, dentro de sí mismo, todos los aspectos e implica el Universo controlado por el Espíritu Supremo. Representa la constante corriente de meditación que debería ser practicada por cada hombre, aun cuando está comprometido en los deberes necesarios de la vida. Para cada ser condicionado existe un objetivo al cual la mira es constantemente dirigida; en el Mundakya Upanishad se encuentra lo siguiente, "Om es el arco, el Yo es la flecha, Brahman es llamado el blanco. Esto ha de ser atinado por un hombre que no es irreflexivo y entonces, como la flecha viene a ser una con el blanco, él llegará a ser uno con Brahman. Conoce sólo a él como el Yo y abandona las otras palabras. El es el puente de lo Inmortal. Medita sobre el Yo como Om."

CAPITULO XVIII

El capítulo comienza con esta pregunta de parte de Arjuna: "Yo deseo aprender, Oh tú de grandes brazos, la naturaleza de como abstenerse de la acción y de como renunciar a los resultados de la acción, y también la diferencia entre estos dos."

El capítulo entero está dedicado a la respuesta dada por Krishna. No sólo están ambas, la naturaleza de la abstención de la acción y la renuncia a los resultados de la acción, envueltas en la respuesta, sino también un entendimiento de la naturaleza misma de la acción en sí y de las causas y bases de la acción. En lo que concierne a los "agentes de la acción", Krishna dice: "Aprende, ¡Oh tú de grandes brazos! que para la realización de toda obra, cinco agentes son necesarios, como se ha dicho. Estos son: el substrato, el agente, los varios tipos de órganos, los varios y distintos movimientos y, con estos, el quinto, que son las deidades que presiden. Estos cinco agentes están incluídos en la ejecución de todo acto que un hombre lleva a cabo, ya sea con su cuerpo, su palabra, o su mente". Otra vez: "quienquiera que, por las imperfecciones de su mente, contempla el yo real como el agente, piensa erradamente y no ve correctamente." Esto es, por lo tanto, evidente que no es el "yo real" que actúa, una declaración que ha sido reiterada a través de los previos capítulos y una que es necesario comprender antes que la naturaleza de la acción sea comprendida.

Prakriti o la naturaleza, es la causa de toda acción a través del universo y es también la base por la cual la acción puede llevarse a cabo; y esto es cierto en cada plano de existencia. En el capítulo treceavo leemos: "Sabe que prakriti o la naturaleza y purusha, el espíritu, no tienen comienzo. Y sabe que las pasiones y las tres cualidades o gunas surgen de la naturaleza. Se ha dicho que, la naturaleza o prakriti es aquello que opera en producir causas y efectos en las acciones; el espíritu individual o purusha se ha dicho que es la *causa de la experiencia* del dolor y del placer. Porque el espíritu, cuando es investido con la materia o prakriti, experimenta las cualidades que proceden de prakriti." Este pasaje arroja algo de luz en el significado de: "el substrato", que es la substancia en su estado primordial de la cual proceden todas las diferenciaciones y dentro de la cual todas las diferenciaciones están contenidas y por lo tanto, constituye el agente básico de toda acción. La palabra "agente", en la clasificación, puede ser comprendida como el poder que impulsa a la acción; por ejemplo: el yo personal con sus ideas concretas y limitadas, impele los órganos del cuerpo y los movimientos necesarios para llevar a cabo la idea prevaleciente. El quinto "agente" es llamado: "las deidades que presiden", término que puede ser explicado de esta manera: nuestros cuerpos están compuestos de pequeñas vidas de muchas clases diferentes, cada una de esas clases actúa sólo en respuesta a impulsos particulares; cada clase actúa de acuerdo a su propia naturaleza y, como clase, constituye una jerarquía de seres, devas o divinidades.

Se da por entendido, desde luego, que Eso del cual emana todo poder de percibir o de causar la acción, es el Yo de Todo; ese poder se particulariza, por así decirlo, en el Yo Individual que, en planos superiores, es el impulsador de acciones en esos planos; en el plano físico, el yo personal no es más que un aspecto temporal del Yo Individual, este aspecto es llamado, a veces, el "falso ego" por razón de su ilusión; es éste yo personal que consciente o inconscientemente impulsa a la acción las vidas que hay en sus órganos corporales.

Ahora podemos comprender mejor éste pasaje del capítulo quinto: "El devoto que conoce la verdad divina piensa: 'yo nada hago' cuando estoy viendo, oyendo, tocando, oliendo, comiendo, moviéndome, durmiendo, respirando; y aun cuando hablo o cuando doy o tomo, abro o cierro los ojos, él dice: 'los sentidos y los órganos se mueven por impulso natural hacia sus objetos apropiados.'" Se ha dicho que el Yo ni actúa ni se actúa sobre él; esto ha de ser cierto también del yo personal, porque, como dice el capítulo trece: "El espíritu en el cuerpo es llamado *Maheswara,* el Gran Señor, el espectador, el amonestador, el sostenedor, el disfrutador y también el Paramatma, el Alma Suprema." El yo o espíritu en el cuerpo es engañado por las tres cualidades percibidas en la naturaleza, ya sea que le gusten o le disgusten y se identifica con las acciones que ella induce. "Aquel que ve que todas sus acciones son ejecutadas sólo por la naturaleza y que el yo interior no es el actor, ve realmente." También se encuentra éste pasaje:

"El sendero de la acción es oscuro. Aquel hombre que ve inacción en la acción y acción en la inacción, es sabio entre los hombres."

Si nosotros reconstruimos nuestras ideas en lo que concierne a la acción como está indicado arriba, ello arrojará una nueva luz sobre la responsabilidad kármica, conectándonos más íntimamente con todos los yoes, con todas las vidas pequeñas o grandes y nos asistirá a una mejor realización de como actuar por y como el Yo. Habiendo determinado, por lo menos hasta cierto punto, la naturaleza de la acción, hemos activado a ese grado lo que Krishna llama: "el poder discernidor" que es también llamado *Buddhi,* conocimiento directo, el entendimiento más elevado, el poder de juicio de acuerdo a sus varios grados de actividad. Estos grados fluyen de la atracción a una u otra de las tres cualidades que se encuentran en la naturaleza y se les describe de la manera siguiente: "El poder discernidor que sabe como comenzar y renunciar, lo que debería y no debería ser hecho, lo que debería y no debería ser temido, lo que ata y lo que libera al alma, eso es de la cualidad de *sattva.* Ese discernimiento, Oh hijo de Pritha, que no sabe enteramente lo que ha de hacerse y no ha de hacerse, lo que debía temerse y lo que no, eso es de la cualidad de *rajas*, hija de la pasión. Ese poder discriminante que está envuelto en la oscuridad, que confunde lo incorrecto con lo recto y todas las cosas contrarias a su verdadera intención y significado, es de la cualidad oscura de *tamas."*

Y con ese "poder discernidor", también debe haber el "poder de la determinación." Porque: a menos que no seamos constantes en la devoción a la vida suprema y al ideal de una vida consciente en espíritu y no en la materia, pues seríamos desleales a lo mejor que conocemos. Pues, habiendo alcanzado el poder de discernir y al habernos mostrado el sendero que es particularmente nuestro, deberíamos poner a lado toda otra consideración que tiende a distraernos de ello; deberíamos de cultivar y practicar: "ese poder de determinación que sostiene la cohesión del hombre que, por la *devoción,* controla cada movimiento de la mente, de la respiración, de los sentidos y de los órganos;" esto, como el capítulo dice: "participa de la cualidad de *sattva*;" eso es, el instrumento completo es usado sólo para lo mejor y el más elevado propósito.

El "poder de determinación" puede existir sin el más alto poder de discernimiento, como en el caso de quien, buscando los frutos de la acción, aprecia el deber, el placer y el bienestar desde el punto de vista del deseo o rajas; o en el hombre de una capacidad pequeña que *permanece firme* en el letargo, en el miedo, en el dolor, en la vanidad y la imprudencia, atrapado por la cualidad *tamásica.*

Si es que hemos determinado por nosotros la naturaleza de la acción, el objeto del discernimiento verdadero y la determinación que es armónica en pensamiento, voluntad y sentimiento, como también una acción conforme a nuestra determinación, sólo hubiéramos podido hacerlo a través de ese algo que es "la sabiduría que percibe en toda la naturaleza un solo principio, indivisible e incorruptible, no-separado en los objetos que se ven separados" y que es de la cualidad de sattva. Eso es el incambiable Yo interno, que, si seguimos las líneas de nuestra determinación, llegaremos a una más y más profunda realización del mismo.

No puede haber realización del Yo en esa clase de conocimiento: "que percibe muchos y diferentes principios como se presenta en el mundo de las criaturas," o en "ese conocimiento que no tiene ningún valor, es limitado y adherido a un solo objeto como si fuera la totalidad entera; que no ve la causa verdadera de la existencia."

Todos nuestros pensamientos dan lugar a acciones entre las vidas que componen nuestro instrumento astro-físico y, como nunca cesamos de pensar, la acción continúa siempre, porque, como a menudo se dice: "el pensamiento es el verdadero plano de acción." Aun cuando no estemos contemplando ningún acto corporal inmediato, nosotros podemos, por nuestros pensamientos, acumular una tendencia en las vidas de nuestro instrumento que eventualmente resultarán en acciones externas dondequiera que las condiciones favorables lo permitan, y caeremos víctimas de nuestra falta de discernimiento y de constancia, así como tambien envolveremos a otros en nuestro destino.

"Escucha, ahora, cuales son éstas tres clases de placer de las cuales manan la felicidad por hábito y mediante las cuales el dolor termina." Nosotros podemos obtener alguna comprensión de esta sentencia si consideramos que, cuando alguna meta u objeto deseado ardientemente es buscado y encontrado, nos da felicidad al principio y, con ello, el dolor de no poderlo lograr cesa. Pero la felicidad no permanece la misma; se resuelve en satisfacción y hábito, hasta que este último viene a ser aburridor y otra meta u objeto es buscado.

"Aquello que al comienzo es como veneno y que al final es como el agua de vida y que surge de una comprensión purificada, se declara que es de la cualidad de *sattva.*" La búsqueda de los deseos trae un comienzo de dulzura y un final de amargura; el placer ganado de la vagancia, el descuido y la indiferencia atonta el alma. El emanciparse del deseo o del descuido y de la indiferencia es, al principio, "como veneno", pero con un entendimiento purificado se convierte "en el agua de vida."

La declaración que: "no hay criatura sobre la tierra ni entre las huestes del cielo que esté libre de éstas tres cualidades que surgen de la naturaleza," nos señala el hecho de que las tres cualidades existen en cada plano de ser.

Las rígidas castas hereditarias de la India actual, no son las que se mencionan aquí como Brahmanes, Kshatriyas, Vaisyas, y Sudras de este capítulo. En el pasado, antes que la antigua enseñanza fuera materializada, el matrimonio era un contrato sagrado y religioso; la vida de familia éra entendida y conducida como para proveer un ambiente apropiado para los egos de la misma naturaleza que la familia, a lo largo de líneas espirituales, psíquicas y de otra índole. Entonces, existían castas naturales en donde todas las líneas de herencias convergían; en estos días de degeneración las castas están mezcladas y hay aquellos que nacen en castas cuya naturaleza no conforma a la casta original, cuyo nombre y privilegios ellos toman y abusan. Sin embargo, las castas existen por todas partes; pero la posición social o la condición física ya no las distinguen. En todos los países del presente hay aquellos en alta posición y poder que, por naturaleza, son Sudras y muchos que son Brahmanes por naturaleza, sin embargo, están mas bajos en nuestra escala social porque éste es el Kali-Yuga, cuando los poderes de la oscuridad están en ascenso.

Las castas antiguas ejecutaban sus deberes que eran el resultado de sus muchas naturalezas y eran así reconocidos por todos. No había orgullo de casta ni celos y existía una comunidad ideal de mutua ayuda; por lo tanto, los deberes de las castas estaban "determinados por las cualidades que predominaban en cada uno."

"Los hombres, siendo contentos y devotos a sus propios deberes (aquello por lo cual su naturaleza los hace aptos), logran la perfección." "Si (en todo cuanto él hace) un hombre hace ofrendas al Ser Supremo *que es la fuente de las obras de todo* y por quién el universo fue desplegado, él obtiene así la perfección." "La ejecución de los deberes de la vocación particular propia de un hombre, aunque carezca de excelencia, es mejor que hacer el deber de otro, no importa cuán bien ejecutado sea, y aquel que llena los deberes que la naturaleza exige, no incurre en el pecado. El deber natural que es propio de un hombre, aún cuando este manchado con faltas, no debería de ser abandonado [...] La más alta perfección de la libertad de la acción, es lograda a través de la renunciación por aquel que tiene una mente libre y un corazón subyugado."

Dharma es la palabra que en nuestro lenguaje ha sido traducida como "deber", pero ésta tiene un significado muchísimo más amplio que aquel que se le ha dado a la palabra "deber". Hay muchos que creen que el deber es algo que otros opinan que nosotros deberíamos hacer; otros, por el contrario, consideran el "deber" como algo irritante y como acciones a ser ejecutadas bajo coacción y, por tanto, algo que debe ser evitado; por ende es necesario captar el significado de la palabra "deber" como es usado en el Guita. *Dharma* significa "la sagrada Ley," el cumplimiento del destino Kármico a través de muchas encarnaciones, enfrentando y eliminando los defectos que nos han traído a la tierra bajo las condiciones en que nos encontramos, condiciones que nosotros deberíamos sentir y conocer como las oportunidades necesarias para nuestro mayor progreso. Es pues por esto que uno de los grandes Maestros escribió: "El deber es el regio talismán; sólo el deber nos llevará a la meta."

Krishna enumera los logros por los cuales "un hombre es idóneo para *ser el Ser Supremo.* Habiendo así alcanzado lo supremo, él es sereno, sin pesar y sin deseos, pero ecuánime hacia todas las criaturas, alcanza, así, la suprema devoción a mí. Y por esta devoción hacia mí conoce fundamentalmente quién y qué soy y, habiéndome así descubierto, entra dentro de mí sin ninguna condición intermedia. Y aun el hombre que está siempre envuelto en la acción logrará, por mi favor, la eterna e incorruptible morada, si pone su confianza solamente en mí [...] Y si, con actitud de suficiencia dijeras: 'yo no lucharé', tal determinación probaría ser vana, porque los principios de tu naturaleza te impulsarían a comprometerte. Y estando atado por tu karma pasado a tus deberes naturales, tú, Oh hijo de Kunti, harás involuntariamente, por necesidad, lo que en tu insensatez no querías hacer."

"Allí habita, en el corazón de cada criatura, Oh Arjuna, el Maestro *–Ishwara-* que, por su poder divino, hace que todas las cosas y las criaturas giren sobre la rueda universal del tiempo. Busca refugio sólo en él, Oh hijo de Bharata, con toda tu alma; por su gracia obtendrás la suprema felicidad, la eterna morada."

"En dondequiera que Krishna, el Supremo Maestro de la Devoción y dondequiera que el hijo de Pritha, el poderoso arquero esté, allí ciertamente estarán la fortuna, la victoria, la opulencia, y la sabia acción." Cada uno es Krishna y Arjuna; donde estos dos se hallan juntos, toda la naturaleza rinde homenaje.

Al cerrar esta serie de comentarios sobre "El Bhagavad-Guita," quizá sea superfluo recordar que sólo se ha tocado la superficie de las enseñanzas contenidas en ese antiguo libro. El punto de vista que aquí se ha tomado, de entre las siete diferentes aplicaciones posibles de interpretación, es ese del individuo, en conformidad con los comentarios anteriores del Sr. Judge, pero, aun desde este punto de vista, el terreno no ha sido del todo cubierto. Se espera, sin embargo, que lo suficiente haya sido dicho como para proveer, al menos, un poco más de luz a aquellos que aspiran aprender la Ciencia de la Devoción.

Lo Mortal - Arjuna - la personalidad
Lo inmortal - Krishna - La individualidad

Brahma: *representación del s. V-VI d. de C.*

El Bhagavad Guita *se terminó de imprimir en julio de 2007. La edición consta de 1000 ejemplares más sobrantes para reposición. La impresión de forros e interiores se llevo a cabo en el taller de litografía de: Berbera Editores S. A. de C. V. Ubicado en Delibes 96 Col. Guadalupe Victoria C. P. 07790 México, D. F.*

Tel: +(52 55) 5356-4405,

Fax: +(52 55) 5356-6599.

ACKNOWLEDGMENTS

The Crash is one of those books that I wrote and then rewrote many times. Out of everything I've ever written, it probably is the book that is the most vastly different from its original draft. So I have to thank my mother for reading every single one of those drafts, from its infancy to its adolescence to its now-geriatric stages. And thank you to my father for talking me into becoming a doctor, which allows me to write with such medical accuracy!

As always, I am very grateful to my agent, Christina Hogrebe, and the entire JRA team for their support as well as convincing me not to publish this book before it was ready. Thank you to Jenna Jankowski for your hard work and insightful comments as well as to everyone else behind the scenes at Sourcebooks. Thank you to Mandy Chahal for her tireless marketing efforts.

Thank you to my many beta readers: Jenna, Maura, Rebecca, Beth, Kate, and Emily, who provided some amazing feedback. Thank you to Val for the help with proofreading. Thank you to Aaron for the mechanics advice.

I also want to say a huge thank-you to my readers, including those in my online community. I want to express my immense gratitude to my Facebook moderators—Emily, Daniel, Carrie, Nancy, and Nikki—who have been so incredibly supportive. And thank you to all the readers who have helped promote and recommend my books, if just to your mom or sister. You are all amazing!

ABOUT THE AUTHOR

#1 *New York Times*, *USA Today*, *Publishers Weekly*, and *Sunday Times* internationally bestselling author Freida McFadden is a practicing physician specializing in brain injury. Freida is the winner of both the International Thriller Writer Award for Best Paperback Original and the Goodreads Choice Award for Best Thriller. Her novels have been translated into more than thirty languages. Freida lives with her family and black cat in a centuries-old three-story home overlooking the ocean.